GERTRAUD STEINER

WUNDERKAMMER HOHE TAUERN

GERTRAUD STEINER

WUNDERKAMMER HOHE TAUERN

Über Mythen und Sagen
Innergebirg

OTTO MÜLLER VERLAG

Die diesem Buch zugrundeliegende Feldforschungsarbeit
wurde im Auftrag des Landesbeauftragten für die
Region Nationalpark Hohe Tauern erstellt.

ISBN 3-7013-0860-8

Gestaltung: Leo Fellinger, Salzburg
Satz: Fotosatz Rizner, Salzburg
Repro: Reinhold Czerlinka, Grödig
Druck: Druckerei Roser, Salzburg
Bindung: Buchbinderei Almesberger, Salzburg

Inhaltsverzeichnis

Vorwort

Berge sind im Laufe von Jahrtausenden Gegenstand der unterschiedlichsten Interessen, Mythen und Ängste gewesen: Für die Städter waren sie wildromantische Gebirgskulisse, für die Bauern und Dörfler sowohl steinernes, menschenfeindliches Land als auch Nährboden ihrer Existenz, für den inquisitorischen Klerus widerständiger Rückzugsort heidnischer Dämonen und unheimlichen Teufelsspukes. Als die eigentlich in Wald und Fels Einheimischen sind jedoch die deswegen gefürchteten und verehrten, oft launischen und unberechenbaren Naturgeister anzusehen, *Wildfrauen, Perchtln, Zwergln, Mandln, Tatzlwürmer,* der *Norggl,* das *Erzweibl* und der *Dunanadl.*

Sie stehen im Mittelpunkt dieser Studie, die als historischer Streifzug durch diesen imaginären Landschaftsraum angelegt ist. Im Rahmen eines Forschungsauftrags in den Jahren 1987–1991 entstanden, wurde damit ein Geschichtsfeld aufgearbeitet, das in Sagen, Mythen und Brauchtum des Nationalparks Hohe Tauern und seiner Umgebung überliefert ist.

Teufelssteine, Wildfrauenhöhlen, Perchtenkreuze, genauso wie Heilquellen, Gnadenkapellen und Wallfahrtsorte können vergegenwärtigen, daß dieser wilde Naturraum nicht nur Gegenstand menschlicher Nutzungsinteressen war, sondern auch Ort der Begegnung mit dem Übersinnlichen. Der Gebirgsbewohner vergangener Zeiten, der sich allein, auf schmalen Waldstraßen, über Saumpfade und Almwege bewegte und in geisterhaften Begegnungen an den mythischen Anfang dieser Waldnatur zurückversetzt wurde, steht im Mittelpunkt einer volkstümlichen Erzählkultur, die bis heute nicht abgerissen ist.

Im 16. und 17. Jahrhundert erfuhr dieses Naturbild, in dem ein breites heidnisches Erbe gespeichert war, einen Einschnitt, der nur mit dem der Christianisierung ein Jahrtausend zuvor vergleichbar ist. Die Klimaabkühlung der sogenannten Kleinen Eiszeit, Inquisition und Hexenverfolgung, aber auch der zeitgleiche Aufbruch der Naturwissenschaften haben einen grundlegenden Wandel des Naturbildes erzwungen. Der heidnische Schrecken einer bedrohlich kalten und dämonisch feindlichen Natur als festes Motiv der alpenländischen Sage muß vor diesem tiefgreifenden Wandlungsprozeß gesehen werden. Damals entstand ein Großteil jener Sagenbilder, die von hagelstreuenden Hexen, felsenwerfenden Teufeln, frevelnden Knappen und eisübergossenen Almen erzählen. Von den gebildeten Schichten entdeckt wurden diese volkstümlichen Erzählungen erst im Laufe des 19. Jahrhunderts, als man der Lebensweise und Kultur der bäuerlichen Bevölkerung ein zuvor unbekanntes Interesse entgegenbrachte.

Die Romantik war die erste Gegenbewegung zur Geschichte des Fortschritts und der Erlösungshoffnung durch die Technik gewesen. Sie bereitete den Boden für jenes *grüne Bewußtsein*, das gegenwärtig die noch erhaltenen Ressourcen ursprünglicher Natur zu sichern bemüht ist. Die Anlage von Nationalparks ist nur ein Schwerpunkt unter vielen. Doch macht dies auch eine paradoxe Gespaltenheit im Umgang mit Natur sichtbar: Der Schutz, den diese *innerhalb gewisser Grenzen* genießt – und Nationalparks befinden sich innerhalb solcher *gewissen Grenzen* – kann die weitere Zerstörung von Naturraum keineswegs ausschließen. Womit sich in eigentümlicher Weise wiederholt, was schon den Übergang der Kopernikanischen Wendezeit gekennzeichnet hatte: Noch während Inquisition und Hexenwahn die magische Natursicht als ein Erbe aus heidnischer und mittelalterlicher Zeit zu Ende brachten, indem sie deren Gedankenwelt verteufelten und ihre Anhänger mit Folter und Scheiterhaufen bedrohten, entstanden in Hellbrunn und Mirabell Wundergärten, wo neu auflebte, was gerade erst exorziert, verbannt und vernichtet worden war: Die Zwerge, Götter, Faune und Wilden Leute des

8

vergehenden Zeitalters mythischer Natur erhielten in der Kultur dieser Barockgärten einen neuen Bestimmungsort.

Diese zwiespältige Natursicht der Barockzeit bildet einen eigenen Schwerpunkt dieses Bandes. Sein Hauptgewicht liegt nichtsdestotrotz bei den verschollenen Spuren einer Naturerfahrung, die den Alpenraum mit einem ganzen Geflecht *wunderbarer Orte* überzogen hat. Spursteine, Marienbrunnen, Wurmhöhlen und Gnadenkapellen liegen dabei dicht an dicht. Sie erinnern daran, daß unsere Geschichte nicht nur in den bekannten Geleisen der Naturbeherrschung durch Arbeit und Technik verlaufen ist. Hinzu kommen – noch zu entdecken – die Entwicklungslinien einer Bewußtseinsgeschichte, in der die irrationale, gefühlsbedingte und spirituelle Seite unserer Natursicht verzeichnet ist.

Johann A. Schultes, Gebirgsreisender und Glocknerbezwinger, der sich zu Beginn des 19. Jahrhunderts im Pinzgau aufgehalten hat, notierte damals – unter dem Einfluß der Aufklärung stehend – folgendes: *Aberglaube und Vorurtheile gedeihen, wie die Flechten, auf Alpengipfeln und in Schächten. Der Glauben an Hexen und Gespenster, an Teufelsbannereyen und Exorcismen ist hier eben so stark, als er es in Lappland und Nordcanada nur immer seyn kann.* (85 f.)

Heute beherrschen – so die Kritiker – Technik und Tourismus die Region. Anliegen dieser Arbeit ist es, das Gespür für die Nachtseite der Natur neu zu wecken und auf Widersinniges, Paradoxes und Unterschwelliges aufmerksam zu machen, das unseren Umgang mit Natur begleitet hat. Zwischen der Proklamation *„Weg von ihr!"* und *„Zurück zu ihr!"* ist ein wechselhaftes Kräfteziehen zu beobachten, bei dem sich Denkmuster einflußreich zeigen, die unterschwellig als Gefühlsbewegungen und Phantasiebilder die historische Entwicklung begleitet haben.

Salzburg, im Juli 1993

I. Gegenwelt Natur

Einheimische und Unheimliche

Auf der Gerlos, einer ursprünglich wilden Gegend voll Geröll, das die Gletschermoränen der Reichenspitze zu Tal wälzen, liegt ein kleiner See, eigentlich nur eine trübe Lacke, von dem die folgende Sage geht: Wirft man einen Feuerstein ins Wasser, so verfinstert sich der Himmel, es fängt zu blitzen und zu donnern an, und augenblicklich ist ein großes Unwetter fertig. Auch soll der See eine Unmenge von kleinen Fischen, die man Pfrillen nennt, beherbergen, und während diese Fischlein anderswo gern gegessen werden, erzählt Karl Otto Wagner in seiner Sammlung von Pinzgauer Sagen im Jahr 1925, *ißt in dieser Gegend kein Mensch davon, weil sie von einem Venedigermandl hierher verpflanzt wurden und jedem, der davon ißt, unfehlbar die Abzehrung an den Leib bringen* (82 f.).

Heute erinnert dieser Landstrich an der Grenze zu Tirol nur noch entfernt an die alte Bezeichnung als Wilde Krimml und Wilde Gerlos. Die Landschaft ist von Lifttrassen zerschnitten, großzügig hat man Abfahrtsschneisen und Asphaltstraßen angelegt, Appartementhäuser und alle übrigen Einrichtungen des modernen Fremdenverkehrs errichtet, vielmehr aus dem Nichts gezaubert, um schließlich die halbe Bevölkerung mit Dienstleistungen zu beschäftigen. Von keiner abergläubischen Naturscheu länger behindert, aber mit etlichem folkloristischem Zierat aus Bartflechte, Loden und Wurzelholz, wurde hier Bau für Bau und Hütte für Hütte in die freigewordene Wildbahn gestellt.

Auf der gegenüberliegenden Talseite, wo im ausgedehnten Almgebiet am Salzachursprung der Gernkogel die weicher geschwungene Himmelslinie der nordseitigen Berglandschaft bestimmt, wird das Wasservorkommen, das hier geringer ist als am Speicherboden von Kaprun, zur Elektrizitätsgewinnung aufgefangen. Sie stellt den mit Abstand lukrativsten Wirtschaftszweig des Landes dar. Die bedrohlichen Wasser, die Jahrhunderte lang auf die im Talboden hingeduckten Siedlungen stürzten, aus ihren Ufern traten und Berghänge in Bewegung versetzten, um Schlammfluten und Geröllmassen über Menschensiedlungen und Menschenland hinzuwälzen, scheinen endlich gezähmt und haben zum neuen Wohlstand der Bevölkerung beigetragen. *Strom* läßt nicht mehr an apokalyptische Fluten denken, seitdem Technik regulierend ins Naturgeschehen eingreift, sondern an Gewinn und wirtschaftliches Wachstum. Zwischen Berg und Tal hin- und hergejagt, ist die Spannung, die das Verhältnis zwischen Mensch und Natur immer in Atem gehalten hat, endlich in Form von Energie freigeworden und macht sich nach den vergangenen Erfahrungen erbärmlichsten Ausgeliefertseins inzwischen glänzend bezahlt.

Die Berge sind gegen Lawinen verbaut, die Bäche reguliert und in Betonwannen aufgefangen. Das Haus ist geheizt, das Dorf beleuchtet und der Kirchturm von Scheinwerfern angestrahlt. Mit Stadt und Land verkabelt und vernetzt, sind Region und Welt endlich auf Du und Du. In die Freizeitwelt der Berge gleiten Seilbahnen, und Geländewagen rollen über Forststraßen und Almwege.

Heimat ist bekanntlich ein Begriff, der nicht in jeder Sprache vorkommt. Im Deutschen hat sich das Wort, das heute für seelischen Halt und soziale Sicherheit bürgen soll, ursprünglich auf jene kleine Welt bezogen, die einen auf Selbstversorgung abgestellten Bauernhof ausmacht. Von daher ist Heimat auch heute noch etwas, was wir dem Landmenschen zuordnen, weil es der Städter vorgeblich nicht hat. In der etymologischen Bedeutung des Wortes fragt Heimat also nicht nach der Natur, die einen umgibt, sondern nach dem

Hof, den einer besitzt, oder auf dem er geduldet ist, weil er sich darauf nützlich macht und dienstbar zeigt. Noch am Anfang dieses Jahrhunderts betrug der Anteil der Dienstboten an der Landbevölkerung nahezu ein Viertel. Meist unehelicher Herkunft, heimlich geboren und auf Pflegeplätze abgeschoben, verfügte diese soziale Gruppe in dem Sinn über keine Heimat als sie bei einer solchen bloß in Dienst stand. Die wurde im Schnitt nach ein, zwei Jahren gewechselt. Alt und arbeitsunfähig geworden, mußten Dienstleute auf das Gnadenbrot ihres Dienstgebers rechnen, um nicht ihre *letzte Heimat* zu verlieren. Was bedeutet hätte, bei der Gemeinde um das Heimatrecht vorstellig zu werden, um sodann als Einleger bei tageweise wechselnden Höfen mit dem Allernötigsten versorgt zu werden.

Die Natur hingegen hat keine irgendwie ausgeprägten Heimatgefühle hervorgerufen. Daheim war einer dort, wo er unter Dach, auf seinem zugeordneten Platz war, angehalten zu jener Gott gefälligen *Schinderei,* die durch die Härten der Natur verursacht war.

Natur verhieß Arbeit, Arbeit Mühe, die den vollen Einsatz immer nur halb und halb lohnte. Bis zur Baumgrenze hinauf waren Wald, Wiese, Acker und Weg in die Anstrengung miteingeschlossen, deren es bedurfte, um dieses namenlose Gegenüber als menschlichen Lebensraum zu erhalten. Erst unsere moderne Freizeitgesellschaft hat Natur als Erholungsraum festgelegt, der allen gleichermaßen zur Verfügung stehen soll. Was sich dem städtischen Betrachter mit der Schwerelosigkeit vermeintlich reinen Naturgenusses darbietet, bedeutete dem Landbewohner seit jeher weniger Gefühlsverflechtung als Auseinandersetzung und Ertragslast.

Nur winzige Landschaftsreste sind in tatsächlich uriger Wildnis erhalten. Gerade ein paar Tausend Quadratmeter mißt der Urwald am Talschluß von Kolm Saigurn, der dort solange unbemerkt blieb, bis er zuletzt, 1989, als Zeuge der Vorzeit, in den Rang einer musealen Schutzzone erhoben wurde. Ein Lehrpfad führt den Besucher durch diesen Flecken unberührter Urlandschaft, an den knorrigen, von reichlich Baumflechte bärtigen Lärchen vorbei, zwischen moosigen Rücken und kleinen, tiefbraunen Moorlacken hindurch, wo Schilder Auskunft geben, was hier aufmerksam betrachtet sein will.

Ein öffentliches Anliegen ist Natur, seit der Kampf gegen sie ihre Ressourcen erschöpft und ausgelaugt hat. Bislang nie erfahrene Zuwendung kommt ihr zu, wo sie als Denkmal und Museumsstück von anderweitigen Verwertungsstrategien ausgeklammert ist. Die geschichtlich angestrebte Domestizierung von Wildnis erfüllt sich, wo das bedrohliche Draußen der Natur in die Gefälligkeit von Naherholungsräumen verwandelt wird, in überschau- und verwaltbaren Abschnitten von der laufenden Verwüstung ausgenommen. Magische Natursicht ist heute allenfalls Folklore, aber wenig geeignet, menschliche Übergriffe in unberührten Naturraum zu verhindern. Im Zusammentreffen von Natur und Mensch haben sich die Rollen vertauscht. In gespenstischer Übermacht tritt letzterer auf den Plan, der bis in die entlegenste Ödnis hinauf seine Urlaubsansprüche geltend macht. Schützenswerte Landschaft, die noch weit ausholende Blicke ins Unverbrauchte und Urwüchsige erlaubt, nimmt man unter Staatsvertrag, um den Fortgang von Naturgeschichte wenigstens in geschützten Inseln und Parks zu sichern. 1983 reihte sich der Nationalpark Hohe Tauern in die schon bestehenden Schutzgärten dieser Art ein. Zwar gleicht diese in staatliche Verwahrung genommene Gebirgsnatur, die von Sommerfrischlern mit Rucksack und Freizeitkleidung überlaufen wird, im wesentlichen bis heute jener Waldlandschaft der Vergangenheit, die ihren Älplern einen Heidenrespekt einjagte, sofern diese sich zur Unzeit an Unorte wagten, wo Unholde vermischter Herkunft auf der Lauer saßen. – Trotzdem ist alles anders geworden und nichts mehr beim alten.

Die Kampriesengeister im Obersulzbachtal, so überliefert der Volksglaube, haben den Oberbräuerbauern aus Wald in seiner Almhütte erwartet, wohin er an einem Heiligen Abend aufgebrochen war. Es lag viel Schnee, sodaß es nahe Mitternacht war, als er endlich ankam. Die Tür der Hütte stand weit offen, ein heller Lichtschein drang heraus. Drinnen *drei riesenlange, verwilderte Männer. Einer der Männer stand am Kaskessel, der zweite rührte das Butterfaß, und der dritte stand an der Feueresse. Der Bauer wollte gerade hineingehen, da bemerkte er, daß die Männer statt der Füße Geißbockbeine hatten.* (Brettenthaler 342)

Eine ähnliche Geschichte ist vom Hirscheggbauern überliefert, der im Winter von Dienten nach Maria Alm auf Wallfahrt ging und dabei auf dem Weg zum Waldsattel am Buregglehen vorbei mußte, einem entlegenen Bauernhof, der seit Jahren leerstand. Plötzlich hörte der Bauer hinter sich ein Schleifen und Rauschen und das Knirschen von den Bremsen eines Holzschlittens im Schnee, der in geisterhafter Fahrt ohne Kutscher, an ihm vorüber zu Tal sauste. (Brettenthaler 265) Ein schauriges Erlebnis erwartete auch jene, die spät in der Nacht durch die Taxau bei Saalfelden wanderten, wo sich eine brennende Sau zeigte, die den Boden aufwühlte. (Brettenthaler 286)

Nie zur Gänze unterworfen, tat sich dort draußen eine mythische Gegenwelt auf, die dem Menschen sein mangelhaft geglücktes Beheimatetsein in aberwitzigen Begebenheiten nahebrachte. Ungehindert der mühsamen Nutzbarmachung des Landes blieb dieses viel mehr als nur Grund und Boden, der zu erwerben, zu bewirtschaften und zu verkaufen war. Wald, Fels und Weg überdauerten in einem metaphysischen Eigensinn, wodurch einem urigen Geistervolk, das sich hier vor Zeiten schon heimlich gemacht hatte, die vergnüglichsten

Schlupfwinkel geboten waren, während der Mensch ein gehänselter Eindringling blieb.

Zu diesen alteingesessenen Geistern des Alpenraums zählen in der Art einer Pinzgauer Besonderheit die Pucheln oder Puchelmännlein. Wie das Achenlicht in der Gegend von Saalfelden gehören sie in das Reich der Irrlichter. Doch versteht man im Pinzgau unter Pucheln auch jene Holzspäne, wie sie früher zur Beleuchtung der Wohnräume im Gebrauch waren. Was das Phänomen etwas verdeutlichen mag. Als Spukerscheinung traten sie vorzugsweise entlang des feuchten Salzachtalbodens in Erscheinung.

In der Sulzau legten sich Knechte, erzählt K. O. Wagner, eines Nachts in die Scheune auf den Strohgang. *Um Mitternacht erschien eine geheimnisvolle Hand mit einer brennenden Puchel, die einige Zeit in der Höhe des Daches die Scheune umflackerte und dann wieder verschwand.* Einmal, heißt es weiter, ging ein Bauer dieser Ortschaft zur Nachtzeit nach Bramberg. *Auf dem Wege sah er (…) im Weichselgraben Pucheln herabwandern. Weithin tönte ihr Geschrei durch die stille Nacht, als ob sie miteinander stritten. Den nächtlichen Wanderer packte eine große Angst, schnell lief er zur nahen Brücke, in deren Nähe ein Kreuz stand. Dort war er geborgen. Die Leute nannten diese Erscheinung das wilde Geschrei.* (31)

Örtlichkeiten, wo man Unglaubliches zu gewärtigen hatte, weil sich dort das Plattenmandl oder der Dunanadl, das Kleinwiesenweib oder der Wutzlbinder, ein Venedigermandl oder der Norggl, das Erzweibl oder der Tatzlwurm zeigten, hat das Gedächtnis der Leute sorgfältig vermerkt. In manchen Fällen haftete das Grauen allein am Ort, wo es einem grundlos *schiech* zumute werden konnte. Gleich oberhalb von Piesendorf, auf dem Weg nach Walchen, steht eine kleine Kapelle, die ihre Entstehung einer Anwandlung grundloser Furcht verdanken soll, von der dort Vorübergehende regelmäßig erfasst worden sind. Als längst schon die Bahn in den

Pinzgau führte, wurde diese Stelle der Straße noch immer ängstlich gemieden, und die Leute machten in weitem Bogen einen Umweg bis an den Bahndamm, um diesem Schrecken zu entgehen.

Dieses menschliche Fremdeln gegenüber der Natur, das sich in Anfällen fraisenartiger Panik entladen konnte, spiegelte allerdings nur die eine Hälfte dieses naturmythischen Gebirgshimmels. Zu ergänzen bleiben die heilenden Quellen, die wohlwollenden, da wachstumspendenden Steine und die segensreichen Naturorte im allgemeinen, die unter kirchliche Aufsicht gestellt wurden, wenn andere Maßnahmen ergebnislos blieben. Mit natürlichen Dingen ging es augenscheinlich auch dort nicht zu, wo diese Kräfte der großen Natur einen besonderen Schutz des Menschen bewirkten, indem sie Wohlstand und Gesundheit schenkten.

Wallfahrten in die Wildnis

Die Sixtuskapelle bei Wald i. Pzg., unweit der alten Gerlosstraße, steht im Mittelpunkt einer altertümlichen Naturgläubigkeit dieser Gegend, die zu den vorchristlichen Wurzeln des Wallfahrtsbrauchtums zurückführt. Koch-Sternfeld schreibt 1833 zur Gründungslegende des Ortes: *Am Waldberg, zu St. Sixt, haben sich Sage und Denkmale erhalten, daß einst ein hoher Priester aus Wälschland hier Zuflucht gefunden. (Beyträge,* III. Bd., 169)

Dürlinger erwähnt in seinen *Geschichtlichen Übersichten* eine Bildtafel mit der Darstellung jener legendären Umstände, die zur Errichtung der Kapelle führten: *In alter Zeit habe der Mesnerbauer am Waldberg für eine aufgefundene hölzerne bemalte Statue, die nachmals als Sixtusbild erklärt wurde, eine hölzerne; a. 1579 aber Hanns Staiger v. Sulzau eine gemauerte Kapelle aufgeführt.* (382)

Auf dieser historischen Grundlage beruht die Volkssage, die erzählt, daß ein Gnadenbild des Heiligen ursprünglich an der Landstraße zwischen Kälberpoint und Kreidl am Stamm einer alten Esche befestigt war. Der Mesner soll den Auftrag erhalten haben, das Bild vom Wald in die Kirche zu tragen, wo er es im Beinhaus aufgestellt hat. Am anderen Tag war das Bild verschwunden, aber auch auf seinem alten Platz war es nicht. Das geschah im Herbst. Erst im nächsten Frühjahr fand sich das Bild unter einem großen, hohlen Stein, an der Wurzel eines hohen Fichtenbaums. Wenn man es wegtrug, wurde es immer wieder unter diesem Stein gefunden.

Die eigentliche Anziehungskraft dieses Ortes ging aber offensichtlich von zwei Felsstücken aus, die als Durchschliefstein in Gebrauch standen. Lorenz Hübner hat sie in seine *Topographische Beschreibung des Erzstiftes und Reichsfürstenthums Salzburg* aufgenommen, die 1796 erschienen war. Er schreibt: *Gegen die Krimml zurück ist eine Kapelle zum h. Sixt, der ein Patron der Ehen sey soll. Vor der Kapelle liegen 2 große durch Eisenstangen verbundene Steine, zwischen denen Mann und Weib durchschlüpft, um sich von den Rückenschmerzen zu heilen.* (594)

Hübner erwies sich gegenüber dem naturmagischen Glauben der Bevölkerung taktvoller als sein Zeitgenosse Franz A. Reisigl, der gelegentlich seiner Erkundungsfahrten ins Salzburger Gebirgsland zehn Jahre zuvor, 1786, aus der rationalistischen Sicht des Aufklärers geurteilt hatte: *Nichts in der Welt kann lächerlicher seyn, als eines nach dem andern, sowohl männlichen als weiblichen Geschlechts so durchschlüpfen zu sehen. Ich besah diese zusammengefügten Steine genau, fand aber weder ein Opferstöckchen, noch sonst etwas, um seine Erkenntlichkeit für die Rückenkur bezeugen zu können. Ich kann also nicht bergen, daß es mich sehr befremde, wie man auf diesen so albernen Wahn habe verfallen können.* (12 f.)

Das Durchkriechen des Steins, das gegen Hals- und Rückenschmerzen helfen sollte, war ursprünglich wohl als ein

*Sixtuskapelle
bei Wald im Pinzgau.*

Steinrelikt am Kapelleneingang.

rite de passage gedacht, mit dem ein umfassendes Ritual der Reinigung von schädlichen Einflüssen vollzogen wurde. Gelegenheit dazu hatten die Pinzgauer bis zum Jahr 1792, als Erzbischof Colloredo dem *abergläubischen Treiben* ein Ende setzte, indem er den Stein kurzerhand sprengen ließ. *Während die Kreuztracht Wald eines Kreuzganges halber in Bramberg war, wurden die 2 Felsenstücke in Gegenwart des Pflegers mit Pulver zersprengt, damit aber freilich die Wallfahrter nicht so gleich völlig verscheucht.* (Dürlinger 1866, 382)

Ein kleines Stück des Felsens befindet sich noch heute neben dem Eingang in die Kapelle. Noch nicht erwähnt ist der Ruf der Sixtuskapelle als Pinzgauer Heiratskirche. Junge, heiratswillige Frauen sollten sich dort einen Ehemann *erflehen* können. In die Eigenschaft eines Ehevermittlers gelangte der Hl. Sixtus wohl deswegen, weil für viele dieser alten Felsheiligtümer ein Bezug zu Rechtsleben, Fruchtbarkeit und Geburt charakteristisch ist. Einen Überblick vermitteln Johannes Neuhardts Darstellungen des Salzburger Wallfahrtsbrauchtums.

Ein beeindruckendes Vergleichsstück zur Pinzgauer Sixtuskapelle ist ohne Zweifel der Falkenstein am Wolfgangsee, wo zwischen 1607–1611 eine Kapelle in *schauerlich schöner Wildniß* errichtet wurde, über die Lorenz Hübner 1796 angibt: *In dieses Kirchlein führt eine Öffnung, wodurch jedermann, groß und klein, dick und mager, doch keiner, ohne auf irgendeiner Seite sich zu streifen, durchschlüpft.* (Hübner I, 279 f.)

Dieser schliefbare Spalt befindet sich in der freiliegenden Felswand im Hintergrund des Kirchleins, wo sich ein natürlicher, durch Erosion entstandener, einige Meter langer Gang auftut, der sich an einer gekrümmten Engstelle zum Durchkriechstein verjüngt. Der Legende zufolge hat sich im Jahr 972 Bischof Wolfgang von Regensburg auf den Falkenstein geflüchtet, um von hier aus die Christianisierung des Landes zu festigen. Das Mondseer Land weist eine sehr alte, mit der Kultur der Hallstattkelten verbundene Besiedlungsgeschichte

auf, bei der die tieferen Wurzeln des späteren Wallfahrtsbrauchtums zu suchen sind.

Benedikt Pillwein hat im Jahr 1834 jene *Überbleibsel vom
heil. Wolfgang während seines Aufenthaltes in der Einsamkeit am
Falkenstein* zusammengestellt, die den naturmythischen Hintergrund christlichen Volksglaubens erkennen lassen. *Man
zeigt dort den frommen Pilgern: 1) Wolfgangs Steinhöhle als dessen Wohnung. Man baute in der Folge ein kleines Kirchlein darüber, und stellte einen Einsiedler als Wächter dabey an; 2) den*

Kapelle und Einsiedelei am Falkenstein bei St. Gilgen. Lithographie um 1830.

*Brunnen, welchen der heil Wolfgang, wie dort Moses in der Wü-
ste, dem Felsen entlockte. Da waschen sich die Pilger. Einst ver-
schickte man dieses Wasser vielfältig, jetzt weniger; 3) den fallen-
den Berg, den Falkenstein gegenüber. Diesen habe einst der Satan
bewegt. Der heil. Wolfgang lehnte sich mit dem Rücken daran, und
der Berg wich. Man sieht noch die Zeichen des Hauptes und Hände
vom heil. Wolfgang eingedrückt; 4) die steinerne Martersäule fast
mitten am Berge, wo man das Thal am Abersee in wunderschöner*

21

Ansicht übersehen kann. Die Säule bauten die Vorfahren. Hier war der Bethort des heil. Wolfgang. Von da warf er ein Beil in das Thal, um dort, wo er es wieder finden würde, dem Herrn eine Kirche zu bauen. Das Beil flog 1/2 Meile weit, und dort steht auch jetzt am Abersee die Kirche St. Wolfgang; 5) einen Stein zwischen obiger Säule und der Kirche. Auf diesem ruhte der heil. Wolfgang aus, als er sein Beil suchen ging. Auch dieser Stein wich, und so sieht man noch die Fußstapfen des einstigen heiligen Einsiedlers auf dem sogenannten Raststeine. (Pillwein, 1834, 47 f.)

Ebenfalls vom Hl. Wolfgang verursacht sein sollen die steinernen Fußspuren im Kirchlein zum Hl. Maximilian bei Oberndorf, über das Dürlinger schreibt, daß es der Heilige *nach einer unglaublichen Tradition besucht habe und dort die Fußspur in dem Stein hinterlassen, der an der Außenseite des Presbyteriums noch gezeigt wird.* (Dürlinger I, 1862, 167)

Hollersbach im Lungau und die Drei Waller-Kapelle in Gastein sind zwei weitere Beispiele einer anhaltenden Steinverehrung in christlicher Zeit, womit die wesentlichsten, aber nicht alle Fundorte Salzburgs aufgeführt sind. Aber sie machen anschaulich, wogegen sich die verschiedenen Verbote und Verfügungen der kirchlichen Obrigkeit in der Praxis des regionalen Volkslebens gerichtet haben. Beim Konzil von Arles im Jahr 452 war erstmals das Verbot ausgesprochen worden, Steine zu verehren. Ins Aachener Kapitulare Karls d. Großen von 789 wurde diese Verfügung neuerlich aufgenommen und hat durch zahlreiche Erlässe die Kirchengeschichte bis in die Zeit der Aufklärung begleitet. (W. Boudriot 24 ff.) Nichtsdestotrotz erfreuten sich eben jene Orte großer Beliebtheit als Wallfahrtsziele.

Nikolaus Huber berichtet über den wundertätigen Gnadenort Maria Hollenstein: *Eine Stunde vom Pfarrdorfe Ramingstein entfernt, auf der Straße nach Steiermark, steht eine halbgemauerte Kapelle und bewahrt das Gnadenbild Maria mit dem Jesukindlein. Nächst derselben befindet sich ein niederer, mit Gras überwachsener*

Felsen, auf dem zwei Vertiefungen, als wären es Sitze, zu sehen sind; unter dem Felsen sprudelt eine Quelle hervor. Von diesem Orte erzählen sich die Leute: die Gottesmutter habe sich mit dem Jesukindlein auf diesem Felsen niedergelassen, das Kindlein entkleidet und in der Quelle gebadet. Zum Zeichen ihrer Anwesenheit seien an der Stelle, wo sie mit dem Jesukinde gerastet, Eindrücke in Form von Sitzen im Felsen entstanden und auch die Quelle habe hierdurch eine heilwirkende Kraft gegen Augenübel erlangt. Der fromme Eifer zahlreicher Wallfahrer ließ in der Nähe die anfangs ganz hölzerne Kapelle entstehen und mit einem Liebfrauenbilde, zwei Schuh hoch, zieren. (Huber 1880, 34)

Die Spursteine hat katholischer Glaubenseifer vor einigen Jahrzehnten weggesprengt, eine beliebte Heiratskirche der Lungauer ist das abgelegene Maria Hollenstein bis heute geblieben.

Die Sage von den *Drei Wallern* wird noch Gegenstand eines eigenen Kapitels sein. Hier angefügt ist dieser umstrittene Wallfahrtsort am Übergang von Embach nach Gastein, an dem alten Tauernsaumpfad, wegen seiner besonders undurchdringlichen Vermengung von heidnischer Tradition und christlicher Volksgläubigkeit. *Ein 1619 aufgestelltes, hölzernes Kruzifix, dem Haare wider die Kopfschmerzen geopfert werden* (Hübner 1796, 464), bildete den Anziehungspunkt der Wallfahrt, die auf das Wirken dreier heiliger Männer zurückgeht, deren Grabstätten ebendort vermutet wurden, wo im Erdboden drei Vertiefungen oder Gruben zu sehen sind.

In einiger Entfernung der Kapelle zeigt der felsige Untergrund Eindrücke, die der Volksmund als die Fußstapfen der *Drei Waller* ansah. *Noch sind die Spuren ihrer Tritte, vom Volke emsig besucht, auf den großen Felsblöcken sichtbar. Die Stätte der Höhe des alten Saumweges heißt zu den drei Wallern. Wenn jene Einfurchungen nicht die Tritte der Waller sind, so können sie als Spuren der Eiszeit, als Gletscherschliffe am wandernden Geschiebe gelten.* (Koch-Sternfeld, 1820, 205 f.)

Der weitaus größte Teil dieser steinernen Fußspuren, die als sensitive Punkte im Landschauftsraum das religiöse Volksleben beschäftigten, wanderte ins Reich der Sage ab, um mit der Erscheinung der Wilden Frauen oder aber mit Teufelsspuk in Verbindung gebracht zu werden.

Im steinernen Treppenabsatz der Hauskapelle von Widrechtshausen ist die glückbringende Fußspur einer Wildfrau eingedrückt, und auf der Sonnseite von Hollersbach lagen bis ins 20. Jahrhundert mehrere Schalensteine, über die man sich Geschichten von der Percht und einem Mädchen Norida (vielleicht war Isis Noreia damit gemeint?) erzählte.

Am Sonnberg, unweit vom Hause Grubing, zeigt man einen Stein mit der Fußspur einer wilden Frau, womit sich die Sage verbindet: sobald diese Spur verwischt sein werde, breche der Plattensee über Krimmel aus und verheere das Salzachthal. (Dürlinger 1866, 359)

Auf dem Gangsteige von Bramberg nach dem Turnberge finden sich auch in Steinen Fußstapfen, welche samt und sonders ebenfalls von der wilden Frau herrühren. (K. O. Wagner 15)

Lahnsteiner erwähnt zum Mitterpinzgau: *Die Uwelöcher, auch Hummellöcher genannt, sind Felsspalten ober der Pfefferalm droben. Da haben die Wilden Frauen gehaust. Der Zugang zu ihrer Höhle war mit einer eisernen Tür versperrt. Eine von den Wilden Frauen hat im Sommer vom Pfefferbauern immer Milch geholt. Das Haferl hat sie auf die Brunnsäule hingestellt und da haben sie es ihr alle Tage angefüllt. Als sie das letztemal kam und die Milch holte, hat sie einen Fußtritt in den Stein gemacht und gesagt: Solange der Fußtritt zu sehen ist, wird auch der Reichtum vom Pfeffer nicht weichen. Pfeffer ist heute noch ein wohlhabendes Bauerngut.* (Lahnsteiner, *Mitterpinzgau* 54)

Das größte Erbe an diesen magischen Spursteinen fiel allerdings dem Teufel zu, der in seinem Herrschaftsanspruch über die wilde Natur von Seiten der Inquisition nicht unerheblich unterstützt wurde. Lahnsteiner erzählt über einen geheimnisvollen Schuhabdruck an einer Felswand der Reiter-alm: *Der Teufel ist eines Tages in die Sennhütte gekommen und hat den Melcher gerade beim Schuhflicken getroffen. Da trug er dem Melcher eine Wette an, wer früher mit dem Schuhflicken fertig wird. Der Melcher war einverstanden und hat die Wette gewagt. Der Teufel hat beim Flicken die Nadel immmer weggeworfen, wenn er durchgestochen hatte, der Melcher hat sie aber in das Leder gesteckt und so ist er vor dem Teufel fertiggeworden. Aus Zorn hat der Teufel den Schuh an die Felswand geworfen, wo er heute noch zu sehen ist.* (Mitterpinzgau 523)

In der Kirche Felben bei Mittersill führt man den steinernen Fußabdruck vor dem Speisgitter darauf zurück, daß hier ein Gottes-frevler vom Erdboden verschluckt worden ist. (K. O. Wagner 150)

Freud am End nennt der Volksmund eine hohe, kahle Fels-wand oberhalb des Johannes-Wasserfalls an der Straße über den Radstädter Tauern, von der eine Sage geht, *nach welcher über dieselbe (Wand) ein Bursche, der nachts von seiner Liebsten, mit der er sündhaften Umgang gepflogen, heimkehrte, abgestürzt ist. Ebendort liegt auch ein Stein, auf welchem die Fußtritte des Teufels eingedrückt sind, als er vor dem Anblicke eines frommen Hirten das Weite suchte.* (Freisauff, 1880, 548)

In der Draufsicht auf diese Landschaft, wo Spukhaftes dicht an dicht neben Gnadenbrunnen, Lichterorten und heil-samen Steinen liegt, wird ein Naturbild sichtbar, das ebenso aufbauende wie vernichtende Kräfte zur Wirkung brachte. Diese Kräfte des Himmels und der Erde überwölbten, unter-gruben und beherrschten die Welt der auf Lichtungen hin-geduckten, zwischen Stall, Feld und Scheune eingezwängten Dörfer. Die Wildnis der Berge, Flüsse, Seen und Quellen war als ein Speicher dieser vorchristlichen Dämonenwelt heilig geblieben, der Wald insgesamt ein Vorort ins Jenseits.

Die Kultur der Kelten dürfte den maßgeblichen Einfluß auf diesbezügliche Vorstellungsmuster im Alpenraum ausgeübt haben, wenngleich illyro-venetische, slawische, mediterranantike und schließlich germanische Quellen mit zur Diskussion stehen. Ein nahegelegenes, gut dokumentierbares Beispiel, daß gerade die Kelten *eine ganz ursprüngliche Beziehung zur Heiligkeit des Berges hatten* (Mann 73), geben die *vier Berge* rund um das keltische Noreia am Magdalensberg in Kärnten. Das Wallfahrtsbrauchtum, das diese Vier noch heute zu einer Einheit verbindet, verweist auf vergleichbare Formen im Salzburger Land, wo etwa die Wallfahrt über den Großglockner nach Heiligenblut oder der Loferer und Unkener Wallfahrtslauf gleichfalls ein heidnisches Naturbild erkennen lassen, das eng an Kärnten mit seinen diesbezüglich reichhaltiger belegten Wurzeln in der Kultur der Keltenzeit anschließt. Den Kern dieser und verwandter naturmagischen Gebräuche dürfte die Anlage heiliger Haine gebildet haben, die im Griechischen als Nemeton bezeichnet, und von römischen Historikern bezeugt sind. In einer kurzen Notiz erwähnt Cäsar *(Bellum Gallicum VI, 13, 10)* die identitätsstiftende Rolle des für Gallien wohl wichtigsten *Nemetons* in Carnutum: *Hi (nämlich die Druiden) certo anni tempore in finibus Carnutum, quae regio totius Galliae media habetur, considunt in loco consecrato. (Die Druiden sitzen zu einer bestimmten Jahreszeit im Gebiet der Karnuten, das als die Mitte Galliens gilt, an einem geweihten Ort zu Gericht.)* Aus dem frühmittelalterlichen Carnotum wurde schließlich der romanische Kathedralbau von Chartres.

Jakob Grimm hat im ersten Band seiner *Deutschen Mythologie* dem *Waldcultus der Deutschen*, für den es in Tacitus' *Germania* erste schriftliche Zeugnisse gibt, ein ganzes Kapitel gewidmet, wo er Wald und Hain zum Gegenstand seiner sprachgeschichtlichen wie religionswissenschaftlichen Untersuchungen macht.

Tempel ist also zugleich wald. was wir uns als gebautes, gemauertes haus denken, löst sich auf, je früher zurück gegangen wird, in den begrif einer von menschenhänden unberührten, durch selbstgewachsne bäume gehegten und eingefriedigten heiligen stätte. da wohnt die gottheit und birgt ihr bild in rauschenden blättern der zweige, da ist der raum, wo ihr der jäger das gefällte wild, der hirte die rosse, rinder und widder seiner herde darzubringen hat. (DM I, 55)

Angesichts des unermeßlichen Gebirgs- und Waldraums, der sich zur Zeit des Römischen Imperiums über Mittel- und Nordeuropa erstreckte, leuchtet Jakob Grimm die verfügbaren Quellen zwar nach regionalen Gegebenheiten aus, verzichtet aber auf eine definitive Abgrenzung zwischen keltischer und germanischer Eigenart. In der Akribie seiner Forschungstätigkeit hat er dafür die verbindenden Umrisse eines Naturglaubens sichtbar gemacht, für den er antike und schließlich kirchliche Zeugnisse namhaft macht. Der reich bestückte Geschichtsstoff, der ihm solchermaßen von der Hand gegangen ist, erweist sich freilich von romantischer Natursicht genauso geprägt wie von national-sentimentaler Rückschau auf die Wurzeln einer eben erst entdeckten *deutschen Cultur: Damit behaupte ich nicht, daß diese waldverehrung alle vorstellungen, die sich unsere Vorfahren von der gottheit und ihrem aufenthalt machten, erschöpfe; es war nur die hauptsächlichste. Einzelne Götter mögen auf berggipfeln, in felsenhölen, in flüssen hausen, aber der feierliche, allgemeine gottesdienst des volks hat seinen sitz im hain; nirgends hätte er einen würdigern aufschlagen können.* (DM I, 56)

Vor diesem Hintergrund haben Gustav Graber und dann Emil Lorenz Beschreibungen der Kärntner Vierbergewallfahrt (Helenenberg, Göse- und Veitsberg, Ulrichsberg und Laurenziberg) vorgenommen, und sie konnten dabei in Übereinstimmung mit den archäologischen Grabungsberichten eine

Reihe von Zusammenhängen zwischen keltischen Kultur-
stätten und der Anlage heiliger Haine herausarbeiten. Besonders aufschlußreich erwiesen sich Funde zur Gestalt der keltischen Landesgöttin Isis-Noreia: *Gemäß deren Beinamen Isis, den
die Römer dieser keltischen Landesgöttin verliehen, dürfen wir in
ihr eine Muttergöttin erblicken, eine Terra Mater, der die Früchte
des Feldes und auch die Schätze des Bodens anempfohlen waren.*
(Lorenz, 1948, 52 ff.) Eine ihrer Kultstätten lag auf dem
Ulrichsberg, wo eine römische Platte im Westtor der Kirchen-
ruine ihre Weiheinschrift trägt. Ein zweites Heiligtum der
Isis-Noreia befand sich unterhalb des Schlosses Hohenstein im
Glantal: Dieser quadratische Bau mit einer ringsum laufenden Säulenreihe ähnelt der Form nach keltischen Tempeln,
wie sie aus dem linksrheinischen Gebiet bekannt sind. Inschriften zufolge hat der Bau bereits im ersten Jahrhundert
v. Chr. bestanden und scheint im frühen zweiten Jahrhundert
n. Chr. erneuert worden zu sein. In geomantischer Hinsicht
bedeutsam ist die geographische Lage des Heiligtums: *...es
befindet sich genau im Schnittpunkt jener Linien, die den Ulrichsberg mit dem Lorenziberg einerseits und den Veitsberg mit dem
Magdalensberg andererseits verbinden.* (Gerndt 104) Diese keltischen Nemeta und die heiligen Berge, die in der Stammes-
gesellschaft jener Zeit identitätsstiftende Aufgaben wahrnah-
men, wurden durch das Christentum einem dialektischen
Prozeß der Vereinnahmung und Ausgrenzung unterworfen,
der an einem einzelnen Beispiel anschaulich gemacht werden
kann: Für den heiligen Hain von Carnotum (das spätere
Chartres) ist ein keltisches Kultbild der *Virgo paritura* bezeugt,
das in christlicher Zeit eine direkte Fortsetzung gefunden hat,
– die *Notre Dame de Sous-Terre,* die unterirdische Madonna in
der Krypta der Kathedrale von Chartres, zu der die französischen Königinnen zu pilgern pflegten, wenn sie einen
Erben erwarteten: Sie verbrachten eine volle Nacht in der
Krypta.

In Kärnten hat sich dies in nahezu spiegelbildlicher Weise wiederholt. Die wesentlichen Attribute und Funktionen der kelto-römischen Isis Noreia gehen auf die Gestalt der christlichen Landesheiligen Hemma, Gräfin von Beltschach und Friesach über, deren Zentrum der Verehrung gleichfalls eine Krypta bildete, die des von ihr gegründeten Gurker Domes.

Eine schmale, winkelige Steintreppe führt in die unterirdische Anlage der Krypta, wo sich diese zu einem romanischen Säulenwald von ungeheurer Tiefenwirkung ausdehnt. Es ist ein heiliger Hain aus keltischer Vorzeit, der hier, im Untergeschoß des Domes, in weißen Stein gehauen wurde, um dem Kult seiner Gottheit einen christlichen Platz zu geben. Aller Wahrscheinlichkeit nach hieß diese während der Römerzeit Isis Noreia. Ihr Kult war damals über die nördlichen Provinzen des Imperiums in Ausbreitung begriffen. In Frauenberg (Südsteiermark) und Steinamanger (Ungarn) waren ihr eigene Tempel errichtet. Sie ist wohl in Anlehnung an ältere, namenlos gebliebene Vorstufen mit den Kräften der Erdtiefe und des Wassers als dem Element der Schöpfung, der Inspiration und Fruchtbarkeit verbunden gewesen. Vom Tempel in Frauenberg ist die steinerne Zisterne noch erhalten, die vermutlich für Zwecke der Initiation gedacht war. In diesem Umfeld muß Gurk nichtsdestoweniger einen Schwerpunkt besonderer Art gebildet haben.

Der Steintisch mit engem Durchschlupf, den die Frauen dort frequentierten, um sich Fruchtbarkeit zu sichern, der Steinsitz aus grünem Serpentin, der sich zum Herzogstuhl auf dem Zollfeld ergänzt, Wunderheilungen aus der Gründungslegende und die ganze Ausrichtung der Anlage auf ihre Erdtiefe hin, legen nahe, daß der Kult um die Hl. Hemma keine rein keltische Schöpfung darstellt, sondern an eine Naturmythologie anschließt, wie sie bereits für das Megalithikum charakteristisch war, dessen steinerne Zeugnisse über ganz Europa verbreitet sind.

Das Dreikopfbecken in der Wallfahrtskirche auf dem Magdalensberg, das im Wasserkult der Kelten seine Erklärung findet, die Riesin von St. Donat, eine sitzende Frauenstatue, die an die Matronendarstellungen der Rheinkelten anschließt, eine Reihe von Votivsteinen und schließlich das Felsheiligtum hinter dem Tempel der römischen Siedlung auf dem Magdalensberg umfassen die diesbezüglichen Fundorte Kärntens. Sie stellen für die vermischte Überlieferung aus dem Salzburger Raum einen losen Deutungsrahmen. Der Durchkriechstein der *Heidnischen Kirche* von Kaprun, die den Perchten, Hexen und Wildfrauen zugesprochenen Sitz- und Spursteine, die Wildfrauenhöhlen und heiligen Bründln, das Brauchtum aus dem Perchtenglauben und jene archaischen Jenseitsbilder, die in Sagenliteratur und Volksglauben von *Kalten Höllen* im Eis der Gletscher sprechen, von den Seelen, die der Wassermann hütet und vom mysteriösen Innenleben mancher Berge, lassen sich damit in einen geschichtlichen Zusammenhang einbinden, der zwar nicht mehr in Einzelheiten aufklärbar ist, aber jenes verschollene Naturbild einer vorchristlichen Gesellschaft wiederherstellt, das der unbegrenzten Weite des Naturraums im allgemeinen und bestimmten Objekten darin den Rang einer menschlichen Gegenwelt zudachte, wo eine Gesellschaft der Riesen und Zwerge, der Wildfrauen und Feen, der Berg- und Naturgeister erhalten blieb.

Bergfrauen waren über Gebirgszüge eingesetzt, eine Drachenjungfrau, halb Wurm, halb Mensch, hauste in der Felsenhöhle der Gerloswand. Der Putzgauch, ein knorriges Männlein im grünen Gewand, einen Zweig in der Hand und statt der Haare Graswurzeln auf dem Kopf, jagte geheimnisvolle Windstöße durchs Gezweig und brachte Bäume schauerlich zum Knistern und Knacken. Der Kapuzer, er hat einen keltischen Kapuzengott zum Vorfahren, wie der Putzgauch in den grünen Wildgeistern keltischer Gebiete seine Entsprechung findet, schloß jedes Frühjahr in Rauris und Gastein die Erzadern auf. Der Pilkenschimmel jagt an gewittrigen Abenden über die Felder. Feuerglühende Tiere, die an die tiergestaltigen Götter der Kelten denken lassen, machten zur Nachtzeit die Wege unsicher. Vor der Neukirchner Wiesbachhexe – im grauen Wettermantel und mit gelbem Strohhut – flogen vier Häher her. Bergentrückte waren unter die Gletscher des Wiesbachhorns verzaubert, um dort beim Schatzhüten zu helfen. Ein Jungbrunnen, der den keltischen Glauben an die Wasser des Lebens und des Todes für den Salzburger Gebirgsraum dokumentiert, wurde am Dachstein, in unmittelbarer Nähe eines *Meerauges* vermutet. Von gleichfalls altem Mythenstammbaum sind die Gasteiner Riesen, die zur Gattung der Wildleute zählen und in den *Heidenlöchern* hoch über der Klamm ihre Behausung hatten.

Die vielgesichtigen Eindrücke, die dieses Naturbild und seine phantastischen Gestalten boten, waren in Konfrontation mit dem Christentum auf ihre Aspekte des Ungeheuerlichen und Obszönen beschränkt worden. Mit gebanntem Entsetzen und einiger Verwirrung begegneten die christlichen Mönche dem zwielichtigen Naturglauben der *Barbaren,* die im Dunkel ihrer Alpentäler hockten. Im Portal- und Säulenschmuck der Kirchen haben die Schrecken dieser Begegnung ihren vielleicht unmittelbarsten Ausdruck gefunden. Von den Mauern der Gotteshäuser, die steinernen Schiffen vergleichbar zwischen Holzhütten im wuchernden Grün der Wildnis lagen, bereit, die irrenden Seelen jener halb und halb bekehrten Gemeinden aufzunehmen und durch das Dickicht dieser irdischen Ödnis zu steuern, blickten in grotesker Abwehr höllische Masken in jene Gegenwelt des Waldes hinaus, wo nachts in geisterhaft stürmischen Luftzügen die Totenseelen rasten, die verdrängten und exorzierten Dämonen spukten und allerhand zweifelhaftes Gelichter hinter Baum und Strauch hockte, in Brunnen und Seen grundelte und in Felsschlüften und goldfunkelnden Abgründen behaust war. Immer auf der Lauer, eine brave Seele zu verderben.

Natürlich gab es Unterschiede in der christlichen Natursicht, gnostische Einflüsse extremer Leib- und Weltfeindlichkeit trafen in der iro-schottischen Mission auf ein Naturbild, das ursprünglich-archaische Züge aus keltischer Zeit bewahrt hatte. Die Pflanzenornamentik, die speziell im Portalbau zur Anwendung kam oder die langobardische Flechtornamentik stellen vergleichsweise sublime Formen dar, das Dickicht der Natur, das in christlicher Deutung ein Bild der weltlichen Verstrickung blieb, zu architektonisch-künstlerischer Ordnung zu lichten und in der kühlen Fühllosigkeit weißen Steins aufzuheben.

Trotz dieser Stufen christlicher Natursicht blieb jenes wilde Draußen in störrischer Gegenweltlichkeit bestehen, ein Ort dämonischen Gelichters und exaltierter Heiliger. Von dort draußen überkamen einen die Impulse der Erneuerung genauso wie die Schauder des Todes, und nur selten verlor der Mensch dem Wald gegenüber seine beklommene Scheu. Denn er stand ihm als ein Bildraum seines Irrens und seiner labyrinthischen Seele vor Augen, der ihn an die Dunkelheit seiner Gefühle erinnerte, und dieses scheue Unbehagen konnte sich dort noch steigern, wo die uferlose Weite der Waldnatur ins Unausgemessene der Berge und in die sturmumzogenen Felsregionen der Gipfel anstieg.

Von der Vertreibung des bösen Geistes aus der Natur

Solange dieser wild-wüste Naturraum dem Menschen einen Heidenrespekt einjagte, war jener auch geschützt vor diesem. Dieses verschlossene Land der Wunder und des Grauens duldete nicht jeden zu jeder Zeit. Zwar hatten

Rodung und Urbarmachung des Hochmittelalters den bäuerlichen Wirtschaftsraum auf zuvor unbekannte Maße ausgedehnt, und die *Gschwandtner* und *Neureiter* (bäuerliche Familiennamen aus jener Zeit) siedelten in teils beträchtlicher Gebirgshöhe, dazu hatten Erzvorkommen, Weidegebiete und Paßübergänge Menschen schon immer in große Höhen und unwegsames Gelände hinaufgeführt, aber das alles hat die Beklemmung und Scheu nicht ausgeräumt, die man dieser abweisenden Natur gegenüber empfand. Volksglaube und mündliche Erzählkultur der Alpen blieben bis zu Beginn dieses Jahrhunderts im Bann dieses felsverschanzten Dämonenzaubers, der den Leuten nicht aus dem Kopf wollte.

In diese Region aus Wildnis und felsiger Einöde hinaufzusteigen, löste daher Angst aus, die aus Sagen ebenso ablesbar ist, wie aus den Überlieferungen und Aufzeichnungen aus der Frühgeschichte des Alpinismus.

In der Schweiz, wo der Schritt von der geistersichtigen Naturscheu zum neuzeitlichen Naturinteresse sehr umfassend dokumentierbar ist, finden sich durchgehend die Namen von Geistlichen bei der Eroberung der Gebirgswelt. Sie waren ursprünglich wohl mit missionarischem Eifer aufgebrochen, den sich auf Berghöhen herumtreibenden Dämonen und Teufeln den Garaus zu bereiten, sie von Gipfeln, Höhlen und Bergseen zu vertreiben. Oder auch – die Nichtigkeit ihrer Existenz zu beweisen.

In Salzburg hat sich das Franziskanerkloster von Hundsdorf bei Zell am See einen gewissen Namen gemacht, was die christliche Mission und spirituelle Läuterung des Hochgebirges anging. Von dort hat die Bevölkerung gelegentlich Patres um Beistand gebeten, wenn es darum ging, dem Teufel einen Anspruch streitig zu machen. Auf der Krapflalm im Kapruner Tal, so erzählt eine Pinzgauer Sage, holte sich der Teufel einst Stück für Stück vom Vieh, das tot aufgefunden wurde, einen schwarzen Eisenring um den Hals. Deshalb erbaten sich die Melker einen Franziskaner vom Kloster in Hundsdorf. Der Gottesmann machte sich zusammen mit dem Mesner sogleich auf den Weg und schärfte diesem ein, daß während des ganzen Aufstiegs kein Wort gesprochen werden dürfe. Auf der Alm angekommen, zog der Pater auf einem freien Platz einen großen Kreis und trat in diesen hinein. Der Mesner und die Melker mußten es ihm nachtun. Dann begann der Franziskaner mit lauter Stimme die Beschwörungsformel vorzulesen, und es dauerte nicht lange, daß aus dem Wald eine große, schwarze Kugel gerollt kam, dem Abhang zu, wo sie über das Geschroffe ins Tal hinabfiel. Dort blieb sie, sosehr man auch danach suchte, unauffindbar. Aber auch das Vieh blieb von da an verschont. (Brettenthaler 311)

Es war Zeit geworden aufzuräumen. Die ersten Schritte zur Aufschließung und Nutzbarmachung dieses zauberisch verdichteten Naturraums unternahm die Kirche. Allerdings in der Art eines Gegenzaubers, der diese *verteufelte Wildnis* gewissermaßen katholisch machen sollte – mit dem Kreuzzeichen in Baumstümpfen, an Weggabelungen und natürlich auf Gipfeln. In dieser Spur folgten, ausgehend von der Schweiz und nicht selten von Theologen und Klerikern angeführt, erste alpinistische Bergfahrten, die eine naturwissenschaftliche Sicht auf diese eisüberzogenen Höhen einleiteten. Der Weg dorthin war freilich abenteuerlich und abgründig, wie das die Chronik der Ereignisse nahebringen kann:

Im Jahre 1387 wurden sechs Luzerner Mönche ins Gefängnis geworfen, weil sie den Pilatus erklimmen wollten, wo doch schon der bloße Name besagt, daß dort ein böser Geist wohnt. Ziemlich exakt hatte ihn vordem bereits Jakobus de Voragine beschrieben, der Autor der 'Legenda aurea': Pilatus sitzt in einem roten Mantel am Karfreitag auf dem kleinen See am Fuße des Berges, der seinen Namen trägt. Wer ihn erblickt, überlebt das Jahr nicht. Darüber hinaus ist der Geist unschädlich, es sei denn, es lärme einer um den See herum; dann schleudert Pilatus Blitze gegen ihn. Noch im

Jahr 1585 erregte ein Geistlicher namens Müller allgemeines Entsetzen, als er in aller Öffentlichkeit Steine in den See warf und sich über den Aberglauben lustig machte; andererseits fand Konrad Geßner, als er 1555 den Pilatus bestieg, zahlreiche in Felsen geritzte Namenszüge. (Woźniakowski 221)

Die sechs Mönche aus Luzern büßten für ihre Neugierde noch mit einer Gefängnisstrafe. 1585 eröffnete der erwähnte Müller mit seiner Besteigung des Pilatusberges die Annalen des Schweizer Alpinismus, und 1574 war mit *De alpibus commentarius* des Schweizer Pfarrers Josias Simler bereits ein erstes alpinistisches Handbuch erschienen, das Ratschläge und praktische Hinweise *Für Bergfahrten oberhalb der Schneegrenze* angibt.

Im Bereich der Ostalpen vollzieht sich dieser Geschichtsgang der Säkularisierung von Natur mit zeitlicher Verzögerung. Im ausgehenden 18. Jahrhundert setzen die Nachrichten über eine erste Expedition auf den Großglockner mit der aufgeklärten Gelassenheit eines bereits naturwissenschaftlich gefestigten Zeitalters ein. Gleichfalls aus den Reihen des Klerus kam Graf Salm-Reifferscheid, Bischof von Gurk, der jene wiederholten Versuche zur Erstbesteigung des Glockners ausrichtete. In den Spitze an Spitze gereihten Gebirgsketten der Hohen Tauern muß dieser Berg von Anfang an einen alles und alle überragenden Gipfelpunkt markiert haben. Dafür spricht neben dem besonderen Ansehen, das ihm im Volksglauben zukommt, die Tatsache seiner namentlichen Erwähnung als *Glocknerer* im Atlas der Österreichischen Alpenländer von 1561, wo er neben zahlreichen Paßübergängen als einziger Berggipfel eingetragen ist. Für Begegnungen und Vorkommnisse der *naturdämonischen Art* aber war es – 10 Jahre nach der Französischen Revolution – offensichtlich zu spät. Die still verschlafenen Gebirgswinkel, die damals langsam die Aufmerksamkeit von aufgeklärten Bildungsreisenden auf sich zogen, förderten zwar den alten Naturglauben der bäuerlichen Bevölkerung zutage, aber Beobachter und Beobachtete verwickelten sich zu diesem Zeitpunkt nicht mehr in die greuelhaften Exzesse der inquisitorischen Vergangenheit.

Auch entsprang die Expedition auf den Großglockner nicht mehr der Absicht, damit einen Sieg über die Mächte des Aberglaubens und der Finsternis davonzutragen, wie das noch in die Besteigung des Pilatus hineingespielt hatte, sondern ist nunmehr als Ausdruck eines neugewonnenen menschlichen Selbstbewußtseins zu verstehen, das auf Vertrauen in körperliche Leistung und den vorurteilsfreien Gebrauch des Verstandes begründet war.

Die heidnische Mystik dieser Gebirgswelt, ihr Widerhall von den Stimmen und Wesen einer belebten Natur, ist für den Tauernraum nur aus den Zeugnissen des Volksglaubens erschließbar, also weitgehend aus jener halb-wahren Sagenliteratur, die keinerlei Verknüpfung mit der Geschichte des Alpinismus aufweist, wie das etwa für Schweizer Verhältnisse zutrifft.

Über die ursprüngliche Unverletzbarkeit dieser Gebirgshöhen, die im Schutz ihrer Tabuverschlossenheit in *heiliger Stille* fernab der Menschenwelt lagen, berichten die Sagen. – Wer einen Stein in die Krimmler Ache wirft und so die Geister des Wasserfalls reizt, beschwört damit ein wütendes Brodeln und Tosen herauf. Ähnliches erzählt man über den Lungauer Rotgüldensee, in dessen Tiefen der Schörgen Toni gebannt sein sollte. Als feuerroter Kugelblitz raste er auf jene zu, die durch Steinewerfen oder Lärmen seine Ruhe störten. Diese unheimlichen Begegnungen mit Naturgeistern und gespenstischen Tieren finden mit Vorliebe dann und dort statt, wo eine jener imaginären Grenzen gegenüber dem naturmagischen Raum zuvor verletzt worden ist. Der Mann, der sich am Weihnachtstag auf den Weg in die Alm macht, weil er dort das Butterfaß vergessen hat, der Wanderer, der spätnachts noch durch die Dunkelheit des Tales wandert, der Senner, der nach dem Viehabtrieb auf der Hütte bleibt, die dann den Kasmandeln und Berggeistern einzuräumen ist, und natürlich die Knappen, die in Ausübung ihres Berufes gegen das archaische Gesetz von der Unverletzlichkeit der Natur immer wieder verstoßen haben, sie alle sind die klassischen Vertreter für mehr oder weniger glimpflich verlaufene Begegnungen mit den Vertretern einer Naturwelt, die dem menschlichen Expansionstrieb ihre Schranken entgegensetzten.

Die Unverletzlichkeit dieser anarchisch wilden Natur wurde durch ein Naturempfinden garantiert, das, entgegen christlicher Unbestimmtheit, gerade im bäuerlichen Denken und seinem spirituellen Naturglauben lebendig geblieben war und erst durch die romantische Idealisierung von Landschaft im 18. und 19. Jahrhundert eigentlich abgelöst wurde. Bis dahin behielt der wilde Landschaftsraum seinen religiösen wie mythischen Hintergrund, und wenn auch in den alpinistischen Aufzeichnungen zu den Erstbesteigungen im Ostalpenraum dieser Glaubensaspekt nicht wörtlich belegbar ist und wir folglich auf die bäuerliche Welt der Sage als Quelle beschränkt bleiben, so schwingt noch in der sportlichen Schrillheit, mit der die Bezwingung der Bergwelt in den Ostalpen geschildert wird, etliches von der Stimmung mit, womit Jahrhunderte zuvor die Eroberung des Gebirgsraumes als ein widersprüchlich doppelter Triumph gefeiert worden war: Bezwungen wurde der magische Zauber der Natur und außer Kraft gesetzt das abergläubische Zeitalter der Naturherrschaft zusammen mit seiner Bildwelt des Irrationalen. Die Beschreibung der Glocknerbezwingung des Jahres 1799 zeigt diese Handschrift einer kriegerischen Unternehmung:

Nachdem am 24. August 4 Zimmerleute, darunter auch die beiden Klotz, bei einem erneuten Anstiegsversuch knapp unter dem Gipfel des Sturmes wegen hatten umkehren müssen – man hatte

ihre Bemühungen durch Fernrohre nicht ohne Kummer verfolgt –
schritt man am 25. zum letzten Ansturm. „Das Wetter war vor-
trefflich, kein Lüftchen wehte, kein Wölkchen trübte den Himmel."
Um 10 Uhr langte man an der „vorletzten Höhe" (der später von
Salm so benannten „Adlersruhe") des Berges an. Die Hitze wurde
unerträglich, „so daß man sich, umgeben von Eis und Schnee,
genötigt sah, den Rock abzuwerfen". Entzückt von der sich hier
weitenden Aussicht hielten die beglückten Bergsteiger hier längere
Rast, erstaunt über die zahlreichen Insekten, die die wärmende
Sonne eben auf dem Schnee zu neuem Leben brachte und über
einige Schmetterlinge, die leichten Fluges hoch über die Gletscher
dahergeflattert kamen. Die Brust beklemmt und mühsam Atem
holend, aber voll Zuversicht begann man den letzten Absatz des
Gipfels zu erklimmen. Mit Zuhilfenahme der mitgebrachten Seile
und Leitern erreichte die Gesellschaft um 12 Uhr jubelnd die erste
Spitze des Glockners. Donnernde Böllerschüsse verkündeten in
Heiligenblut den Sieg, bei deren Klang Herr von Hohenwart auf
der Spitze alle seine Freunde und den Fürsten hochleben ließ.
(Fischer 42 f.)

II. Die einschichtigen Örter im Redwerk der Gebirgsbewohner

Wer diesen Landschaftsraum gegenwärtig nach Sehenswürdigkeiten der imaginären Art durchstreift, mit Heimatsagen und Dorfchroniken im Gepäck, unterwegs zu den *einschichtigen* Schauplätzen ist, wo der Teufel seine Krallen gezogen hat, goldenes Tafelsilber im See verschollen ist, und in Felswänden versteckt der Eingang in sagenhafte Unterwelten liegen soll, könnte sich den Vorwurf einhandeln, die Bevölkerung neuerdings zu *wilden Gebirgsbewohnern* vergattern zu wollen, wie sich das Außenstehende seit der Römerzeit zur Gewohnheit gemacht haben.

Dabei sind Gewährsleute dieser Art, also raunende Weiblein, wortkarge Sennen und verschmitzte Geschichtenhinterträger zwar hier und da noch zu finden, mitunter auch bereit, einen Abend lang aufs Fernsehen zu verzichten, um sich ans *Hinterdenken* zu machen, aber die *g'spoaßigen G'schichtn*, die sie zu erzählen wissen, machen Stimmung, jedoch niemandem Angst. Abgeschlossenheit und Stille waren die Voraussetzung der ländlichen Erzählkultur gewesen, das Redwerk ein Mittel gegen die Einsilbigkeit, die hier in Grund und Boden eingewachsen schien. Heute hat sich das Surren der Betonmischanlagen und das Dröhnen von den Transitstrecken, der Pistenlärm von den Arealen unserer Freizeitkultur und das flirrende Singen elektrischer Starkstromleitungen bis zutiefst ins verwinkelte Innergebirg festgesetzt. Zum Fürchten bringt uns die Technik, nicht die Natur. Luftfahrten lassen niemanden mehr an sagenhafte Venediger denken, und Zwerge haben in Disney-Lands und Comic-Strips ihren Platz gefunden, seit Flugzeuge ihr Kerosin auf Almböden ablassen. Die Betonmasten der Schilifte, der Asphalt um die Dorfbrunnen und die sommerlichen Trampelpfade zu den Wasserfällen, dieser höchst durchschnittliche Horror von heute hat unser Vorstellungsvermögen längst auf andere, zeitgemäße Wege gelenkt.

Gaston Bachelard beginnt seine *Poetik des Raumes* mit einem Kapitel über das Haus als Abbild des Weltalls, und was eignete sich besser zu einem Beispiel dieser Überlegung als ein Bauernhaus im Gebirgsraum? Die Schwelle, die die Behausung vom unbehausten Rest der Welt trennt, bezeichnet einen nahezu magisch spürbaren Zustand der Grenze, wo – in Sagenmotiven vielfach abgewandelt und wiederholt – die dämonischen Verfolger von einem abfallen. Hier trennt sich innen und außen, der menschliche Schlaf von der Nacht der Geister, und die Zeit, die im Haus verstreicht, vergeht anders als jene, die durch die Offenheit des Raumes fließt. Das Haus ist ein Ort der Erinnerung, deren Bewohner sich jener *früheren Zeiten,* um die es den Sagen immer zu tun ist, gerne dahingehend vergewissern, daß auch späterhin noch Zeit sein wird, Zeit bleiben oder zurückkommen wird. Außerhalb dieser lebendigen, bewußten Zeit des Hauses herrschte eine andere, vom menschlichen Leben abgekehrte Zeit, wo die elementischen Geister der *ursprünglichen Natur* ihren alterslosen Ansitz hatten.

Der Beengtheit in Winkeln und Häusern tritt diese unermeßliche Weite gegenüber, die einen hier, Innergebirg, häufig ankommt. Sie tut sich nicht erst im baumlosen Hochgebirge auf, es genügt oft ein *sich Verschauen* in die steil aufragende und weit abfallende, in Winkeln, Senken, Anhöhen und Wänden zusammendrängende Faltung der Landschaft, um dieses leichte Schwindelgefühl wachzurufen, in dem äußerste Enge und unermeßliche Weite eins sind.

Enge erzeugt Angst, dieser Zusammenhang, den auch die Sprache dokumentiert, ist dadurch zu ergänzen, daß auch die

Überdehnung des Raumes ins unbegrenzt Weite Beklemmung fühlen läßt: *Man braucht nicht lange in den Wäldern gelebt zu haben,* schreibt Gaston Bachelard, *um den stets ein wenig angsterfüllten Eindruck zu kennen, daß man in eine Welt ohne Grenzen „eintaucht": Wenn man nicht weiß, wohin man geht, weiß man bald auch nicht mehr, wo man sich befindet. (…) Vor allem der Wald, sein Raumgeheimnis, über den Schleier von Stämmen und Blättern hinweg in unbestimmte Weite ausgedehnt, für die Augen verschleiert, für die Handlung aber durchdringbar, ist recht eigentlich eine transzendente, psychologische Funktion.* (Bachelard 215)

Die Angst vor dem *anderen*, vor den Fabelwesen einer geisterhaften Welt, die weit hinter die menschliche Geschichte zurückreichte und als die eigentlich angestammte und eingesessene Welt der Natur in Fels und Baum und Quelle behaust war, bildet das große Thema der Sage.

Der Passant moderner Fußgängerzonen zieht seine Spur an verspiegelten Schaufenstern und aufmerksamen Blicken vorbei, denen sich darzubieten man ja in Wirklichkeit ausgezogen ist, sich gebärdet und spiegelt: Aus dieser Rückbindung des Menschen an die Reflexe, die er entlang der glänzenden Fassaden der Kaufhauspassagen wachrufen und auf sich beziehen kann, gelangt er in den Zustand einer *Seinsgewißheit,* die in der modernen Massenkultur mit der Banalität des Tauschgeschäfts abgewickelt wird: Blick gegen Anblick führen genauso wie Geld gegen Ware zur Sicherstellung des eigenen und anderen Marktwerts.

Ganz anders die Rückbindung menschlicher Besonderheit im Gebirgsraum, wo eine meditative Rückbindung ins Nichts, ins leere Schweigen des Horizonts erfolgt, und aus diesem Zunichtewerden menschlicher Besonderheit und individueller Selbstgewißheit richteten sich die Fabelwesen und Dämonen auf, die diese schmale menschliche Spur zu beiden Seiten des Weges belagern, wo die Übermacht tierischer und göttlicher Natur, die hier immer ihr ureigenes Reich hatte, zu einer

Metaphysik zusammenfand, in der dämonischer Naturglaube und göttliche Naturverehrung nebeneinander Platz hatten.

Dieser überwältigenden Strömung des Raumes setzte der Mensch schon in paläolithischer Zeit, wie das die Arbeiten von Marie König belegen, das Symbol des Kreuzes entgegen, das er in Felsen und Knochen ritzte, um so erstmals seiner Befindlichkeit in der Anlage eines Standortes Ausdruck zu geben. Zwischen den Gestirnsbahnen des Himmels und den gitterförmigen, aus Punkt und Linie zusammengesetzten Netzen, wie sie der frühgeschichtliche Mensch in Felsen einschnitt, bezog er eine erste, historisch erfaßbare Haltung des *Hier und jetzt bin ich.* In den Gebirgen schichtet er Steine zu Haufen, und allein die Geste, mit der er den Stein vom Boden aufhebt, und ihm einen Ort gibt, setzt menschliche Geschichte in Gang, weil sie nicht nur einen *Ort schafft,* sondern diesen auch zum *Bau* macht. Die Unzahl der aufgehobenen Steine fügt sich zum Monument, zur Urform des Altars.

Im Haus oder in der Hütte, in der zusammengerückten Runde eines Winkels wird, im Redwerk des Gehörthabens, des Sagens und Glaubens, jenem nachtschwarzen Raum vor der Tür Einlaß gegeben. Die Stube füllte sich mit diesen Gestalten aus wolkiger Finsternis, und im metaphysischen Grauen davor heißt es, daß einem *schiech* wird oder die *Schiechen angeht.*

Einst ging der Melchartbauer von Krimml hinein zum Tauernhaus, beginnt eine von K. O. Wagner aufgezeichnete Sage. *Es war schon spät abends, außerdem hatte er schwer zu tragen. Er konnte kaum mehr vorwärts und beschloß, in der Humbachhütte zu nächtigen. In der Nacht hörte er eigentümliche Töne, die ihn veranlaßten nachzusehen, was los sei. Der Bauer ging zur Tür hinaus, sah auf das Dach und gewahrte einen riesigen Mann, der mit dem rechten Fuß auf dem Hüttendach und mit dem lin-*

ken auf dem Stalldach stand. Mit Grausen sah er die Gespenster-
gestalt, die höhnisch lächelnd jenen eigentümlichen Laut von sich
gab, der ihn aus der Hütte getrieben hatte. Schnell eilte er in die
Hütte, packte das Seinige zusammen und flüchtete taleinwärts wei-
ter, ohne sich umzusehen, noch von der Schwere seiner Last et-
was zu empfinden. (Wagner 36)

Weiter taleinwärts hatten Wanderer zudem Begegnungen
mit dem Greifwaldstier, der in mondheller Nacht auf die
Almleute losging, und andere Widrigkeiten zu gewärtigen.
Harmlos waren mit Sicherheit die fliegenden Gemsen, die der
Watschbauer mitten zur tiefsten Winterzeit auf dem Dach seiner Almhütte erblickte: *Kaum nahmen sie den Ankommenden*
wahr, erhoben sie sich in die Lüfte und flogen gegen den
„Kröndler". Und noch heute sollen auf diesem Berge fliegende Gem-
sen vorhanden sein. (Wagner 50 f.)

Die Welt der Sage zeichnet nicht nur die zugige Gebirgs-
ödnis in der Art einer unmenschlichen Wildnis, sondern
räumt auch im Talboden tausend nächtliche Schlupförter ein,
wo ungeschlachte Polterer und gespenstige Schleicher *neun-*
mal Wiesen und neunmal Wald erinnern. Gegenüber ihrem
stammhaltenden Alteingeborensein blieb der Mensch für
immer der Zweite. Viele Höfe hatten noch in den eigenen
vier Wänden geisterhafte Mitbewohner, die ihre urige Vor-
macht nicht wenig mißbrauchten. Vom Geist in der Humbachhütte hieß es, daß er *die Leute nachts vom Heulager reiße*
und sie derb durchprügle. (Wagner 36) Aber es kommt noch
schlimmer. Denn, so bemerkte der alte Lerchvater aus
Krimml dazu trocken: *Fast in jedem Haus hat es früher ein*
Gespenst gegeben.

Der reiche Totenglaube der Gegend bedingte zudem Vor-
zeichen auf die Todesstunde, und er sicherte den Verstorbenen ein Fortleben in dem Sinn, als diese *umgehen* konnten,
wenn sie nicht zur Ruhe kamen. Nicht wenige sollen zum
Friedhof hinausgebracht und eingesegnet worden, aber nichts-

destotrotz *bei ihrer Sache* geblieben sein. Meist war das die Arbeit, wie das auch eine Geschichte wiedergibt, die Marie Andree-Eysn von einer Kellnerin in Rauris aufgezeichnet hat: *Mein Ahnl war ein Karner, er hat Zockeln (Holzschuhe) gemacht, auch am Vormittag von Georgi, einem Feiertag.* Dabei darf man während der Kirchenzeit nichts tun. Er aber meinte, er möchte drei Jahre vor und drei Jahre nach dem Sterben nichts als nur Zockeln machen. *Richtig hat man ihn auch nach seinem Tod immer arbeiten gehört, im Winter sogar mit dem kleinen Bockschlitten bei der Hintertür „einareitn" (hereinfahren), und wenn zur Wandlung geläutet wurde, hörte man stets etwas fallen, als wenn es der Hammer oder der Zockelleist gewesen wäre.* (Andree-Eysn, 1910 Nr. 35/214)

In der langsamer verstreichenden Zeit Innergebirg, die das Jahr gewissermaßen umrundet, um hartnäckig in die immergleichen Kerben zu schlagen, konnte auch die Vergangenheit nie wirklich zur Ruhe kommen, und auf das, was erst die Zukunft mit sich bringen sollte, deutete vieles voraus.

Ein uns nicht mehr vertrautes Zeitgefühl machte die Gegenwart zu einem schmalen Fluß mit breiten Ufern, den die einzeln umgehenden und in gewissen Nächten gleich scharenweise umziehenden Toten immer wieder durchquerten. Ungelöste Bindungen, die die Welt der Toten in der Gegenwart der Lebenden festhielten, verknüpften das Da-Sein mit dem Hinüber-Sein im gleichen Atemzug der Zeit.

Diabolische Zerstörungslust an Gottes schöner Welt

Schmal war die Spur, die der Bewohner dieser alpinen Region *seinem* Gebirge aufdrücken konnte, solange er dazu nur sich selbst, keine Asphaltierwalze und kein motorisiertes Vehikel zur Hand hatte. Wenig Platz war dem Menschen oder gar dem Menschlichen eingeräumt, sodaß sich mitunter der Verdacht einstellt, der Asphaltbelag auf den Forststraßen, die Waldschneisen für Schipisten und der ganze Motorenlärm der Traktoren und Geländewagen sei ein menschlicher Racheakt an diesem Hochmut der Gebirge, die ihre Bewohner durch Jahrhunderte klein gemacht und eingeschüchtert haben.

Auf Fahrten und Wanderungen, die mich an Orte brachten, wo *es* stattgefunden haben soll, schlossen sich jene Empfindungsweisen auf, die durch Jahrhunderte in Grund und Boden der Region eingewachsen und in ihrem Redwerk, also im Gesage und Gerede der Bevölkerung, gespeichert waren.

Vieh- und Menschenspur in einem, machen diese alten Wege den Wanderer zu einem bewegten Punkt in der Weite der Landschaft. Während die Natur ihre Kräfte in reißbrettartiger Anordnung zu Trassen und Schneisen verschiebt, scharfe Risse in die Hänge zeichnet oder in chaotischer Wucht niederbricht, zeichnen diese Pfade ein angestrengtes Hin und Her in die offenen Flächen und Halden des Berges ein. In breit ausstrahlenden Fächern schiebt dagegen der Gletscher seine Moränen zu Tal, überrollt Weiden und Wege.

In geologischer Urzeit muß durch diese wogende Faltung, wie sie jetzt noch in Gletschernähe zu beobachten ist, der Zug der Gebirge entstanden sein, ein *Steinernes Meer,* wie es in der Landkarte des Pinzgaus namentlich aufscheint. Wer hier unterwegs ist, ist darin geübt, Widerstand zu überwinden, um so langsam an Höhe zu gewinnen. Dabei läßt sich dieser angestrebte Gewinn von Höhe natürlich nicht nur nach Metern bemessen, sondern diese Hochwindung gilt akkurat jenem menschenfernen Land, das sich hier, in der letzten Wüste unserer Zivilisation, auftut.

Noch im katholisch-wetterfürchtigen Aberglauben mit seinen Weg-, Wetter- und hunderterlei Gipfelkreuzen steckt etwas von der Verbissenheit und steinzeitlichen Mühe, dieser zernichtenden Wirkung des Raumganzen zu entkommen. Astronomische Maße, Weg- und Zeitmarken, wie sie Marie

König als Zeichenschatz der Felsbildkunst identifiziert hat, sind als anthropologische Konstanten lesbar, die jenen klaffenden Raum und seine tödliche Offenheit durchschnitten haben, um ihn in die Menschenzeit hereinzuholen.

Als Sigmund von Hohenwart im Jahr 1802 seine dritte Besteigung des Glockners unternahm, legte er dazu ein Tagebuch an, in dem eine Begegnung mit Bauersleuten eingetragen ist. Die hatten ihn in ein Gespräch verwickelt, *wie ein Fremder über hundert Meilen weit herreisen könne, um ihre schiechen Berge zu sehen.* (Schultes II, 345 f.). Auf den Glockner zu reisen, bedeutete eben mehr als nur die Überwindung einer räumlichen Distanz.

In der Weltverschlossenheit Innergebirg ragten viele Gipfel noch namenlos in die Wolken hinauf, und die Dörfer im Tal lebten nicht nur in zauberhafter Verschlafenheit, sondern auch in handfester Furcht vor diesen Bergen, von wo vernichtende Unwetter niedergingen, Bäche zu Schlammfluten anschwollen und manchmal der halbe Berg hintennachkam, wogegen das Wetterschießen, Palmbuschenabbrennen und Kreuzaufstellen die erhoffte Wirkung hat fehlen lassen.

Halsbrecherische Wege hatten Saumpferde, Soldaten und Pilger schon seit jeher nach Süden geführt – oder in den Norden heraufgebracht, aber zu seinem Vergnügen hat sich der Mensch vergleichsweise spät in diese kargen Höhen hinaufbegeben; zu einem Zeitpunkt erst, als die schneebedeckten Gipfel diese Glorie des Wunderbaren und Bewundernswerten in der Naturbegeisterung der Romantiker zurückerlangten.

Die Römer hatten diese eisübergossenen Höhen mit den Augen von Feldherren und Technikern des Straßenbaus betrachtet, und es war viel von ihrer abstoßenden und furchterweckenden Erscheinung, wenig von Schönheit die Rede gewesen. Petronius hatte in *Satyrikon* Hercules in die weißen

Spitzen der Alpen verbannt gesehen. Livius schreibt zu Hannibals Überquerung der Alpen:

Jedoch als man die hohen Berge und die Schneefelder, die fast bis an den Himmel reichten, aus der Nähe sah, sowie die ungestalten, auf Felsen ruhenden Häuser, das Klein- und Großvieh, das in Folge der Kälte zusammengeschrumpft war, die Menschen, die ihre Haare nicht geschoren hatten und überhaupt ungepflegt waren, alles Lebendige und Leblose vor Kälte starrend und das übrige abscheulicher anzusehen, als sich beschreiben läßt, all dies erneuerte den Schrecken. (Livius 39 f.)

Das christliche Mittelalter erwies sich in seinem Naturverständnis als ein Erbe der Antike und setzte diesem *Horror Alpibus* noch Teufelshörner auf, indem der Unaussprechliche selbst zum Baumeister über diese Bergriesen eingesetzt wurde, *weil Gott etwas so Häßliches unmöglich geschaffen haben konnte.* Einzelne Felsen und Steine waren als Teufelssteine und Teufelskirchen verrufen, wo sich allerhand Gelichter und Spukgesindel herumtreiben sollte. Von höllischen Krallen durchzogen, zerschnitten und durchbohrt, waren diese Steine stumme Zeugen einer vorgeblich diabolischen Zerstörungslust an Gottes schöner Welt. Vorsicht war geboten.

Der Hiasenbauer, so erzählte eine Sage aus dem Pinzgau, *hat einmal im Fleißtal von seiner Wiesen zu weit über die Grenze gemäht. Da kam der Teufel, spuckte ihm in den Kumpf und jagte den Hiasenbauer bis zur Heuhütte. Dann sprang er auf einen Stein, daß man heute noch die abgedruckten Krallen sehen kann (Pinzgauer Bezirksarchiv).*

Dieses Grauen, das man bis ins 18. Jahrhundert *beim Anblick unsteigbarer Wände, steiler Firste und rauher, zackiger Felsscharten empfand, entsprang nicht allein einer verständlichen, natürlichen Furcht, sondern war zugleich ein metaphysisches Grauen.* Ausgehend von der Theologie des 16. Jahrhunderts hatte sich die Anschauung entwickelt, daß unfruchtbare Landstriche, wilde Meere und bösartige Bestien den Menschen an den Sündenfall gemahnen sollten, und *insbesondere auch rauhe und hohe Berge nichts als Warzen auf der Oberfläche der Erde seien.* (Groh 112 f.)

Dieser christliche und katholische Blickwinkel auf den heidnisch verstockten Hochmut der Gebirge und ihre dämonische Abgründigkeit ist aus den Sagen des Pinzgaus gut ablesbar, selbst wenn man berücksichtigen muß, daß es erst im Verlauf des 19. Jahrhunderts zu ihrer Aufzeichnung kam. Der Teufel, der mit seiner bocksbeinigen, beschweiften Gestalt noch vieles von dem alten, panischen Naturgeist erkennen läßt, verteidigt darin listig wiewohl vergebens seine dahinschwindende Macht über das unbezähmte Territorium der Gebirgswildnis.

Als die Kirche in der Gerlos gebaut wurde, schreibt K. O. Wagner (129), *erboste darüber der Teufel so sehr, daß er sie zu zerstören beschloß. Auf dem Kreuzjoch saß er und fuhr durch die Luft zum Torhelm hinüber, nahm dort einen Felsen aufs Genick und flog damit fort längs dem Mauersee und Langsee. Jetzt war er daran, den Felsen auf das Kirchlein zu schleudern; da erscholl die Glocke vom Turme zum Gebet – und der Stein fiel Luzifern aus den Krallen und sausend zur Erde. Am Wasserfalle des Krummbaches im Teufelsbache liegt er noch heutigentags und ist ihm die Teufelstatze deutlich eingedrückt.*

Diese Bestimmung der Alpen zur teuflisch-schiechen Gegenwelt löste sich in diesem Teil der Alpen vergleichsweise spät an der Wende vom 18. zum 19. Jahrhundert, als die Klimaperiode der Kleinen Eiszeit allmählich ausklang, jener Kälteperiode, die um 1500 europaweit einsetzte und auf Vegetation und Menschen einen nicht zu unterschätzenden Einfluß hatte. Auf die geistige Erstarrung und Düsternis des 17. Jahrhunderts folgte langsam eine Art Tauwetter, und in die Gebirgstäler zurück begann Leben zu fließen, das jene kleine, aber wachsende Gruppe Reisender, Naturwissenschaftler, Botaniker, Geologen und Kunstschaffende mit sich brachte, die sich diesen imposanten Bergzügen mit der Empfindsamkeit ihrer Sinne näherten oder aber mit allerhand Instrumenten ausgerüstet. *So sehnsuchtsvoll wir der Rückkehr dieser Leute* (Einheimische) *entgegen harrten,* berichtet J. A. Schultes vorm Aufbruch zur Glocknerbezwingung, *so sonderbar war es uns jetzt doch zu Muthe, als wir die feyerlichen Gesichter derselben, die schweigende und bedenkliche Miene, mit der sie verstohlen auf diesen und jenen aus der Gesellschaft hinblickten und den Kopf schüttelten, und den fürchterlichen Apparat von Griesbeilen, Steigeisen, Seilen und alle die Anstalten sahen, die so rüstige Leute, als unsere Bauern waren, vor unseren Augen machten. Die Vertheilung der Last des Mundvorrathes, der Herbarien, Teleskope, Galvanischen Säulen und alles dessen, was wir auf die Salmshöhe zu schaffen hatten, verursachte ein Drängen und Treiben, ein Wägen und Ausgleichen, eine Arrimage, als ob ein Linienschiff auf den Walfischfang nach dem Nordpole ausgerüstet würde.* (Schultes II, 110 ff.)

Sie wiegten sich in dem Glauben, die ersten zu sein, die in diese windumbrausten Höhen vorstießen. Einige Jahre später, schon von den gefühlvollen Schaudern der Romantik bewegt, hat Heinrich Heine die Reisegesellschaften auf den Brocken karikiert, und Jean Paul und E.T.A. Hoffmann haben Portraits von dem skurrilen Gelehrtentypus jener Zeit geschaffen, der dem verklingenden Rauschen, Raunen und Weben der Natur mit Meßlämpchen und Sezierbesteck an den mütterlichen Leib rückte.

Es waren von Anfang an Vertreter der Kirche gewesen, die *dort oben* auf Ordnung sahen. Auch bei der Glockner-Erstbesteigung stand, wie schon erwähnt, ein Kleriker an der Spitze des Unternehmens.

Die gebildeten Schichten der Epoche wußten sich kraft ihres Kulturbegriffs von dieser wild-schönen Natur längst abgegrenzt und hatten sich innerhalb ihres gewachsenen Vertrauens in die Wissenschaft noch einmal in die Sicherheit der

Herrschenden über die Natur gebracht, auch wenn diese Sicherheit nie ganz geheuer wurde. Aber aus dieser spürbaren Entfremdung heraus scheint sich jene unruhige Suche nach einer unverbildeten Natur entwickelt zu haben, der man sich mit der Hingabe künstlerischer Einfühlsamkeit oder mit der Eroberungs- und Aufdeckungslust der Forschungsreisenden annäherte.

Das hohe Gebirge, darin dem Meer vergleichbar, stillte diese Wünsche, durch Leistung zu siegen und dabei doch überwältigt zu werden.

Wir schritten hier am Ufer der Möll über die Reste eines Waldes hin, den erst vor vier Monaten eine Lawine entwurzelte. Auch Hütten und Väter und Mütter begrub sie in ihrem kalten Grabe. Nur das Schauerliche fehlte hier noch zum Erhabenen, um uns für die Eindrücke vorzubereiten, die uns erwarteten. Vertieft über Phantasien über Tod und Zerstörung, deren Spuren wir hier überstiegen, geriethen wir in eine Aue von Erlen, in deren Dunkel die Möll herabrauschte. (…) In den halb verwitterten Gneisfelsen, die sich über die Katarakte hinbogen, gähnt ein schwarzes Loch den scheu gewordenen Wanderer an. Es ist keine Höhle, nur eine Kluft des geborstenen Felsens. Die Bauern nennen es das kalte Loch, und erzählen sich manches Märchen, wenn sie hier vorüberwandern. Sie segnen sich, wenn sie unter dem herabhängenden Felsen gehen, und ihre erschreckte Phantasie glaubte ihn vor dem drohenden Einsturze sichern zu können mit Heiligen und Kreuzen. (Schultes 4 f.)

Das Hintergründige und Undurchsichtige, das dem Naturbegriff der Neuzeit erhalten blieb, rührt aus den besonderen Gegebenheiten dieses Zivilisationsprozesses, der in der Natur vordringlich einen Glauben bekämpfte, sodann ihre Wildnis und Menschenfeindlichkeit bezähmte und sich schließlich das Rohe, Ungebildete und Unfreie des bäuerlichen Lebens zwar nutzbar machte, dieses aber auch niederhielt und einschränkte. – Erst die Aufklärung bereitete dieser Tradition der Gegensätze und Widersprüche ein kaltes Ende. Nicht nur

Wundertäter und Heilige hatten das Feld zu räumen, die Natur wurde auch ihre Kobolde los. Im Zustand entgeisterter Stofflichkeit, von allem metaphysischen Zierat entkleidet, sollte sich die *Materia* ins Laboratorium der Wissenschaft begeben.

In der Romantik erfolgte eine Gegenbewegung zurück zu den Wurzeln. Im Hell-Dunkel romantischer Natursicht begannen diese Quellen aus walddunkler Vergangenheit wieder zu fließen. Die urwüchsige Nachtseite der Natur, von christlicher Rodungsarbeit gelichtet und damit dem mitteleuropäischen Kulturbegriff verinnerlicht, versprühte noch einmal ihre Zauberfunken.

Aber kehren wir zu den Grundlagen dieser Naturgeschichte zurück, auf jenen mittelalterlichen Waldboden, der damals Dreiviertel des Landes bedeckte.

III. Naturerfahrung im Mittelalter

Umhegte Lichtungen und irrlichterndes Dunkel

Forst, Wald und Wildnis umgaben die Siedlungen des Mittelalters. Als umhegte Lichtungen lagen sie im unwirtlichen, kalten Dunkel der Natur. Innerhalb davon grenzte der Mensch seine Ordnung und die Machart seiner Lebenswelt gegen jene andere Wirklichkeit ab, die *fores*, also *fuori*, im Draußen, jenseits der Umhegung lag, die *wilt* und *zam*, also Natur und Gesellschaft, Mensch und *Holz*, das gleichfalls synonym für *Wald* verwendet wurde, einander polarisierend entgegensetzte.

Wie noch von den Katasterplänen des 19. Jahrhunderts abzulesen ist, hat sich der Mensch auf vergleichsweise winzigen Ausschnitten des Landschaftsraumes zusammengedrängt, und selbst das Land, das von ihm bebaut und genutzt wurde, das also nicht jenseits von Dachtraufe, Zaun und Weg in abseitiger Ödnis lag, tauchte auf diesen Karten wie in Inseln auf, die zwischen den riesengroßen, weißen Flecken des Gebirgsraums im unwegsamen Grün der Wälder lagen.

Der Prozeß der Zivilisation, den das Mittelalter durchlief, indem es das gesellschaftliche Zusammensein mehr und mehr Regeln unterwarf und damit langsam zu jenem Konflikt vordrang, wo sich der Einzelne seiner selbst im Widerspruch zu den gesellschaftlichen Verbindlichkeiten bewußt wird, dieser Prozeß war zumindest für die Dauer der gerade erst erwachenden, mittelalterlichen Kultur rund um den Gegensatz von *wilt unde zam* angeordnet, mit dem sich der Mensch der Neuzeit verwirklichen sollte. Es war ein christliches und antikes Menschenbild, das in programmatischen Leitsätzen einen tiefen Wandel der Lebenshaltung erzwungen hat: Gerodete Lichtungen gegenüber dem bedrohlichen Dickicht der Wälder, rationale Methoden des Landbaus statt Wildbeuterei und Viehzucht, Wein statt Bilsenkraut, Brot statt Hafer- und Gerstenbrei, christliche Kirchen und Klöster zu steinernen Festungen über die niederen Holzhütten der Bauern aufgetürmt, statt heidnischer Baum-, Stein- und Quellheiligtümer, wie sie aus Tacitus' Beschreibung in der *Germania* zuerst bekannt geworden und Gegenstand christlicher Konzilbeschlüsse und Beichtspiegel geblieben sind.

Aber durch diese neu geschaffenen Orte christlicher *Weltfremde* wurde das Grünen und Wachsen der Natur keineswegs spurlos beseitigt, allerdings in Innenhöfen und Kreuzgängen weggeschlossen, zu umhegten Kostbarkeiten des Gartenbaus mit einem Brunnen in der Mitte des Säulengangs gemacht, wo von Kapitellen und Portalen die Fratzen der Dämonen hinter Akanthuslaub hervorlugten. Einen vergleichbaren Weg der *Verinnerlichung* von Natur zum *verschlossenen Garten* stiller Beschaulichkeit zeigen die Baum- und Paradiesgärten in Klöstern und Burghöfen, die als exklusive Orte einer aufkeimenden Gefühlskultur in Literatur und Kunst eingehen. In diesen Nischen wurde Natur zum Gegenstand kostbarer Züchtungen, entstand ein umhegtes und gepflegtes Wunschleben, in dem die antike Kultur Wurzeln schlagen konnte, um neue Blüten hervorzubringen.

Wilt deutet aus dem Schutz christlicher Steinmauern hinaus auf die holzgebauten Hütten der *gebûren* und ihr den Zyklen der Natur ausgeliefertes Leben, verwies hinaus in einen Leben und Seele bedrohenden Waldraum, der mit dem Attribut *wuest* angeführt, ein Bild der Gottes- und Menschenferne darstellte und nicht nur die Bequemlichkeit eines geregelten Lebensalltags, sondern auch den Verstand kosten konnte, wofür die mittelalterliche Literatur nicht wenige eindrucksvolle Beispiele gebracht hat. Dort draußen, so die tiefsitzende Angst jener Zeit, würde sich der Mensch wieder zum Tier verwandeln. Wie schwindelerregend schmal konnte die Kluft erscheinen, die den Menschen vom Tier trennte, und wie wenig sicher war er davor, in Wolfsgestalt umzugehen oder zum Waldtoren zu verkommen.

Eine Lungauer Sage erzählt von *vier Brüdern,* die als Werwölfe die Wälder durchstreiften: der Berger, der grindraudige Thoma, der Schönmayer und der Stocknudel. (Dengg 172 f.)

Beim Brand von Mittersill, schreibt K. O. Wagner (48), *als im Jahre 1837 der ganze Markt ein Raub der Flammen wurde, sahen mehrere Bewohner während des Brandes einen feurigen Hund aus dem Markte heraus gegen den Turnberg hinauflaufen. Nach der Sage soll ein gewisser Wutzelbinder in die Gestalt dieses Hundes gebannt gewesen sein, ein Mensch, der während seines Lebens viel Sünden auf sich geladen hatte.*

Die mittelalterliche Literatur hat die dünne Haut höfischen Lebensstils, die feingewebte Kleidung, die Kettenhemden und Brustpanzer der Ritter als beängstigend empfindliche Hülle der daran geknüpften kulturellen Leitbilder dargestellt, die in der Begegnung mit dem existentiell verunsichernden Bewährungsraum der Wildnis Neigung zeigten, sich in zwielichtige Wahnbilder aufzulösen und den Menschen vor tiefen Krisen seiner Identitätsfindung nicht bewahren konnten.

Die Existenz dort *draußen* versprach Tücken und Risiken aller Art, einen heillosen Zustand der Gottes- und Menschenferne. *Wilt* war ein Sammelbegriff für die unterschiedlichsten Formen gesellschaftlicher Abweichung, sodaß im Begriff die Angst zurückzufallen auf eine Stufe der *Verwilderung* mitschwingt, und erst im ausgehenden Mittelalter, als die Mythen der Wilden Leute zum Gegenstand kunsthandwerklicher und künstlerischer Arbeiten wurden, entsteht die Gegenwelt eines friedlichen und bedürfnislosen Waldlebens, womit lange vor Rousseau die Geschichte europäischer Zivilisationskritik einsetzt. Aber alle kulturelle Anstrengung, die dem voranging, war Rodungsarbeit. Zu dem Zweck unternommen, Lichtungen zu schaffen. *Lieht* und *clâr* umfaßt das, was dem ästhetischen Empfinden jener Zeit als *gut und schön* gilt, der *claritas* bei Thomas von Aquin entsprechend. Der Wald ist ein Ort des Chaos und der Dunkelheit. Er stand der christlichen Ordnung als bedrohliche Unwelt der Schatten gegenüber, was seine Dunkelheit zur Chiffre für das unwegsame Land der Seelen werden ließ.

Im Architekturschmuck der Romanik ist diese Gegenweltlichkeit von *wilt* und *zam* in die Bildprache einer christlichen Ethik eingebunden, die den Wald zum orientierungslosen Raum eines Umherirrens macht, das ständig in Gefahr ist, unter Schlingarmen, Schatten, Trieben, Brunnen, Giften, Blüten … verloren zu gehen. Ein Beispiel dieser Ängste der mittelalterlichen Welt ist die plastische Gestaltung des romanischen Portals der Kirche vom Kloster Nonnberg in Salzburg.

Die Säulen sind wieder zu dem geworden, was sie in der Antike ursprünglich gewesen waren, entastete Baumstämme, die Schnittstellen sorgfältig ausgearbeitet. Durch die Bündelung der Pfeiler wird die Vorstellung eines Walddickichts geweckt, in dem die Köpfe von Dämonen sichtbar sind. Es handelt sich offensichtlich um Geister des Waldes, die, mit angestrengtem Gesichtsausdruck und schreckhaft aufgerissenen Augen und Mündern, an diesen Ort *zitiert* wurden. Die aufgesperrten Münder sind von Banderolen oder Astschlingen durchzogen. Der Gläubige passiert das Tor wie eine Schwelle, an der jene walddunklen Gestalten in Versteinerung zurückbleiben.

Der mittelalterlichen Rodungs- und Lichtungsarbeit entsprechend, mußte der Boden der Kultur nicht nur dem konkreten Wortsinn nach, sondern auch in seelischer Hinsicht entwaldet und entwurzelt werden, um der gotischen Lichtmachung, dem durchscheinenden Strahlen ihrer floralen Ornamentik, einem entsinnlichten, seiner *tierischen Natur* entwachsenen Menschenbild Raum zu schaffen. Die Schrecken der Wildnis wurden in die Ordnung des christlichen Weltbildes gezwungen, und der *göttliche Traum einer befriedeten Natur* zum verschlossenen Garten verinnerlicht, wie das die bildende Kunst in endloser Wiederholung zum Ausdruck gebracht   hat.

Steinerne Kobolde kauern unter dem Sockel der Säulen, helfen in dieser Funktion den Bau der Kirche tragen. Mit girlandenhaft verzweigten Trieben das Maul verstopft, drängen sich die Dämonen des Waldes auf Kapitellen und in Bogenfeldern über Portalen, laufen im Dickicht illustrierter Handschriften um und bilden dabei langsam die unterschiedlichen Erscheinungen der Wildgeistermythologie im Fächer ihrer erzieherischen Anliegen aus: Ein Gelichter von Fabelwesen, halb Tier- und halb Menschengestalt, das sich an Mauern und Säulen der Kirchen tummelt, nicht nur aus missionarischem Drang geschaffen, sondern zugleich aus kaum verborgener, phantastischer Bilderlust. In aberwitzigen Konstellationen und ungeheuerlichen Verknüpfungen zusammengefügt, wurde sie dem Gläubigen als Bedrohung seiner Seele vor Augen geführt: Im labyrinthischen Blattschmuck der Kapitelle verborgen immer wieder Zentauren, die den Bogen mit tödlichen Pfeilen spannen. Ein Bild des *nicht zu Ende geborenen* Menschen, das die romanische Kunst dem antiken Mythenrepertoire entlehnt hatte. Oder dem Betrachter tritt daraus der keulenbewehrte Wilde Mann entgegen, der im Affekt handelnde Gewalttäter und *Naturmensch,* der uns als jenes kreatürliche Geschöpf vorgeführt wird, das noch außerstande ist, seinen widerstrebenden Begierden und Neigungen Herr zu werden.

Im Gegenzug zu dieser Verdrängung der *wilden, öden* Welt an die umhegten Ränder des bebauten Landes wurde der alten Naturreligion eine winzige Einheit, ein Keimling oder Trieb, entnommen und als *Baum des Lebens* der christlichen

Religion eingepflanzt, der das *Kreuz des Todes* überwinden sollte. Vielleicht war es nur ein Zugeständnis an die Überzeugungen des Landvolks, vielleicht die gezielte Vereinnahmung einer Tradition, die auf diesem Wege am erfolgreichsten zu überwinden war. Jedenfalls wurde dieser *Baum des Lebens* zum Mittelpunkt eines Kultivierungsprozesses, der eine menschliche Zurichtung von Natur in Aussicht stellte, ohne den Schimmer ihres paradiesischen Zaubers ganz auszulöschen. So wie sich der Rand der bearbeiteten Welt und der menschlich bezähmten Natur nach außen verschob, so verdichtete sich zugleich ein magischer Kern davon in der inneren Mitte dieser neu geordneten Welt. Die Linde am Dorfplatz, die heiligen Fichten und Lärchen am Wegrand, die Baumreliquien, die aus der Legendenbildung vieler Wallfahrtskirchen nicht wegzudenken sind, haben jene verdrängte und sich verflüchtigende Kraft und Stimme der Natur in sich gespeichert und weitergegeben.

Wer mit der Axt auf einen dieser *heiligen Bäume* losging, verletzte sich selbst. Wanderer konnten in ihrem Wipfel *Baumwichter* oder auch die Gestalt der *Himimuata* erblicken. Die Linde im Dorf bezeichnete nicht nur den Tanzplatz, sondern *geleitete Linden* mit dreistöckigen Tanzböden in der Krone, stellen eine Abbildung des archaischen Drei-Welten-Modells dar. Hinzu kommen Wallfahrtskirchen, deren Gründungslegende auf Baumkulte zurückverweist. Neuhardt hat für das Land Salzburg drei Beispiele angeführt: *Die Ursprungslegende von Maria Alm (Pinzgau) weiß zu berichten, daß das Gnadenbild ursprünglich an einem Baum befestigt gewesen sei; an dem ehemaligen Kultbild von Altenmarkt (Pongau) weist der heute noch verbreitete Name ‚Madonna von der Tanne' darauf hin, daß diese kostbare Steinfigur ursprünglich hinter dem Chorhaupt der Kirche an einer Tanne aufgestellt gewesen ist. Bis heute unverändert hat sich in dem ältesten, ununterbrochen besuchten Wallfahrtsort unseres Gebietes die Baumsituation erhalten: In*

St. Leonhard/Lungau steht das Gnadenbild immer noch auf dem Baumstamm, auf dem es gefunden wurde. (Neuhardt 1986, 10)

St. Leonhard nimmt gegenüber vergleichbaren Baumheiligtümern aus alter Zeit einen besonderen Rang ein. Die Gnadenstatue, die mit dem Baumstamm aus Lärche verbunden blieb und heute an der Seite des Hauptaltars unter dem gotischen Goldfenster ihren Platz hat, aber auch die Gründungslegende legen dies nahe. Im 15. und 16. Jahrhundert war der spätgotische Kirchenbau hoch über dem Markt Tamsweg Zielort einer Wallfahrtsbewegung, die in ihrer Bedeutung und Größe nur von jener nach Mariazell übertroffen wurde. Was vor 1430 den Ruf dieses Gnadenortes begründete, liegt im schriftlosen Dunkel früher Geschichte. Ein Holzkirchlein stand damals schon unter den urigen Lärchen, die den Aufstieg zur Kirche säumen. Ein Erdspalt liegt seitlich des Weges, von dem die Sage ging, tagtäglich sei dort ein rabenschwarzes Ochsengespann ans Tageslicht gekommen und habe beim Bau der Wallfahrtskirche geholfen. Es geschah nichts ohne die Mitwirkung magischer Kräfte aus der Erdtiefe. Für die Pilger war dieses Hinaufsteigen zum Leonhardsberg ein unverzichtbarer Teil der kultischen Handlung, das die kosmische Symbolik des Baumes nachvollzog, der aus dem wurzelhaften, erdtiefen Untergrund ins Licht der Krone strebt. Dieses Urbild vom Aufstieg der Seele aus der Dunkelheit der Schöpfung ins Licht des Himmels wird in vielen Mythen der Welt mit dem Baum verknüpft. An den Wurzeln, erzählt die *Edda* von der Weltesche Yggdrasill, nagt die Schlange des Todes, und in ihrem Wipfel nistet ein Vogel des Jenseits. Der Weltenbaum verbindet unten und oben, er umfaßt Ursprung und Ende der Schöpfung. Den paradiesischen Baum der Erkenntnis stellt auch die Bibel dem Kreuz von Golgotha als Todesbaum gegenüber.

In Volksglaube und Brauchtum ist das Bild des kosmisch aufstrebenden Weltenbaums in vielfacher Weise aufgenom-

Portal der Kirche von Stift Nonnberg in Salzburg.

*Wallfahrtskirche St. Leonhard
in Tamsweg. Gnadenaltar
mit Lärchenstamm.*

men worden. Da sind die Maibäume mit ihren entasteten, glatten Stämmen, dann die Firstbäume, kleine, geschmückte Fichtenwipfel, die aufs Dach gesteckt wurden. Mit einem *Bachlbuschen* aus Reisig, Wacholder, Eiben- und Fichtenzweigen wurde im Pinzgau am 24. Dezember, zu Beginn der Rauhnächte, der Kamin gereinigt. Auch das ein Bild der verlebendigten Beziehung zwischen unten und oben, das in vielen Kulturen mit der Feuerstelle verbunden wurde. Später am Abend, nachdem das *Bachlkoch* gegessen war, trat die Bäuerin mit einer Handvoll Mehl in den Obstgarten hinaus, streute es in den Wind und sagte dazu: *Bam eßt's!* Das Bild des Jahresbaums, der die Kräfte des Wachstums im Wandel zyklischer Erneuerung symbolisierte, ist mitunter kaum von dem *in die Höhe schießenden* Wachstum des Weltenbaums unterscheidbar, meint aber doch mehr die *in die Breite gehende Entfaltung* der Naturkräfte im Schritt der jahreszeitlichen Entwicklung. Palmbuschen und Pfingstmandeln begleiteten den Frühling, Barbarazweige und Weihnachtsbäume boten ein kontrastives Gegenüber zu den von Tausenden Blumen umwundenen Prangstangen, die zur Sommersonnwende – am Johannistag in Zederhaus und zu St. Peter und Paul in Muhr, – in feierlicher Prozession in die Kirche gebracht wurden.

Alle diese Brauchtumsformen belegen den Baum einerseits mit einer universellen Aufstiegskraft aus der Erdtiefe in die Höhe des Himmels und des Lichtes, oder sie sprechen seine Wandlungsfähigkeit im Jahreskreis an. Wie ein Einbruch aus archaischer Frühzeit nimmt sich aber ein Volksbrauch aus dem Raurisertal aus, in dem noch alter Glaube an Baumgeister lebendig ist, die bei Krankheiten in ein Heilritual wie aus schamanistisch-alpenländischer Urzeit einbezogen wurden.

War in Rauris ein Kind von der gefürchteten *Englischen Krankheit* befallen, dann war es üblich, einen jungen Fichtenbaum ein Stück der Länge nach zu spalten und die beiden Teile mit Keilen auseinanderzutreiben. Dabei entstand eine Öffnung, die groß genug sein mußte, um das kranke Kind hindurchzuziehen. Das erfolgte dreimal und zwar unmittelbar hintereinander. Dann wurden die Keile entfernt, der Spalt zusammengedrückt und der Stamm an der geöffneten Stelle fest verbunden. Vernarbte die Baumwunde, war zu hoffen, *daß das Kind gesund werde und der Baumgeist seine Wirksamkeit getan habe* (Zinnburg 291).

Ein ähnlicher Heilzauber, bei dem die Erde selbst, Zaun und Mond, über die Gesundung entschieden, hat sich auf Almen, wo Selbsthilfe unumgänglich war, zum Kurieren von Vieh erhalten. Litt eine Kuh an einem geschwollenen Bein, dann führte die Sennerin das erkrankte Tier auf einen dichtbewachsenen Rasenflecken und schnitt das Rasenstück unter dem erkrankten Bein aus dem Boden. *Die Kuh kam in den Stall und den aus dem Boden geschnittenen Wiesenfleck steckte die Sennerin bei Sonnenuntergang auf einen Zaunschipfel.* (Zinnburg 231)

Was St. Leonhard den Ruf eines Gnadenortes mit besonderer Heilwirkung eingebracht hat, ist heute nur schwer erschließbar. Die Gründungslegende verweist auf die wunderbare Gesundung Blinder und Lahmer. Radiästheten, die der unglaublichen Ausstrahlung solcher Orte mittlerweile mit modernen Meßgeräten auf den Grund gehen, heben die besondere Lage von St. Leonhard hervor. Errichtet auf einem Berghügel, über einer Schicht von weißem Quarz, den der Volksmund als Feuerstein bezeichnet, macht ihn diese kristalline Struktur seines Untergrunds zur Übertragung von Energie und Spannung geeignet, obwohl zu fragen bleibt, inwiefern die Methoden der Physik das geeignete Medium sind, um die spirituelle Qualität eines Ortes zu erspüren.

Bäume sind beseelte Wesen, und sie haben daher in besonderer Weise Teil an den magischen Kräften der Natur. So ließe sich die Summe aus jenem ausgedehnten Volksglauben ziehen, von dem wir nur bruchstückhaft Kenntnis haben: Nach dem Fällen eines Baumes mußten drei Kreuze in den Strunk geschnitten werden, um den Moosweibchen Zuflucht vor dem Wilden Jäger zu geben. Was aber bedeuteten im Rahmen eines solchen Naturbildes Rodungen zusammenhängender Waldflächen?

Einiges Licht fällt auf diese Baummythologie auch seitens einer Lungauer Sage. *Ein Jäger,* erzählt Michael Dengg (175), habe einmal beim Durchstreifen des Forstes sein mit drei Kreuzen versehenes Messer in einen Baumstrunk gesteckt. Da sickerte zu seinem Entsetzen hellrotes Blut hervor. Es hatte sich nämlich einer der vier Brüder (Werwölfe), der Stocknudel, darin in Sicherheit gebracht.

Diese Wendung der Geschichte gehört bereits in die Zeit der Salzburger Hexenverfolgung und kann durch eine Paracelsussage ergänzt werden. Über den großen Mediziner und Alchemisten, der aus dem *Wissen der Primitiven* und dem humanistischen Bildungskanon seiner Zeit eine Verbindung herstellen konnte, erzählte sich das Volk, daß er den Teufel aus einer Tanne befreit habe, in deren Stamm dieser eingeschlossen und verspundet gewesen sei. Als Gegenleistung habe er jene allheilsame Arznei erhalten, die seinen überragenden Ruf als Mediziner begründete sowie die Tinktur, die es ihm ermöglichen sollte, das Geheimnis der Alchemie zu lösen und Gold herzustellen. (Brettenthaler 42 f.)

Der Zauber der heidnischen Wildnis war gerade erst im Säulenwald der gotischen Kirchen mühsam überwunden und aufgehoben worden, als dieser Geist der Natur seine Freiheit wiedererlangte. In mittelalterlicher Zeit war es fast immer die Muttergottes gewesen, die ihre Stimme aus Bäumen vernehmen ließ, – ein christliches Echo aus dem grünen Naturtempel der Waldwildnis. Rodung und Urbarmachung hatten tiefe Einschnitte in das ungebändigte Wuchern der Wildnis bedingt. Viele Sagen jener Zeit lassen Maria als eine Herrin der Tiere und Pflanzen in Wildnis, Flur und Garten erscheinen. Sie erhob aus Bäumen, Felsen, Quellen ihre Stimme. Mütterlich, lebenspendend, von geschnitztem Rankenwerk überwölbt, auf der Mondsichel schwebend, den Drachen der Erdkräfte an ihrer Kette, wurde sie als Ährenkönigin und Kornmutter angerufen, die die Gläubigen mit dem Sternenmantel beschirmen sollte. Eine Naturgöttin in Bäumen und an Quellen, die auf Eisschollen über hochwasserführende Flüsse treibt. Ihr zur Seite Maria Magdalena, die Hl. Kümmerniß, die drei Bethen, Ambet, Wilbet und Querbet, aber dann auch die Holle, die Percht und die Wilden Frauen im Gefolge von Artemis und Diana. Damit ist zwar das Wesen des alten, heiligen Waldes in die Gründungslegenden der Kirchenbauten eingegangen, aber die Versöhnung zwischen Natur und Kirche ist eine Frage der Gestik und des schönen Stils geblieben.

Stift Zwettl hat für die Urbarmachung des Waldviertels Hervorragendes geleistet, und in der Stiftskirche erinnert daran eine 20 Meter hoch ins Chorgewölbe aufragende, geschnitzte Eiche. Die Gründungslegende macht ein altes (keltisches?) Baumheiligtum als Vorläufer des christlichen Kultbaus wahrscheinlich.

Diese Verinnerlichung magisch ursprünglicher und unbezähmter Natur in Form von winzigen Ausschnitten ist durch Verdichtung und Entrückung des *wilden Naturraums* erfolgt, und in weiterer Folge davon begegnen wir in der gotischen Baukunst einer Nachahmung der Vegetationsformen des Waldes, wenngleich nicht entschieden ist, ob dies einer bewußten Haltung entsprach. Die *Dämonen des Waldes,* die schon zur Formensprache des romanischen Architekturschmucks gehört hatten, beleben auch die bildasketische Gotik. In der Marienkirche von Pirna ragen neben dem mittleren Chorfenster zwei steinerne Baumstämme schräg aus der Wand, über die zwei nackte, behaarte Gestalten, ein Mann und eine Frau, klettern.

Das Zottelfell, das ihren Körper bedeckt und nur Gesicht, Hände, Füße, Knie und die Brüste der Frau unbedeckt läßt, weist sie als Vertreter der Wildleute aus.

Orcus, Ogre, Nörggele. Ein Unterweltsdämon des Waldes

Der Wald, das große Thema der mittelalterlichen Kultur, hat nicht nur den Klerus beschäftigt. Einen Bewährungsraum besonderer Art stellt er in der Literatur der Höfe und des Rittertums da, wo Zwerge, Trolle und Wilde Jäger mit dämonenhafter Tücke gegen ritterliche Helden kämpfen. Die Lichtungsmaxime der Kirche, diese spukhafte Eigenwelt des Waldes dem Menschen untertan zu machen, sprach aus der sakralen Architektur: Der Wald zu steinernen Pfeilern gebündelt, dazwischen Dämonen, an Kapitellen, Sockeln, Türen festgehalten. Lichtlos wie ein Dach aus Baumkronen schließt das Kirchengewölbe oben ab, aber seitlich fallen aus den farbig glühenden Rosetten der Glasfenster überirdische Lichtbahnen ein und stellen so, in dem geheimnisvollen Spiel zwischen Licht und Dunkel, das Walderleben des mittelalterlichen Menschen wieder her.

Weniger im Gegensatz als in Ergänzung zu dieser kirchlichen Sichtweise auf das heidnisch beunruhigende Chaos der Wildnis bewegt sich der Landschaftsraum der höfischen, mittelalterlichen Dichtung. Dem keltischen Geschichtenrepertoire bretonischer Spielleute waren die Ritterromane der Zeit entnommen, die das Thema der Queste (Suche) zur Grundlage der heldischen Laufbahn machen. Diese Suche nach den verbindlichen Werten einer gerade erst erwachenden Kultur führt ihre Helden in eben jene menschenferne Waldnatur, wo eine mythische Gegenwelt das Labyrinth der Seele spiegelt. In archetypische Schichten hinab verlieren sich die Suchefahrten, wo das Wunder der Selbstfindung vonstatten ging.

Wie der Kleriker, bekämpft der Ritter im Wald das mythisch Dunkle, das monströs, ungeordnet und maßlos die dünne, zivilisatorische Zurüstung des Menschen aufreißt und in ihrer Verwundbarkeit bloßlegt. Die Entgrenzung der menschlichen Gewaltbereitschaft, erotische Verlockungen und die Ungeheuer der Natur verunsichern diesen ritterlichen Bewährungsraum, der mit Artusroman und Dietrichepik die Epoche beschäftigt, fasziniert und unterhalten hat. Mitunter gleichen sich diese Phantasmen der Kirche und des Rittertums bis zur völligen Aufhebung stilistischer Unterschiede. In *Diu Crône* tritt ein *wilder wâzzerman* auf, der genauso von Schlangen bedeckt ist wie die Gestalt der Luxuria von Moissac. Menschenverschlingende Drachen liegen da wie dort im Hinterhalt, und der Schwarze Ritter Tod, der mitten in den Sommer des Lebens einbricht und seinen Tribut fordert, trägt unterschiedlichste Masken. Als Schwarzer Ritter bedroht und terrorisiert er das Land, entführt Frauen, erpreßt und bedrückt. Aber mitunter erscheint er auch als grotesk ungestalter Waldteufel. *Faunus, alp vel scratiu, waldscrazze,* heißt es in einem Glossar des 12. Jahrhunderts über diesen Herren der Tiere und der Natur, der zum ritterlichen Gegenspieler wird. Haben Kirchenschriftsteller in dem haarigen Waldgeist die Teufelei des Naturglaubens bekämpft, so machte ihn die Ritterdichtung zum vierschrötigen Gegenbild des höfischwohlerzogenen Minne- und Abenteuerhelden. Dieser *wilde Mann* begegnet Frauen mit roher Begierde oder mit blanker Gewalt. Das mittelalterliche Ideal des Minnedienstes ist ihm unerreichbar, weil dieser an die Beherrschung des Trieblebens gebunden ist.

Die Mythe vom Wilden Jäger, die in ihrer Entwicklung nicht ganz aufklärbar scheint, wird im Dickicht der sozialen Leitbilder, aber auch in der wuchernden Fülle der vermittelten Stoffe zum bezügestiftenden Gemeinplatz.

In karolingischer Zeit wurde ein Dämon Orcus verehrt, der

sich im Volksglauben als Norgg und Nörggele erhalten hat, ein an sich gallo-romanisches Relikt, dessen Darstellung im Maskentanz in einem frühen Bußbuch verboten wurde. Seinen Platz nahm Hellekin – Herlekin, Herlechin, Harlekin – ein. Wir begegnen ihm erstmals in der Kirchengeschichte des Ordericus Vitalis (ca. 1075–1143), wo in einer berühmten Passage davon erzählt wird, wie im Jänner 1091 ein Priester in Bonneval bei Chartres das Unglück hatte, der wilden Horde zu begegnen, als er über Land ging, um einen Kranken zu besuchen: *Er sah eine endlose Prozession verdammter Seelen, Männer und Frauen, Geistliche und Laien. Einige trugen Haushaltsgegenstände, andere waren in schwarze, brennende Rüstungen gekleidet. Alle zusammen waren sie elend und niedergeschlagen. An der Spitze dieser Prozession, die Ordericus eine Hellekins nennt, stand ein Riese mit gewaltiger Keule, die er erhob, um den Priester zum Stehen zu zwingen, als der Haufen vorüberzog.* (Bernheimer 64)

Diese Wütische Jagd der Totenseelen teilt sich in eine weibliche und eine männliche Entwicklungslinie, wovon hier nur letztere verfolgt werden kann. Jene nächtlichen Umzüge, die von Hekate, Diana, Artemis, Herodias angeleitet waren, dann die Erscheinung der Wilden Frauen als nächtliche Jägerinnen und Umzüge der Percht, die noch viele Bezüge zu altem Totenglauben erkennen lassen, stehen vorerst außerhalb der Betrachtung. In den Mittelpunkt gerückt seien hier jene inneren Parallelen zwischen der Gestalt des Wilden Mannes und dem Herrn der Unterwelt, wie sie in geschichtlicher Überlieferung und theologischen Texten vorbereitet waren, bevor dieser Vertreter einer dämonischen Waldnatur als plutonischer Totenfürst in den höfischen Roman einzieht, wo er als Gegenbild zu Minnedienst, höfischen Verhaltensformen und vornehmer Lebensfreude bekämpft wird.

Der älteste, mittellateinische Name des Wilden Mannes lautet gleich dem des italischen Gottes des Todes und der Unterwelt *Orcus*. Aus der Hand des Zisterziensermönches Helinand von Froidmont (ca. 1156–1229) stammt das erste, überlieferte Zeugnis, das diesen Unterweltsherren mit der Frauenjagdsage verbindet. Der alte Gedanke vom jähen, räuberischen Einbruch des Schwarzen Ritters Tod in die blühende Lebensmitte hat damit zu einer besonders gespenstischen Ausformung gefunden. Das Motiv vom *Tod und dem Mädchen* ist nicht zu trennen von einer mörderischen Gewaltbereitschaft gegenüber Frauen.

Der Text ist in einer Abschrift Vincent von Beauvais' erhalten, die Lutz Röhrich so wiedergibt: Ein armer, aber frommer und gottesfürchtiger Köhler habe eines Nachts, als er seinen Meiler bewachte, eine übernatürliche Erscheinung gehabt: *Eine nackte Frau kommt dahergerannt, die von einem Soldaten auf schwarzem Pferd verfolgt, mit dem Schwert durchstoßen und ins Feuer geworfen wird. Das verbrannte Weib zieht der Verfolger wieder aus den Flammen, und indem er sie vor sich aufs Pferd wirft, zieht er ab. Diese Erscheinung hat der Köhler mehrere Nächte hindurch. Er vertraut sich in der Angst seinem Grafen an. Beide gehen nun nach Empfang der Sakramente in den Wald. Als sich derselbe Vorgang wiederholt, beschwört der Graf den gespenstischen Aufzug und befiehlt ihm in Gottes Namen stehen zu bleiben und zu berichten, was hier geschehe. Drauf erzählt das Gespenst, die Frau habe aus Liebe zu ihm ihren Mann getötet und sie beide seien darauf in Sünde gestorben. Seitdem müsse er sie allnächtlich verfolgen und ins Feuer werfen.* (Röhrich II, 1967, 399)

Dieser gespenstische Aufzug ist nicht nur in die Artusdichtung eingegangen, sondern hat auch seinen Weg in die klassische Literatur Italiens gemacht. Die Geschichte des Nastagio, die Boccaccio in *Decamerone* V, 8 erzählt, ist eben dieser Mythe des Wilden Jägers nachgebildet und damit eines von zahlreichen Beispielen, die die Rezeption dieses vorwiegend alpenländischen Phänomens im Italien des Spätmittelalters und der Renaissance belegen. Mit hierher gehört Piero de Cosimos (1462–1521) Gemälde *Tod der Prokrys* genauso wie das steinerne Relief an der Außenmauer von San Zeno in Verona, das Dietrich von Bern als Wilden Jäger und Höllenfürsten zeigt. Der eigentliche Mittelpunkt dieses Vorstellungskreises scheint der Alpenraum gewesen zu sein, innerhalb davon erweist sich Tirol noch einmal als auffallend produktiv, wie dies der diesbezügliche Handschriftenreichtum aus der Dietrichepik, aber auch volkstümliche Erzähltraditionen nahelegen können.

Im *Eckenlied,* dessen Verfasser irgendwo in den Alpen zu suchen ist, ist der Wilde Jäger zum Riesen gemacht und unter dem Namen Fasolt eingeführt, der, als Herrscher über ein weites Gebirgsland eingesetzt, eine edle, höfisch erzogene Dame mit dem Tod bedroht. Diese Wendung ins burgenbewehrte Ambiente ritterlicher Abenteuerwelt ist für Gattung und Region insgesamt charakteristisch. Der Wilde Jäger kleidet sich ins Kettenhemd des Schwarzen Ritters, und nicht Moosweibchen und Wildfräulein flüchten vor ihm auf Baumstrünke, die das Kreuzzeichen tragen, es sind vielmehr edle Königinnen und noble Herrinnen, die, – den vorherrschenden Publikumswünschen angepaßt – als die Nahezu-Opfer dieses wüsten Wildlings erscheinen, bis der wahre und eigentliche Held auf den Plan tritt und nach dem Rechten sieht. Eingezwängt in die ungelenke Verfolgernatur dieser Mythen sind da und dort noch Motive aus matriarchaler Vergangenheit sichtbar, die allerdings nicht mehr den Gang der Ereignisse lenken, sondern diesen mit Dekor und Kulisse ausstatten. Babehilt heißt eine dieser Königinnen im *Eckenlied,* die im Meer ein *herrliches Land ohne jede Bedrängnis* besitzt. Dem Berner, also Dietrich von Bern, der aufbricht, um nach Jochgrimm, ins Land der drei Königinnen zu reiten, läßt sie beim Abschied einen Blick in seine Zukunft tun. Ebendort wird er jenes Abenteuer zu bestehen haben, in dem Fasolt, mit dem

Wilder Jäger als Wappenfigur von Albrecht Dürer.

Dietrich von Bern als Wilder Jäger. Verona, San Zeno.

finsteren Ingrimm des Wilden Jägers, eine höfische Dame schier zu Tode hetzt (139–141).

Im Tiroler Epos *Der Wunderer* flieht eine schöne Jungfrau in die Burg König Etzels, wo auch der junge Dietrich von Bern weilt. Sie fleht um Schutz vor dem wilden Wunderer, der sie seit drei Jahren verfolgt. Gleich ertönt das Jagdhorn des kannibalischen Verfolgers, der durch die verschlossenen Türen in die Burg eindringt. Eine Meute von Hunden, die der *ungeheure, der fraisliche, ungefuoge man* mit sich führt, stürzt auf die junge Frau. Im Kampf, der nun anhebt, zeigt sich aber Dietrich von Bern als der Stärkere und kann den wilden Wunderer besiegen.

Im Epos *Virginal,* wieder tirolerischen Ursprungs und auf den annähernd gleichen Zeitraum (14. Jahrhundert) zu datieren, ist das Opfer die Königin der Zwerge, während der wilde Jäger, ein Ogre und Kannibale, seine Identität durch den Namen enthüllt: Er wird Orkîse genannt, eine leicht abgewandelte Version des mythologischen Orcus, was der älteste Name für den wilden Mann als Totendämon ist.

Alle die genannten Beispiele haben ein sagenhaftes Alpentirol zum Schauplatz der Geschichte, die den Tod in der Maske des Wilden Mannes und seiner ungezügelten Naturkraft vorführen. Das bedrohte *blühende Leben* – Schönheit, Jugend, feine Lebensart in Gestalt der Heldin – kann seinen Retter von dorther erwarten, wo Tugend, Ritterlichkeit und die christlich-zivilisatorischen Werte einer aristokratischen Feudalgesellschaft stehen. Es ist ein Denken der Kontraste, das, inmitten dunkler Waldeswogen, in Festungen vermauert, sein Schwarz gegen Weiß, Leben gegen Tod setzt. Die Mythen der Natur sind ins Räderwerk eines Zivilisationsprozesses geraten, der nicht mehr Tag gegen Nacht, nicht mehr Grün gegen Schwarz, Feuer gegen Eis, Sommer gegen Winter, Wachstum gegen Verfall, Blüte gegen Wurzel setzt, sondern dieses rhythmische Spiel der Gegensätze nach neuen Bedürfnissen umschreibt: Zahm und nicht wild, ausgewogen und nicht maßlos, erzogen, aber nicht urwüchsig, verhalten, nicht haltlos, vielmehr klar als düster, durchscheinend statt verschattet, das sind die Gegensätze, die die mittelalterliche Literatur in diese alten, fragmentierten Mythen einbringt und damit lebendig gehalten hat. So lebendig, daß in den Alpensagen bis heute von diesem Wilden Jäger erzählt wird. Die meisten Zeugnisse entfallen wiederum auf Tirol, doch die Salzburger Überlieferung hat auch einiges zu bieten.

Einem Schwarzen Reiter begegnete an einem Hl. Abend ein Oberalmer, der durch den Himmelwald auf dem Weg nach Hause war. *Mit Jagdrufen, Peitschenknall, Pferdegewieher und Hundebellen zog das Wilde Heer vom Untersberg an ihm vorüber durch die Lüfte.*

Auf dem Abhang des steilen Glasenberges, schreibt F. V. Zillner (*MGSL* II, 57), *über welchen man in die große Arl gelangt, hat man die Ache, die aus diesem Thale herausstürzt, zur Rechten. Sie fließt in schauerlichen Abgründen, zwischen Klippen und Schluchten der Salzach zu. Bis zu einem dieser Felsen wurde einst eine Jungfrau verfolgt, die sich vor dem ihr nachsetzenden Jäger oder Ritter flüchtete, der, nichts Gutes im Sinne, auf diesem letzten Zufluchtsorte sie bedrohte. Da sprang die beherzte Jungfrau, Tugend und Ehre dem Leben vorziehend, in die grausige Tiefe. Eine Waldkapelle und eine „Beschreibung" des Vorganges sind die Denkmäler für die Nachwelt.*

In dieser regionalen Randnotiz wird vermutlich deutlicher als in vergleichbaren literarischen Beispielen, daß der *Tod und das Mädchen* nicht nur den symbolischen Rahmen einer Mythe ausfüllen, sondern zudem einen ganz profanen Krieg gegen die Welt der Frauen ansprechen, der in den unterschiedlichsten Zeitkostümen überliefert wird.

Tandareis. Ein Ritter im Gebirge

Mit *Tandareis*, einem Artusroman des 14. Jahrhunderts, liegt ein Text zum Thema vor, der, reich an diesbezüglichen Quellen, möglicherweise einen Salzburger Verfasser hat. Franz V. Zillner hat – mit einigem Erfolg – versucht, dafür Spuren und Nachweise zu sammeln *(MGSL* XXXIII, 1–26). Bekäme er recht, so hätte auch Salzburg, die Untersberger und Berchtesgadener Gegend, eine Mythenerzählung aus mittelalterlicher Zeit für sich, in der Wilde Leute, Berggeister, eine feenhafte Königin Albiûn und der Wütische Jäger Kuriôn zu einem Romangeschehen zusammengefaßt sind, das den Tiroler Handschriften rund um die Wolf-Dietrich-Epik in nichts nachsteht. Pleier, der Name des Verfassers, deutet auf den Beruf eines Schmelzmeisters hin. Er ist in Urkunden des 13. Jahrhunderts, die auch die Datierung seiner Werke entschieden haben, erwähnt. Die Textausgabe von Pleiers *Tandareis und Flordibel* besorgte Ferdinand Khull. Ihr sind die folgenden mittelhochdeutschen Textstellen entnommen.

Für einen mittelalterlichen Autor ungewöhnlich aufmerksam ist der Blick, den der Erzähler auf die Landschaft verwendet hat. Weg, Wald und Burg sind nicht nur formelhafte Wendungen, sondern der Gesichtskreis dieses Pleier schweift immer wieder über Rüstung, Turnier und Zweikampf hinaus. Möglicherweise stand ihm dabei tatsächlich eine bestimmte, ihm bekannte Gegend vor Augen, – der Salzburg-Berchtesgadener Raum –, wie Franz V. Zillner gemeint hat.

Folgen wir seinem Gedankengang und lassen uns von diesem ritterlichen Helden in Richtung Reichenhall und Lofer führen, oder noch tiefer hinein ins Hintergebirge des Pinzgaus. Unwiderstehlich zieht es ihn in dieses namenlose wilde Gebirge hinauf, wohin viel später – gleichfalls entgegen guten Ratschlägen und eindringlichen Warnungen – umtriebige Gelehrte und Touristen nachfolgen werden. *La Salvasch*

Montân, so nennt er dieses Hochgebirge der sagenhaften Begegnungen nach französischer Mode. Es hat *wilder liute vil* (v 9750), über die Pleier schreibt: *den ungeschaffen was der lîp* (v 9899); und Albiûn gebietet über sie als Königin:

Da fiel ihm ein, sogleich auf Abenteuerfahrt zu gehen in den Wald von Malmontân. Sein Gefolge riet ihm davon ab, denn das Gebirge wäre ungeheuerlich und der Wald voller Irrwege. (v 8317–8324)

Für Tandareis sind diese ängstlichen Bedenken bloß Bestärkung dafür, die Abenteuerfahrt ins gebirgsblau Ungewisse unverzüglich anzutreten:

Von der Burg folgte er der Straße auf den Wald zu und durchquerte rasch das Moor. Als er an den Wald gelangte, mied er die belebtere Straße und schlug einen schmalen Steig ein, der ihn in ein hohes Gebirge hinaufführte. (v 8356–8382)

Das Gelände ist steil und unwegsam geworden, sodaß es ein Weiterreiten nicht erlaubt:

Das Pferd zog er hinter sich her, denn der Pfad war stellenweise, wo hohe Felsen zum Tal abfielen, so schmal, daß er nicht reiten konnte. Dort ging er und zog das Pferd hinter sich her. (…) Eine Weile ging er, eine Weile ritt er. So verfuhr er den ganzen Tag, und er legte keine Rast ein, denn das Gebirge war sehr hoch. Der Tag neigte sich zum Abend, noch bevor er das Gebirge überquert hatte. Da kam der Held endlich auf jenen hohen Berg. (v 8400–8433)

Angesichts der öden, wildverlassenen Gegend, wo auch sein Pferd kein Futter findet, will Tandareis nur noch fort und weg, aber da tritt eine entscheidende Wende ein:

Hier will ich wirklich nicht bleiben. Also saß er auf und ritt davon. Der Weg führte ihn durch Nadelwald auf halber Höhe ins Tal hinab. Da hörte er einen Wasserfall, der brauste laut. Daneben lag ein prächtiges Gebäude in dieser Wildnis: Ein Wald ohne Lichtung und ein Gebirge, das sich hoch in die Lüfte hinaufzog, darin lag diese Burg so prachtvoll erbaut, daß sie selbst Artus, der

vornehme Bretone in Dyanazrun nicht besser gebaut haben könn-
te. (…) Tandareis stieg vom Gebirge ins Tal ab. Der Wasserlauf
gab ein mächtiges Rauschen, durch wilde Felsen floß er dahin.
Wenn er von einem Stein herabfiel, fing ihn ein anderer auf. Dort
ritt er hinab und fand jene schöne Burg vor, auf die er zuritt, denn
er dachte, daß ihm dort geholfen würde. (v 8470–8495)

Was nun folgt, liest sich wie ein Märchen. Tandareis findet die Burg menschenleer, aber wunderbar ausgestattet und
die Tische mit Speise und Trank reichlich gedeckt. Er nimmt
daran Platz und stärkt sich.

Da kam ein liebenswürdiges Hoffräulein herein. Als sie den
Ritter so unbekümmert am Tisch sitzen sah, eilte sie wortlos zu-
rück vor das Burgtor, wo sie ihre Herrin gelassen hatte. Die war
eine vornehme Königin von edler Erscheinung und hatte überdies
große Macht: Sie trug die Krone eines Landes, in dem Wildleute
lebten, die zurückgezogen von den anderen Untertanen lebten und
daher „Die aus den Bergen" hießen. Über die kleinen Zwerge war
sie eine glückliche Königin. (…) Zu ihrem Vergnügen war sie aus-
geritten in ein unwegsames Augelände, wo ihr Schreckliches wider-
fahren war, denn mit eigenen Augen hatte sie mitansehen müssen,
wie ihr ein fürchterlicher Kerl eine Hofdame raubte. Dieses Un-
glück beklagte sie schwer. Er hatte ihr schon viel mehr Schaden
an Untergebenen und Besitz zugefügt, worüber die Königin Albiûn
tief bekümmert war. (v 8564–8590)

Tandareis wird am Hof herzlich aufgenommen und mit
dem besonderen Schicksal dieser Burg und seiner Bewohner
bekannt gemacht. Das in der Einsamkeit des Hochgebirges
abgelegene Reich Albiûns leidet, so erfährt er, unter den Schi-
kanen eines raubritterlichen Gewalttäters mit Namen Kuriôn,
dessen Erscheinung und feindseliges Benehmen gegenüber
der Königin und ihren Hofdamen – den Mythos vom Wilden Jäger und der Verfolgung der Berg- oder Wildfrauen
nach den Spielregeln des Ritterromans wiedergibt.

Zu den verschiedenen Namen, mit denen diese Gestalt des

Wilden Jägers im höfischen Mittelalter belegt wurde, Orcus, Wunderer, Fasolt, fügt sich nun mit Kuriôn ein weiterer hinzu. Mythologisch liegt der Kern dieser Geschichten bei der Entführung Kores/Proserpinas durch den Unterweltsgott Pluto. Daß dieser Rückschluß keine mythologisierende Klitterung aus dem Blickwinkel moderner Betrachtung darstellt, mag ein Holzschnitt Albrecht Dürers belegen, der als *Raub der Proserpina* betitelt ist, aber in der Ausführung die Geschichte vom Wilden Jäger und der Wildfrau wiedergibt.

Volksglaube und Bildungstraditionen beweisen eine besondere Durchlässigkeit füreinander, sodaß, wie das die einzelnen Beispiele zeigen, ein wechselseitiger Austausch von Stoffen und Mustern stattgefunden hat. Die Unterschiede treten vielmehr in Orientierung und Welthaltung auf. Beruhen die Ziele des Ritterromans auf einem heldischen Tugendsystem zum Schutz der Schwachen und Entrechteten, so dreht sich der Volksglaube mit denselben Stilmitteln um den Kreislauf der Naturkräfte. Dies ist auch auseinanderzuhalten, wenn im folgenden Tandareis Albiûns Partei ergreift, um für sie in den Zweikampf zu gehen. Stürmisch eindrucksvoll erscheint dazu Kuriôn als Wilder Jäger.

Tandareis Zweikampf mit Kuriôn:
Aus dem Wald sahen sie den gewaltigen Kuriôn kommen, der war stolz gerüstet wie es sich für den Zweikampf gehört. Aus kohlschwarzem Samt, der reich verarbeitet war, trug er Waffenkleid und Überwurf, dazu eine große Pferdedecke. Der Helmaufputz war sogar noch schwärzer als Kohle, und er hatte nichts als Gewalt im Sinn. Sein Schild war so schwarz wie sein Helm. Einen greulichen Lindwurm führte er im Schild, der kostbar leuchtete, und er war rot wie Blut. (…) Überdies hatte sich der streitbare Krieger zwei Leoparden aufgezogen, die ihm nicht von der Seite gingen. Sie waren so gut erzogen, daß sie ihm aufs Wort gehorchten. (v 9075–9110)

Ritterdichtung ist auf den Triumph über das Rohe und Böse verpflichtet und somit auf *Happy Ends* programmiert. Schon deshalb muß das Glück auf seiten von Tandareis stehen, der dem *schwarzen Teufel* Kuriôn auch wirklich das Handwerk legen kann. In der mythologischen Struktur wäre für eine Wendung dieser Art nicht zu garantieren. Wenn im folgenden Tandareis der Einladung Albiûns folgt, mit ihr zu einer Art Besichtigungstour in das Reich der *wilden diet* aufzubrechen, lohnt die Beschreibung einen vergleichbaren Blick auf jene Wildfrauen- und Wildleutesagen, wie sie in der Erzählkultur der Alpen bis heute überliefert sind. Auf dem Untersberg, in Wald i. Pzg., im Rauriser und Gasteiner Tal, bis hinüber in den Lungau, hat die Salzburger Sage Wohnorte der Wilden Leute lokalisiert, und wenn Franz V. Zillner Albiûns Reich der *wilden diet* in dem Gebirgsmassiv des Untersbergs wiedererkannt haben will, so ist seine Überlegung zumindest nicht völlig unbegründet.

Tandareis und Albiûn im Reich der *wilden diet:*

Wollt ihr mit mir ins Gebirge hinaufreiten, so zeige ich euch Geschöpfe, von denen ihr zugeben werdet, so wunderliche Wesen hättet ihr noch nie gesehen. Durch sie bin ich reich an Besitz. Er erwiderte: „Die will ich mir gerne ansehen." Als er das versprochen hatte, ließ sie die Pferde bringen. Die Königin und Tandareis ritten auf Besichtigungsritt zusammen mit zwölf Rittern und Hofdamen ins Gebirge hinauf. Dort traf er auf erstaunliche Wunderwesen. Sie ritten auf eine Felswand zu, wo die Königin tausend Zwerge oder mehr vorfand. Die hießen die vornehme Königin und den tapferen Ritter willkommen. Sie dankten ihm (so wurde mir berichtet), daß er sie von Kuriôn befreit hatte. (…) Die Königin führte ihn anschließend auf einen hohen Berg. Wer nie den Mut verloren hat, der konnte ihn dort beim Anblick wilder Männer verlieren. Sie waren von großer und scheußlicher Gestalt, sodaß ihnen die Gesellschaft bald zuwider war. Er erblickte dort auch große, dunkle, ungeheure Frauen, wie ich das meiner Vorlage entnom-

76

men habe. Über diese Wesen besaß die Königin alle Macht, sie konnte ihnen gebieten, was sie wollte. Keiner von ihnen hätte gewünscht oder gewagt, sich dem zu widersetzen. Die Königin und der ehrenwerte Ritter wurden von ihnen respektvoll empfangen. (v 9971–9998)

Auch den Pinzgauer Sagen zufolge haben die Wildleute ihren Aufenthalt an Felswänden gesucht, die unvermittelt, als schroff zerklüftete, nackte Felsen aus dem sie umgebenden Grünland aufragen.

Das Brixener Volksbuch vom wunderbaren Untersberg bei Salzburg schildert diesen als Entrückungsort des schlafenden Kaisers Karl und bevölkert ihn zudem mit einem weitverzweigten Volk von mythischen Figuren, Zwergen, Bergmännlein, Moosweibeln, Wildfrauen und dem Wilden Jäger, womit die Besetzung, wie sie im *Tandareis* vorliegt, vollständig wäre.

Von den Wilden Frauen schreibt das Brixener Volksbuch:

Die Grödicher Einwohner und Bauerleute zeigten an, daß zu eben denselben Zeiten zu ihnen vielmal wilde Frauen aus gedachtem Wunderberge zu den Knaben und Mädchen, die zunächst dem Loch das Vieh weideten, herausgekommen, und haben ihnen Brod zu essen gegeben.

Mehrmal kamen die wilden Frauen zur selben Zeit in der Aernte zum Schnitt. Sie kamen früh Morgens zur Arbeit, und giengen Abends wieder in ihren Wunderberg, ohne mit andern Leuten das Abendmahl zu essen.

Einstens geschah auch nächst diesem Berge, daß ein kleiner Knabe auf einem Pferde saß, das sein Vater zum Umackern eingespannt hatte. Da kamen auch die wilden Frauen aus dem Berge heraus, und wollten diesen Knaben mit Gewalt wegnehmen; aber sein Vater, dem die Geheimnisse und Begebenheiten dieses Berges vorhin schon bekannt waren, eilte den Frauen ohne Furcht zu, und nahm ihnen den Knaben ab, mit den Worten: Was erfrechet ihr euch so oft herauszugehen, und mir itzt sogar meinen Buben wegzunehmen? Was wollt ihr mit ihm machen? – Die wilden Frauen sagten: Er wird bey uns bessere Pflege und viele Freude haben; es wird ihm bey uns besser gehen als zu Hause, und der Knabe wäre uns sehr lieb, es wird ihm kein Leid widerfahren. Allein der Vater ließ seinen Knaben nicht aus den Händen, und die wilden Frauen giengen bitterlich weinend von dannen.

Abermal kamen die wilden Frauen aus diesem Wunderberge nächst der Kugelmühle oder Kugelstatt genannt, so bey diesem Berge schon auf der Anhöhe liegt, heraus, und nahmen einen Knaben mit sich fort, der das Vieh hütete. Diesen Jedermann wohl bekannten Knaben sahen die Holzknechte erst über ein Jahr in einem grünen Kleide auf einem Stocke dieses Berges sitzen. Den folgenden Tag nahmen die Holzknechte seine Eltern mit ihnen, willens den Knaben auf dem Berge aufzusuchen; allein sie giengen alle umsonst; der Knabe kam nicht mehr zum Vorschein. (Sagenhafter Untersberg 68 f.)

Selbstverständlich fehlen auch die Zwerge und Bergmännlein in dieser Schilderung nicht.

Von den Bergmännlein:

Es zeigten alte Leute mit Wahrhaftigkeit an, daß vor etlichen Jahren im Dorfe Glaß, eine Stunde von dem Wunderberge und eine Stunde von der Stadt Salzburg Hochzeit gehalten wurde. Zu dieser Hochzeit kam gegen Abend ein Bergmännlein aus dem Wunderberge. Dieses ermahnte alle Hochzeitsgäste, in Ehren fröhlich und lustig zu seyn und verlangte auch mittanzen zu dürfen, so ihm auch nicht verweigert worden; machte also auch mit ein- und andern ehrbaren Jungfrauen allzeit drey Tänze, und zwar mit besonderer Zierlichkeit, so daß die Hochzeitsgäste mit Verwunderung und Freude zuschaueten. Nach dem Tanz bedankte es sich, und schenkte einem jeden der Brautpersonen 3 Geldstücke von einer unbekannten Münze (man hielt eine im Werth von 4 Kr.) und ermahnte dieselben neben dem Geschenk in Frieden und Eintracht zu hausen, christlich zu leben, und bey einem frommen Lebenswandel ihre Kinder zum Guten zu erziehen. Diese Münze sollen sie zu ihrem Gelde legen, damit sie in keinen Mangel kommen, und stets seiner gedenken, so werden sie selten in Noth kommen, sollen aber anbey nicht hoffärtig werden, sondern von ihrem Ueberfluß ihren Nachbarn helfen.

Dieses Bergmännlein blieb bey ihnen bis zur Nachtzeit, und nahm von Jedermann Trank und Speise, die man ihm darreichte; aber nur etwas weniges. Alsdann bedankte es sich, und begehrte einen Hochzeitsmann, der ihn über den Fluß Salzach gegen den Berg zu überschiffte. Bey der Hochzeit war ein Schiffmann, Namens Johann Ständl; der machte sich eilfertig auf, und gieng mit ihm zur Ueberfahrt. Während des Ueberfahrens begehrte der Schiffmann seinen Lohn. Das Bergmännlein gab ihm in Demuth 3 Pfennige. Diesen schlechten Lohn verschmähte der Fuhrmann sehr. Es gab ihm aber zur Antwort: Er solle ihm dieses nicht verdrießen lassen, sondern solle die 3 Pfennige wohl behalten, so wird er an seiner Habschaft nicht Mangel leiden dürfen, wenn er anders des Uebermuths Einhalt thut.

Nebstbey hat dieses Bergmännlein dem Fuhrmann ein kleines Steinlein gegeben, mit den Worten, wenn er solches an den Hals würde hängen, so wird er in dem Wasser nicht zu Grunde gehen können; welches sich auch noch in demselben Jahre zu Probe gezeigt hat. Zuletzt ermahnte es den Fuhrmann zu einem frommen, demüthigen Lebenswandel und gieng von dem Schiffmann schnell hinweg. (Sagenhafter Untersberg 71 f.)

In der Sagensammlung Brettenthalers heißt es über den Wilden Jäger, ein Bauer, der zur Nachtzeit über das Wildmoos im Untersbergmoor nach Hause gegangen sei, habe die Wilde Jagd einherbrausen gehört. *Da packte ihn die unbändige Lust, auch mitzujagen, und deshalb begann er zu schreien und zu schnalzen, wie dies ansonst die Treiber auf der Jagd tun. Plötzlich rief ihm der Wilde Jäger mit furchtbarer Stimme zu: „Brav, Kamerad, sollst auch deinen Teil haben!" Am anderen Morgen, als der Bauer zu den Pferden gehen wollte, hing ein Viertel eines Moosweibchens an der Stalltür.* (81)

Was Aussehen und Lebensweise dieser Berg- und Wald-
geister angeht, zeigen Ritterroman und Volkssage über den
zeitlichen Abstand hinweg erstaunliche Gemeinsamkeiten.
Hier wie dort sind es Felsenwohnungen, die diese *wilde diet*
zum Aufenthalt hat. Im östlichen Teil des Stubachtales zeigen die Bauern hoch oben im Felsen eine dem menschlichen
Fuß unzugängliche Höhlenöffnung. In dieser Höhle sollen vor
vielen Jahren zwei Wilde, ein Mann und eine Frau, gehaust
haben. (Wagner 14) Auch im steilen Kalkfelsen der Nößlingerwand im Oberpinzgau zeigte die Bevölkerung die
Höhlen der Wilden Frauen, die dort weiße Wäschestücke
zum Trocknen auslegten. An den Wänden der Türchelwand
im Rauriser Tal laufen uralte Wege hin, die auf keltischen
Bergbau zurückgehen könnten. In der heimischen Sagenwelt
sind das die *Enawege,* die Wege der Wilden Frauen, die in
der Felswand ihre unterirdische Kirche und auf dem Anger
der Lercheckalm ihren Friedhof haben sollten.

Im Fall des Ritterromans haben diese Phantasien keltisch-
germanischer Jenseitswelten den Zivilisationsprozeß einer
Epoche begleitet. Das höfische, hier wohl vielmehr: burgenbewehrte Leben einer kleinen Adelsschicht gewann sein
Selbstbewußtsein einer verfeinerten, den Zwängen der Natur
vergleichsweise enthobenen Lebensform nicht zuletzt aus der
vernichtenden Bestimmung von Wildnis zur Verkehrten Welt,
wo Gesetzlosigkeit herrscht, Riesen Gewalt ausüben und
wildiu wîp als Kriegerinnen umziehen. Der Ritter dieser vor-
bildstiftenden Romane tritt in metallisch glänzender Rüstung,
in der Pose des Drachentöters und Wurmvertilgers in den
Kampf mit erdfarben ungeschlachten Waldschraten und
düsteren Höllenfürsten. Der Gerüstete steht dem Rohen
gegenüber und kämpft um seine Überlegenheit, indem er die
bedrohten Werte seines Daseins aus den wuchernden Schatten dieser Waldwildnis befreit. *Mâze, zuht* und *schoene* sollen
in diesen endlos wiederholten Schaukämpfen über *die*

ungevuoge und *ungehiure* Welt der Wildnis den Sieg davon-tragen.

Aber langsam wandelt sich diese gespannte Festschreibung von *angemessener* und *unangemessener* Lebensweise, und die Erinnerung an ein Goldenes Zeitalter des menschlichen Eins-seins mit der Natur drängt wieder verstärkt in das Denken der Zeit zurück.

Heitere, ungezwungene Waldidylle.
Die Zivilisationskritik des Wilden Mannes

Vergils *Aeneis*, eines der meistgelesenen antiken Werke in mittelalterlicher Zeit, setzt eine selige Vorzeit mythischer Naturherrschaft an den Anfang der Geschichte. Aus Baum-stämmen von harter Eiche geboren und an keine gesellschaft-lichen Regeln gebunden, ernährte sich dieses Geschlecht mythischer Geschöpfe, Faune und Nymphen, von den Früch-ten der Bäume und von der rohen Jagdbeute. (VIII, 314)

Aus keltischer Tradition kommt Merlin dieser Aufhellung des mittelalterlichen Naturbildes entgegen, der angesichts der kriegerischen Verwüstung seines Landes und eines intrigen-reichen Hoflebens den Rückzug in die Welt der Natur antritt, wo er mit der Fülle seines druidischen Wissens schließlich im Weißdornstrauch einer kleinen Fee verschwinden wird. Das Motiv des Waldlebens, das in den Erzählungen der Marie de France, in *Yvain, Parzival, Tristan und Isolde, Der Busant* und *Aucassin und Nicolette* wachsende Bedeutung gewonnen hat-te, wurde nicht nur zum Fluchtort vor gesellschaftlichen Zwängen, sondern zu einem bevorzugten Raum der Utopie, der insbesondere Liebespaaren eine zwanglose Idylle in mär-chenhaft entrückter Waldnatur aufschloß.

Im Kunsthandwerk des 14. und 15. Jahrhunderts ist das Thema der idyllischen Waldnatur auf Bildteppichen und

Gerätschaften des häuslichen Alltags zu finden. In zuvor ungekannter Fülle und anschaulicher Lebendigkeit überzieht dieser gesellig heitere Stamm der Wildgeister Truhen, Kästchen, Schalen, Gobelins. Heitere Scharen von langmähnigen, nackten Wesen ziehen in die Bildwelt des Alltags ein. Widmen sich in Nachfolge der *niederen Minne* einem anspruchslosen Leben der Liebe und Geselligkeit. In diesem Traum von einem endlosen, unbeschwerten Maientag in freier Waldnatur klingen zivilisationskritische Töne an. Aber es spiegelt sich darin wohl mehr noch die Sehnsucht einer häuslich klein und eng gewordenen Frauenwelt. Denn es sind durchwegs Gerätschaften des Haushalts, die zu Trägern dieser *grünen Botschaft* werden. In Teppiche geknüpft, in Gobelins gewirkt, in Kästen geschnitzt und auf Krüge und Schalen gemalt, erscheinen sie als Stimmungsträger eines frühneuzeitlich aufgehellten Naturbildes. Auf einer Schweizer Tapisserie des 15. Jahrhunderts halten Wildleute eine Banderole in Händen, auf der zu lesen steht: *Die welt ist untruwen fol, mit dissen dierlin ist uns wol.* Aber auch in der Literatur der Zeit mischt sich Gesellschaftskritik mit dem Stoff von den Wilden Leuten. Hans Sachs, Patriarch, Meistersinger und Schuster aus Nürnberg, hat die Mythologie der Wilden Leute für eine seiner bissigen Sozialsatiren genutzt.

Klag der wilden Holzleut über die ungetrewe Welt:
> *Seyt nun die welt ist so vertrogn*
> *Mit untrew, list ganz ueberzogn*
> *So seyen wir gangen darauss*
> *Halten im wilden walde hauss*
> *Mit unseren unerzogen kinden*
> *Dass uns die falsch welt nit moeg finden*
> *Da wir der wilden fruecht uns nehrn*
> *von den wuertzlein der erden zehrn*
> *Und trincken ein lautern brunnen.*
> *Uns thut erwermen die liecht sunnen.*

Schembartblatt
„Wildes Weib".
Nürnberg 1521.

Teppich der Wilden Leute. Elsaß um 1390–1410.

Miess laub und grass ist unser gewandt.
Davon wir auch bett und deck hand.
Eine steyne hoel ist unser hauss.
Da treybet keins das ander auss.
Unser gesellschafft und jubiliern
Ist im holz mit den wilden thiern
So wir den selben nichts nit than
Lassens uns auch mit frieden gan,
Also wir inn der wuesten sind
Geberen kind und kindeskind.
Eynig und bruederlich wir lebn.
Kein zanck ist sich bey uns begebn.
Ein jedes thut, als es dann wolt
Als ihm von jhem geschehen solt.
Um kein zeytliches thun wir sorgen.
Unser speiss finden wir alle morgen,
nemb wir zur notturft und nicht mehr
Und sagen Got drumb lob und ehr.
Fellt uns zu krankheyt oder todt,
Wiss wir das es uns kumbt von Got,
Der alle ding am besten thut.
Also inn einfeltigem muth
Vertreyben wir hie unser zeyt,
Bis ein enderung sich begeyt
Inn weyter welt umb und umb
Das yederman wird trew und frumb
Das stat hat armut und einfalt
Dann woell wir wider aus dem walt.

(Sachs, *Werke III*, 561–564, vv. 85 f.)

Diese nahezu Rousseausche Gesellschaftskritik, mit der hier *Edle Wilde* ihr Goldenes Zeitalter einklagen, mehrt sich zu Beginn der Neuzeit insgesamt. Auf diesen Zeitpunkt zu beschränken ist sie nicht. Die moralisch bessere, überlegene Welt der Natur kehrt im Auf und Ab der Mentalitätsgeschichte in der Art einer menschlichen Grundhaltung genauso wieder wie das Sterben Pans und das Schwinden der Naturkräfte. Der Beginn der Neuzeit, als Europa wieder vergletscherte, bezeichnet einen dieser Schnittpunkte. In den Sagen der Zeit ziehen die Wildgeister von ihren *steinwent, hôln, kruten, brûchen* mit vorwurfsvollen Klageschreien ab, *weil in dieser kalten, freudlosen Welt nicht länger Platz für sie sei.*

Beim Finkenbauer in Wald arbeitete eine Wildfrau als Dienstmagd. Als diese Nachricht vom Tod des *Himpn Hampn* erhält, *weinte sie laut auf, eilte in den Stall hinaus, setzte sich auf den Rücken des schwarzen Widders und ritt davon.* (Wagner 18)

Als der Bauer von Nößlach den Wildfrauen die Milchgabe verweigerte, ertönte frühmorgens ein Rufen von der Wand her: *„Jetzt wolln wir meiden das grüne Gras, weil nur mehr herrschet Neid und Haß!"* (Wagner 16), und seither wurden die Wildfrauen in Nößlach nicht mehr gesehen.

Aber ebensogut konnte diese wachsende Kälte unter den Menschen auch meteorologisch verursacht sein. *„Sobald viel Schnee fällt, müssen wir von hier fortziehen."* (Wagner 19), heißt es in einer weiteren Sage von den Wildfrauen in der Nößlacher Wand. Im Großarltal ist dieser Zug der Sage geradezu dramatisch ausgeführt. Auf der Hütteggalm, einer der ältesten Ansiedlungen des Tales, führen Felshöhlen in den Berg, wo Wilde Leute ihren Aufenthalt hatten. Zur selben Zeit kannten diese Berghöhen aber weder Reif noch Schnee. Eines Tages im Spätherbst aber, als eine Wilde Frau aus der Felsenwohnung trat, um ihre Kindswindeln zum Trocknen aufzuhängen, *erblickte sie die umliegende Gegend mit Reif bedeckt. „O weh!", rief sie, „Nach Reif kommt Schnee!". Vor Schrecken blaß, eilte sie in ihre Höhle zurück, packte ihre Habe zusammen und nach wenigen Stunden war sie mit ihrer Familie und allen ihren Nachbarn verschwunden. Darauf fing es an zu schneien, und seitdem deckt ewiger Schnee diese Höhen.* (Zillner *MGSL* III 1863, Nr. 299)

Wilder Mann, Hexe und Bär. Die Wildgeister im Maskenlauf

Gegenläufiges und Widersprüchliches bestimmte das Naturbild der frühen Neuzeit. Angst vor dem Ermüden, Erkalten und Erstarren der Fruchtbarkeit spendenden Naturkräfte, die noch Teil des mythischen Denkens waren, wurde durch Klimaeinbrüche, Seuchen und Mißernten gesteigert. In Brauchtum, Umzügen, Spiel und Theater nimmt die Figur des Wilden Mannes zur selben Zeit eine nie gekannte Verbreitung ein. Nicht nur das Landvolk vergegenwärtigt sich sein Erscheinen im Jahresbrauchtum von Fastnachtsumzügen und Pfingstspielen. Der Wilde Mann als drolliger Halbgott mit Keule und entwurzeltem Baum, den Symbolen seiner unbändigen Kraft, erobert sich auch den städtischen Raum und wird zur Mode bei Hof.

Geiler von Kayserberg (1445–1510) hat in der *Emeis* ein Kapitel dem Wilden Mann, dem *fürchterlichen Mann von Bern* gewidmet. Er schildert ihn in der Vielgliedrigkeit seiner Entwicklung als Hüter der Jenseitsschwelle und Fürsten der Unterwelt. Als einen Schutzgott des Wachstums erkennt er ihn nicht. Dabei ist es eben die Summe dieser Aspekte, die seine Beliebtheit erklären kann. Er wird zur Brunnenfigur, zieht in Stadtwappen ein und auf die Schilder von Gasthöfen. Die Aristokratie unterhielt sich mit dramatischen Aufführungen dieses Stoffes. Wilder-Mann-Tänze waren Bestandteil des Begrüßungszeremoniells von Herrschern und gehörten vielerorts auch zur Zwölf-Nächte-Unterhaltung bei Hof. In die Annalen des Unglücks gehört jener *Bal des Ardent* am 28. Januar 1392 am Hof Karls VI. von Frankreich, wo dieser selbst in der Maske des Wilden Mannes auftrat. Eins der Reisigkostüme der Mitwirkenden fing dabei Feuer, was mehrere Todesopfer zur Folge hatte.

Quer durch die sozialen Schichten, im Volksglauben genauso wie im Festkalender, nahmen diese keulenbewehrten, wilden Kerle, die an Enkidu, den ältesten Wilden Mann im Gilgamesch-Epos erinnern, ihren festen Platz ein. Da gab es die zauberischen Herren der Tierwelt, deren Vermehrung sie steuern, Kenner der Kräutermedizin, ausgezeichnete, wenngleich etwas bizarr hantierende Köche von Naturkost, urige Wildlinge, die das Geheimnis der Käsezubereitung kennen. In manchen dieser Eigenschaften, die ihnen zugeschrieben werden, schimmert noch etwas von der kultischen Verehrung durch, die diesen Vegetationsdämonen des Waldes einst zugekommen ist.

Die Legende des Hl. Eustachius weiß zu erzählen, daß die Warasi, ein heidnischer Stamm der Bajuwaren, nicht nur Faune verehrte, sondern auch eine Waldgottheit, die vermutlich identisch war mit dem Wilden Mann. Burchard von Worms schreibt in Anlehnung an *Pan, Satyr, Faunus und Silvanus* der antiken Mythologie *satyri vel pilosi* für jene kleinen Hausgeister, denen seine Zeitgenossen Spielzeug und Schuhe zum Geschenk machten (Bernheimer 99). Ein bunt durchmischter Traditionsfluß ist hier zu durchmessen, in dem sich bei allen Maskeraden und Spielarten doch ein Aspekt immer wieder in den Vordergrund drängt, der der wilden, unbezähmten Naturkraft. – Gewalthaft, finster, roh aber kraftvoll, vermag diese Seite des menschlichen Naturbildes in immer neuen Larven zu erschrecken und zu belustigen.

Wünsche der Naturbeherrschung und der Naturidylle, gewalthaft und versöhnlich Gestimmtes, ein Wechselspiel der Übermacht und Schwäche, der Lebensfreude und Totenstarre stehen im Naturbild der Zeit nebeneinander.

Im Volksbrauch bleibt der Wilde Mann in Tänzen, Umzügen und dramatischen Vorführungen auch dann noch präsent, als das mythische Naturbild, das er verkörpert, bereits beseitigt ist. Bekannt sind die Wilden Männer des Nürnberger Karnevals, in der herkömmlichen waldzerzausten Gestalt bärtiger Männer mit Frau und Kind. Tannengrüne

Finsterlinge wechseln mit bunt Kostümierten, die mit kleinen Spiegeln und anderem Schmuck behängt sind. Der Wilde Mann des Gasteiner Perchtenlaufs tritt bezeichnenderweise in Gesellschaft von Hexen auf, mit einem Bären als Anführer und Figuren am Flickengewand. Männerbündische Strukturen standen hinter diesen brauchtümlichen Darstellungen des Wilden Mannes, denn Zünfte und Genossenschaften waren häufig die Ausführenden. Der Glaube an die Wildfrauen hingegen blieb Teil eines Untergrunds, der insbesondere von kirchlicher Seite mit scharfen Verboten belegt blieb.

Maskenläufe und Umzüge beherrschen ab dem ausgehenden Mittelalter den brauchtümlichen Festkalender des bäuerlichen Landes wie auch das kommunale Selbstbewußtsein und den Gemeinsinn der Städte. Der rituelle Charakter dieser Spiele wandelt sich zum gemeinschaftsstiftenden Festspektakel, an dem sogar Kleriker teilnehmen. Hincmar von Reims hatte sich im 9. Jahrhundert über *turpia ioca cum urso* (schmutzige Spiele mit dem Bären) beklagt und verlangt, Spiele mit Bären und weiblichen Tänzern zu verbieten. Unter dieses Verbot fiel auch das Tragen von dämonischen Masken. Ein Jahrhundert später erneuerte Regino von Prüm Hincmars Ermahnung, und in späteren Berichten wird *Spiel mit dem Bär* und *Spiel mit dem Wilden Mann* gleichbedeutend. Diese Gleichsetzung von Bär und Wilder Mann bestimmt auch das Mitwinter- und Karnevalsgeschehen späterer Jahrhunderte. Das Doppelgesichtige und Widersprüchliche, wie es dem Hell-Dunkel und Wild-Zahm des mittelalterlichen Naturbildes zugrunde lag, hatte einen allmählichen Funktionswandel erfahren und diente vermehrt der befreienden Inszenierung gesellschaftlicher Spannungsfelder, wie sie durch die Konfliktpaare alt-jung, reich-arm oder männlich-weiblich vorgeprägt sind.

Von Pieter Breughel d. Ä., der sich in ganzen Zyklen seiner Arbeit mit der bäuerlichen Welt seines Jahrhunderts auseinandergesetzt hat, stammt ein Holzschnitt mit dem Titel *Das Spiel vom Tod des Wilden Mannes*. Das Blatt gibt offensichtlich einen Karnevalsbrauch des 16. Jahrhunderts wieder: Der Wilde Mann tanzt vor dem Kaiser, während ihm von rechts eine weibliche Maske einen Ring entgegenhält. Das deutet darauf hin, daß dem rituellen Tod des Wilden Mannes, der ihm durch den Armbrustschützen rechts vom Kaiser widerfährt, eine *Hochzeit des Wilden Mannes* vorausging. Auf Breughels Gemälde *Der Kampf zwischen Fasching und Fasten* ist diese Szenerie wiederholt. Die Übertragung dieser urigen Bärenkräfte auf den Menschen, aber auch der Nachklang steinzeitlicher Religionsformen und ihrer Riten scheint den tieferen Sinn dieser Spiele ausgemacht zu haben. Die Bärenmaske als Attribut matriarchaler Gottheiten, wie sie etwa für die Gestalt der Artemis erhalten blieb, löst in diesem Zusammenhang nur ein sehr entferntes Echo aus. Auffallend und im Sinne fruchtbarkeitsmagischer Aspekte zu deuten ist die dramatische Gangart dieser Spiele, die Hochzeit und Tod zusammenfassen.

Eine Variante des Wilder-Mann-Spiels, bei dem gleichfalls eine weibliche Rolle wichtig war, wurde im 19. Jahrhundert in Marling bei Meran aufgeführt. Eine Besonderheit dieses Spektakels war es, daß auf den Bären nicht Jagd gemacht wurde, sondern daß ihn zwei sonntäglich hübsch gekleidete Mädchen auffinden, die ein rotes Band um ihn binden und ihn als ihren Gefangenen ins Dorf führen. Zuvor hatte sich der Wilde Mann in einer Höhle im nahen Gebirge verborgen. Bei ihm befanden sich seine zwei Söhne; wie er in Flechten und Zweigen gekleidet. – Das läßt nicht zufällig an das Grimmsche Märchen *Schneeweißchen und Rosenrot* denken. Die Berührungspunkte zwischen Märchen und Mythe sind hier offensichtlich. (Bernheimer 54 f.)

Eine Sage, die K. O. Wagner über *Die Schmiedin von Krimml* aufgezeichnet hat, könnte die erzählende Fassung eines

Wilder-Mann-Spiels sein, das vielleicht auch im Oberpinzgau – mit Südtirol immerhin durch einen alten Tauernweg verbunden – einmal im Brauchtum lebendig war. Die überdurchschnittliche Häufung von Wildgeistersagen in eben diesem Landschaftsraum ist auffällig und kann eine Überlegung in diese Richtung nur unterstützen. *Die Schmiedin*, so erzählt K. O. Wagner (38), *ging eines Tages in den nahen Bannwald, um für den Mittagstisch Schwarzbeeren zu suchen. Bald hatte sich ihre „Zischke" gefüllt, und sie wollte sich schon auf den Heimweg machen, als gewaltiges Brummen sie erschreckte. Aufblickend gewahrte sie einen riesenhaften Bären, der auf sie brummend zuschritt.* Prompt entführt sie der in seine Höhle, setzt sie dort gefangen, und übers Jahr stellt sich Nachwuchs ein. Bärenkind, Kaspar Hauser und Wilder Mann – die Motive überkreuzen sich zum unentwirrbaren Filz, doch verliert diese unsägliche Groteske viel von ihrer Derbheit, stellt man sie sich im Rahmen einer bäuerlichen Spielhandlung vor, die auf archaische Vegetationskulte oder Riten der Jagdmagie zurückgeht.

In Brauchtum, theatralischen Aufzügen und Maskentänzen kehrten in der frühen Neuzeit die Mythen der Natur auf gesellschaftlichen Boden zurück, um schließlich vom Rationalismus der Aufklärung und dem Irrationalismus der Hexenverfolgung in die Zange genommen zu werden. Zuvor aber sollte dieser Wilde Mann auf Stadtwappen, Wirtshausschildern und als Brunnenfigur noch einmal Position im öffentlichen Raum beziehen. Salzburg gibt dazu einige herausragende Beispiele.

Der Wilde Mann, der heute als Brunnenfigur gegenüber dem Festspielhaus steht, hatte ursprünglich über dem Fischkalter am Gries seinen Standort. Von Erzbischof Wolf Dietrich auf Kosten der Stadt errichtet, fehlen zwar Nachrichten über die Durchführung des Baus, doch existiert eine Eintragung vom 2. Juni 1621 in den Stadtkammeramtsraitungen: *Dem*

Johann Reitter Maler wegen des Brunn am alten Vischmarkt an-
zustreichen 12 fl. (Österreichische Kunsttopographie XIII, 225) In
seiner Erscheinung mit Keule und behaartem Körper entspricht er dem mythischen Herrn der Elemente und der Tiere, wie er insbesondere im Spätmittelalter als eine Art Schutz-
patron auf Brunnen, Stadtwappen und Herbergsschildern
abgebildet ist.

Eine gegenteilige Sichtweise dieser mythischen Figur, die
in der Tradition der *antipodischen Kopffüßler* für die häßliche,
krumme, grotesk-verrückte und tierische Seite der Natur einsteht, verraten zwei Marmorskulpturen mit Wilder-Mann-Dar-
stellungen, die im 17. Jahrhundert in der Schloßgartenanlage
von Hellbrunn Aufstellung gefunden haben.

Noch an den Anfang des Jahrhunderts gehört *die über-*
lebensgroße Marmorstatue eines untersetzten, derbgliedrigen, nack-
ten Narren, der sein plumpes Gesicht zu einer kläglichen Fratze
verzieht; mit der rechten Hand greift er auf seine mützenartige
Kopfbedeckung, mit der linken an den Ast eines Baumstumpfes, der
die Statue stützt. Um die Hüfte hängt ihm eine Felltasche. Um
1613. (Österreichische Kunsttopographie XI, 234) Nicht aus der
Erbauungszeit des Schlosses stammt die Figur des *Forstteufels,*
der um 1700 in der Regierungszeit von Erzbischof Johann
Ernst angefertigt und südöstlich vom Eurydike-Theater aufgestellt wurde. Der Mythos, der sich um das fabelhafte
Monstrum entspannt hatte, ist am Sockel der Statue in einer
fünfzeiligen Inschrift zusammengefaßt: *Anno 1531 ist ein so*
gestaltes Monstrum, so man einen Forstteufl genennet, unter
Regierung Cardinal und Ertzbischoffens zu Salzburg Matthaei
Lange in Haunsperg auf einer Jagt gefangen worden; es war gelb
von farb, gantz wildt und wolte die Leuth nit ansehen, sondern
verbarg sich in die winckel, trueg einen Hannenkahmb auf dem
haubt, hatte ein Menschenangesicht mit Bart, Adlerfuesß, schier
Lewendatzen und einen Hundßschwaiff, starb bald Hungers, man
mechte Ihm vil so lieblich lockhen oder sovil gewalts anthuen daß

es eßen oder trinckhen welte. (Österreichische Kunsttopographie XI, 249)

Das mag das Bedeutungsfeld, in das die Wilder-Mann-Thematik eingespannt ist, noch einmal veranschaulichen. Was *draußen,* in der *verkehrten Welt* jenseits des umhegten Landes in der Ödnis der wilden Natur verhaftet blieb, wurde im Zuge der Entwicklung ausgegrenzt und der Nachtseite des Lebens, dem Abnormen, Mißgestaltigen und Krankhaften zugeschlagen.

Doch blieb im utopischen Gegenentwurf zum angelaufenen Geschichtsprozeß, mit dem die *Dinge in ihre Ordnung kommen* sollten, zugleich jener unverbildete, finster drollige Halbgott mit Keule und Vieh im Zitatenschatz der Zeit bestehen, der, oft einen entwurzelten Baum mit sich führend, Haar und Fell am Leib, als gefallener Geist der Natur in Erscheinung trat und immer noch über magische Kraft verfügte. Gelegentlich in seiner Gesellschaft, aber häufiger noch eine eigene Gruppe bildend, die Wilden Frauen, die deutlicher und überzeugender als ihre männlichen Gegenstücke als menschlich gewordene Gottheiten erkennbar bleiben. Zu menschenähnlichen Wesen geworden, haben sie immer noch Einfluß auf die Wachstumszyklen der Natur, sind als Wesen der Natur keinem religiösen Glauben verpflichtet, was sie mit Ketzern und Hexen auf eine Stufe stellt.

Selbstverständlich kreisten in diesen Vorstellungswelten auch sexuelle Phantasien. Vor allem dort, wo es um den Mythos der Wilden Frauen geht, der sich teilweise mit dem des Wilden Mannes verknüpft, aber in Entwicklung und Gehalt soviel eigenes Profil zeigt, daß er eine gesonderte Betrachtung in Anspruch nimmt.

Die Gleichsetzung von Natur und Weiblichkeit, die das Weltbild durch Jahrtausende bestimmt hatte und in weiblichen Gottheiten der Erde, der Feldfrüchte und Tierherden zum Ausdruck kam, blieb insbesondere im agrarischen Horizont der bäuerlichen Bevölkerung aufrecht. Mit dem Eintritt ins Christentum allerdings sanken diese wilden Göttinnen des Waldes und der bebauten Fluren zu *Wilden Frauen, Guten Frauen, Saligen Jungfrauen, Haligen* oder seelenräuberischen Spukgestalten herab. Von eigenwilliger, nicht vom Mann bestimmter Sinnlichkeit, übten sie eine magische Herrschaft über die Natur aus. Das gedeihliche Wachsen und Früchtetragen der Natur hing im Denken der Landleute von ihrem Wohlwollen ab, sodaß sie – je hartnäckiger verdrängt desto nachdrücklicher – im religiösen Untergrund des Landlebens lebendig blieben. Herrscherinnen über die Naturkräfte, Verehrung und kleine Opfergaben beanspruchend, die Nacht und die Wildnis der Berge in ihrem Besitz, konnten sie diese furchtlos durchstreifen. Nicht den Beschränkungen unterworfen, die Frauen auferlegt waren, deckten sie diese Begrenztheit weiblicher Lebensmuster allein durch ihr Anderssein auf. Ihr Haar lang und offen, ihre ungebundene Lebensweise ein himmlisches Versprechen. Nicht gedrückt und gegängelt wie die Menschenfrauen, stellen sie jenen Bedingungen, die ihre Liebe besitzen. Ihr Erscheinen ist immer überraschend und ihr Verschwinden geheimnisvoll. Sie wissen um das, was kommt, treffen aber keine Vorkehrungen, für die Zukunft zu sorgen. Einem Leben des Augenblicks und der Freiheit ergeben, ziehen sie in Bildern von unwirklicher Wolkigkeit über Felsen und Berge, nachts mit Schellengeläut durch den Wald.

Trotzdem waren es ihre guten Wünsche, die in den Dörfern Scheune, Stall und Kammer füllten. – Himmlische Gebieterinnen? Oder erotische Phantasien, worin die Wirklichkeit eines öden, entbehrungsreichen weiblichen Lebensalltags überdeckt und zum beunruhigenden Gegenbild aufgehoben war?

IV. Ein jeder hüte sich vor der Zerstörung dieser Steine

Der Glaube an die Wilden Frauen

Hast auch du geglaubt, fragte Burchard von Worms im 11. Jahrhundert seine Beichtkinder, *daß es Frauen im Wald gibt, die man Wildfrauen nennt, die körperlich erscheinen, und wenn sie es wünschen, sich ihren Liebhabern zeigen und mit ihnen ihr Vergnügen haben, und dann, wenn ihnen danach zumute ist, wieder verschwinden?* (Wasserschleben 658)

Wir kennen die Antworten der Befragten nicht. In den Texten der Kirchenschriftsteller überliefert sind nur diese indirekten Zeugnisse einer Mythologie, die nicht in den kleinen, literarischen Kreisen der Burgen, sondern *unten,* in den Hütten verbreitet war, wo auf frischen Rodungsflächen die *gebûren,* also die Bauern, saßen. Was sich beim Adel im Rahmen einer literarischen Spielart bewegte, hatte in den erdverbundenen Lebenszyklen der Dörfer die Regelung magischer Naturbeziehung zum Inhalt.

Der Glaube an diese Wilden Frauen – *Silvestres feminae* im Kirchenlatein der Zeit – wurde deshalb strenger verfolgt als der an den Wilden Mann, weil er an die Sexualangst der Kirche rührte und überdies mit Opfergaben verknüpft war. Man warf zur Zeit der Aussaat Leinsamen ins Gebüsch (bayrische Oberpfalz), ließ die Hänge voll Flachs für die Wildfrauen stehen (Frankenwald) und stellte Milch in Schälchen (aus Stein?) hin wie im Pinzgau. Burchard von Worms richtet in seinen Beichtfragen bittere Worte gegen jene, die während der Weihnachtstage den umziehenden *Drei Schwestern* einen gedeckten Tisch bereiten. (Wasserschleben 658)

Aber es blieben nicht nur die ungebildeten, einfachen Leute

ihrem magischen Naturbild verbunden, sondern es kamen ihnen aus den Reihen der Kirche gelegentlich Geistliche entgegen, die ihrer Verehrung der Natur den christlichen Segen nicht verweigerten. 748 war Papst Zacharias in der Angelegenheit aufmerksam geworden und schrieb an den Hl. Bonifaz, daß Winkelpriester, die als *afri* bezeichnet sind, das Volk nicht in die Kirchen, sondern an *wilde Orte* im Wald, auf den Hügeln der Bauern, den *Bötbergen* versammle, wo das Volk seit jeher gewohnt war zusammenzukommen.

In der überwiegenden Mehrheit haben sich die Diener der Kirche freilich anders verhalten, und die Quellen, die uns darüber Nachricht geben, Glossare, dann Beichtspiegel, Predigten u.a.m., spiegeln diese Auseinandersetzung, wo im Geist alttestamentarischer und antiker Dämonologie die Verbote gegen den alten Naturglauben verhängt wurden. Die Quellen, die dazu auch aus der Salzburger Umgebung vorliegen, legen die Vermutung nahe, daß das Verhalten der Bevölkerung vielfachen Anlaß zu diesen Maßnahmen gegeben hat.

Eine hessische Urkunde aus dem 10. Jahrhundert nennt einen Ort *wildero wîbo hûs,* und in einem Mondseer Glossar derselben Zeit heißt es *Lamie, holzmoia vel wildez wîp,* die als verwandte Begriffe aufgefaßt sind. *Lamia* war bereits in der Kultur der Antike eine dämonische, gesunkene Gottheit gewesen, *moia* geht wohl auf *Maia* zurück, eine rätselhafte Gestalt aus vermutlich sehr alter Zeit, die Spuren im Volksglauben des spätantiken Italien hinterlassen hat, wo ein der Maia und dem Orcus geweihtes Fest von den sozialen Unterschichten gefeiert wurde. Belegt ist die Mythe auch in Spanien, wo dem Paar ein Festumzug geweiht war, dessen Ablauf Faschingsbräuche vorwegnimmt. (Latte 137) Hier wird auch eine mögliche Verwandtschaft zwischen dem *wilden wîp* und der *Perht* spürbar.

Die Gleichsetzung von *lamia, holzmoia vel wildez wîp* wiederholt sich im 11. und 12. Jahrhundert in einem Tegernseer und zwei weiteren Glossaren. Theologische Quellen, die dazu reichlich Nachricht geben, sind das *Speculum Historiale* des Vincent von Beauvais, Caesarius von Heisterbachs *Dialogus Miraculorum* und die *Otia Imperialia* des Geiler von Kaysersberg.

Gervasius von Tilbury setzt *lamia* und *strix* (Hexe) in eins. Ein Glossar des 12. Jahrhunderts vermerkt: *faunus, alp vel scratiu, waldscrazze* und bei Vincent von Beauvais findet sich die Definition: *Quem autem vulgo incubonem vocant, Romani faunum ficarium vocant.* (Was der Volksmund Incubus nennt, heißen die Römer einen lüsternen Faun). Endgültig wird diese Synonymsetzung mit einem Wiener Glossar des 14. Jahrhunderts, in dem es heißt: *Incuba (incobus), satirus vel trût.*

Der Wildfrauenglaube mündet schließlich in die Wahnbilder der Inquisition ein. Aber in der Unterströmung des Volksglaubens hält sich die Erinnerung an das ungezwungene, nicht unterworfene Dasein dieser Frauen, die Teil der Natur, aber zugleich magische Herrinnen ihrer Kräfte waren. Haarlocke, steinerne Fußspur und die nimmerendende Zwirnspule sind die immer gleichen Symboldinge, mit denen sie Wachstum, Fruchtbarkeit und Vermehrung im Fluß halten.

Im Gasteinertal erschienen vor langen Zeiten Wilde Leute von riesenhafter Gestalt vor einsamen, kleinen Berggehöften. Anfangs erschraken die Bauern über diesen seltsamen Besuch; aber bald erkannten sie, daß die sonderbaren Wildlinge keineswegs so wild waren, wie sie aussahen.(Pinzgauer Bezirksarchiv)

Oberhalb der Ortschaft Abtenau an den Wänden des Tennengebirges erblickt man die Öffnung einer Höhle, die das *Frauenloch* heißt.

In Großarl liegen der Stegenwacht gegenüber fünf Felslöcher, die mehr oder weniger rund sind; die zwei in der Mitte haben eine Öffnung, daß ein Mensch bequem darin stehen kann. Im Volksmund heißen sie *Heidenlöcher.*

Auch in der Löwenau bei Radstadt hausten Wilde Frauen.

An lichten Sonnentagen sah man sie kostbare Geschmeide aus der Höhle tragen und vor dem Fels ausbreiten.

In der inneren Fragant, jenseits des (Rauriser Goldberges), war ein Bauer, der alle Tage auf eine entlegene Wiese ging, bis ihm einmal die Bäuerin nachschlich und ihn, den Kopf in den Schoß der weißen Frau gelehnt, fand. Die Frau schnitt ihr die Zöpfe ab, aber augenblicklich verschwand die Wiese und alles Glück. (Wagner 13 f.)

Eine wilde Frau unterhielt mit dem Bauern von Wildrechtshausen ein Liebesverhältnis.

Dies endlich fiel der Bäurin auf, sie schlich ihrem Manne einmal nach und fand ihn neben der wilden Frau im Stadel schlafend. Sie überlegte lange, ob sie dieselbe wecken oder sich mit einer Haarlocke begnügen sollte und entschied sich für letzteres, schnitt ihr eine Locke ab und entfernte sich eilig. Beim Erwachen bemerkte die wilde Frau sofort den Raub, entdeckte ihn dem Bauer und sprach zu ihm: „Wir dürfen nun nicht mehr zusammenkommen; doch gebe ich dir für deine Treue folgende Wahrzeichen: Fürs erste einen Knäuel Zwirn. So lange du abwickelst und ihn sorgfältig bewahrst, wird der Faden kein Ende nehmen und du wirst reich und mächtig werden; fürs zweite trete ich mit meinem Fuß in diesen Stein; je tiefer dieser Fußstapfen wird, desto mehr nimmt dein Reichtum zu. Fürs dritte schließlich merke das: So lange ich vor dem Felsenloch im Vollmonde die Wäsche trockne, so lange werde ich der Schutzgeist deines Hauses und deines Reichtums sein." Sprachs und verschwand. (Wagner 14)

Das Geschenk des endlosen Fadens erinnert an die Schicksalsfrauen, Parzen, Fatae, Nornen und eben an die drei Schwestern des Volksglaubens, die mit dem Spinnrocken in der Hand Wohlstand und Schicksal spinnen. Der endlose Faden der Materie ist zugleich Lebensfaden, und noch in den Bildern der frühen Neuzeit, bei Dürer oder Grien, ist diese Verkettung lebendig.

Das Nebelgespinst über dem Felsenloch deutet auf den ins

Unterirdische zurückgekehrten Erdgeist, der aus der Tiefe des Berges Wolken steigen läßt. Bleiben die Fußspuren, die nach der Darstellung der Sage als Zeichen des Abschieds und Ausdruck dauernden Wohlwollens im Felsen eingeprägt sind. Als ein Symbol weiblicher Erotik und Sexualität hat P. Sartori Fuß und Fußspur gewertet und damit auf wissenschaftlicher Ebene formuliert, was die Schuhmode vieler Kulturen zum Ausdruck bringt.

Ausilio Priuli gibt zur allgemeinen Bedeutung von Fußspuren in den Felsbildern der Alpen die folgende Lesart an, in der allerdings die weibliche Dimension, die dieses Zeichen mitcharakterisiert, ausgegrenzt bleibt: *Der Abdruck der Fußsohle – dem ganzen Alpenraum gemeinsam – versinnbildlicht Präsenz, Besitz, Vorbeikommen, nämlich Anwesenheit eines Menschen oder einer Gottheit: der Besitz im Sinne des Eigentums, der Fuß als Unterschrift und das Vorbeikommen als Wegmarke oder Symbol einer Einweihung.* (7)

Bemerkenswert sind in diesem Zusammenhang jene eisenzeitlichen Schuhfibeln, die vom Dürrnberg bei Hallein stammen. Der Amulettcharakter des einen Schmuckstücks wird noch dadurch hervorgehoben, daß der Schuh mit einem Vogelkopf in einer Bildaussage verbunden ist.

Schuhfibel vom Dürrnberg

Die Geschichte von der schönen Melusine, die als *Mahrte* die Ehe mit einem jungen Mann namens Raymond eingeht und im weiteren Verlauf der Handlung eine sagenhafte

Umtriebigkeit im Schlösserbauen und der Vergrößerung ihrer territorialen Ansprüche beweist, ist im Volksglauben gleichfalls mit Fußspursteinen verknüpft worden, die in der Gegend des Poitou gezeigt und auf Melusine zurückgeführt werden. Die namenlose Fee in *Peter von Staufenberg*, die zum Vorbild der Undine wurde, steckt in der Erzählung zum Zeichen ihrer Verwünschung des treulosen Gatten den Fuß durch die Decke, der wie ein unwirklicher Bühnenkunstgriff über der Tafel der Hochzeitsgäste hängt.

*Peter von Staufenberg.
Holzschnitt aus dem ältesten
Druck von Martin Schott*

Der Gedanke der Vermehrung, des Wachstums und der Fruchtbarkeit, der diese Geschichten von den Wildfrauen steuert, stand natürlich in einem grundsätzlichen Widerspruch zur Leib- und Sexualfeindlichkeit der Kirche. Von daher konsequent, ist mit Beginn der Hexenverfolgung der weibliche Körper und seine Sexualität als magisch bedrohliche Macht gesehen und verurteilt worden.

Aber es bleibt bei dieser auffallenden Verknüpfung von bestimmten Orten in der Landschaft mit dem Auftreten der Wilden Frauen, die eine gewisse Schirmherrschaft wahrnehmen. Im Pinzgau sind die Wildfrauensagen um drei Schwerpunkte gelagert. Das sind Nößlach/Wald, Widrechtshausen/

Stubachtal und Rauris. In Widrechtshausen liegen am Fuß einer steil aufragenden Felsennase immer noch jene Spursteine, die mit dem Abschied der Wilden Frau in Verbindung gebracht werden. Aber auch im Eingang der dortigen Hauskapelle, im Türaufgang, ist dem Trittstein die *Spur der Wilden Frau* eingeprägt. Im Kapelleninnenraum überrascht die Statue einer Schwarzen Madonna mit Kind am Altar. Seitlich davon ein Ölbild der Hl. Kümmerniß, mit Bart und lang herabwallendem Haar. Von ihrem Fuß hat sich der goldene Schuh, der für den Spielmann bestimmt ist, bereits gelöst. Schuh und Fuß in der Art einer verblaßten, frauenrechtlichen Signatur, eingetaucht in die Welt der christlichen Legende.

Abwechselnd als Perchtensteine und Steine der Wilden Frauen wurden jene Spursteine bezeichnet, die, für den Wanderer von heute kaum noch auffindbar, auf der Hollersbacher und Bramberger Sonnseite liegen. An ihnen sollte nicht nur das Wohlergehen eines einzelnen Gehöfts, sondern das der ganzen Region hängen. Bei Hollersbach liegt der bekannteste dieser Steine. Von ihm geht die Sage, *daß an dem Tage, an welchem dieser Fußtritt verschwindet, der Plattensee in der Krimml ausbrechen und die ganze Gegend verheeren würde.* (Wagner 15 f.) Auch von den Fußpursteinen auf der Bramberger Sonnseite (die einem Straßenbau zum Opfer gefallen sind) hieß es, ein jeder hüte sich vor der Zerstörung dieser Steine, an denen der Wohlstand und Segen des ganzen Landes hänge. (Wagner 15 f.)

Die nachklingende Verehrung für diese Orte, wo abseits des bebauten Naturraums in Spursteinen, Bäumen und Quellen der Sitz einer mythischen Naturkraft vermutet wurde, verweist einmal mehr auf die Ursprünge dieses ländlich-agrarischen Naturglaubens zurück. Flurprozessionen, Bittgänge, Wallfahrten und Bergmessen, aber auch der Volksglaube an sich, sind die barockisierten und später romantisierten Fragmente eines naturhaften Glaubens, auf den die

Schalensteine beim romanischen Kirchlein Altenburg/Kaltern in Südtirol.

Schalensteine im Stiftsmuseum Millstatt, Kärnten.

kirchliche Verbotsliteratur zahlreiche Rückschlüsse hinsichtlich seiner Entwicklung und Zusammensetzung erlaubt.

Karl der Große erließ im Jahr 789 in Aachen ein Kapitulare, das die Verehrung der an schuttbedeckten und waldigen Plätzen gelegenen Steine unter Verbot stellte. Von Wilden Frauen oder anderen gesunkenen Gottheiten der Natur ist dabei allerdings nicht die Rede: *De arboribus vel petris vel fontibus, ubi aliqui stulti luminaria vel alias observationes faciunt, omnio mandamus, ut iste pessimus usus et Deo exsecrabilis, ubicunque invenitur, tollatur et destruatur.*

(Wegen der Bäume oder Felsen oder Quellen, wo einige törichte Menschen Lichter anzünden oder andere Andachten verrichten, verordnen wir mit allem Nachdruck, daß dieser sehr böse und vor Gott verwerfliche Gebrauch, wo man ihn immer bemerkt, abgeschaffen und vertilgt werden soll.)

Das Konzil von Nantes wiederholte: *Lapides quoque, quos in ruinosis locis et silvestribus daemonum ludificationibus decepti venerantur, ubi et vota vovent et deferunt, funditus effodiantur atque in tali loco proiciantur, ubi nunquam a coltoribus suis inveniri possint. Omnisbusque interdicatur, ut nullus votum faciat aut candelam aut aliquod munus pro salute sua alibi deferat, nisi ad ecclesiam vel Domino Deo suo.*

(Auch die Steine, welche das Volk, durch die Verblendung des Teufels betrogen, an schuttbedeckten und waldigen Plätzen verehrt und bei welchen es auch Gelübde ablegt, sollen von Grund auf ausgegraben und an einen solchen Ort geworfen werden, wo sie von ihren Anbetern niemals mehr aufgefunden werden können. Es soll auch allen eingeschärft werden, daß niemand ein Gelübde ablegen oder ein Licht oder eine Opfergabe seiner Wohlfahrt wegen anderswohin bringe als zur Kirche und zur Ehre seines Herren und Gottes.) (Nach Widlak: *Indiculus superstitionum et paganiarum*, VII)

1020 verbieten die Decreta des Burchard von Worms den abergläubisch-heidnischen Brauch, *Steine zu Hügeln zusam-*

menzutragen. Diese Verfügung läßt sich über Bonifatius, Pirmin und Eligius bis in die 2. Hälfte des 6. Jahrhunderts zurückverfolgen, wo sie Martin von Bracara für das suebische Siedlungsgebiet der pyrenäischen Halbinsel zusammen mit den heiligen Bäumen und Quellen erwähnt. (Schöll 99)

Die Gewohnheit, an diesen *wilden Orten,* Seelenlichter für die Toten zu entzünden, ist für vergleichbare Schalensteine Tirols und Kärntens belegt, wo das Stiftsmuseum von Millstatt sogar eine ganze Reihe davon zu Museumsstücken hat. (Fink 14–19)

Legende vom Waldleben Maria Magdalenas

Im Netzrippengewölbe der Rauriser Friedhofskapelle zeigt ein gotisches Fresko die Schutzmantelmadonna, die ihren Mantel zeltartig über die Menge der Betenden aufgespannt hält. Sie wiederholt damit eine Geste, die in ihrer Verknüpfung von Macht und Schutz auch eine Venusstatuette im Salzburger Museum Carolino Augusteum zeigt. Diese Figur aus römischer Zeit ist Töpferware, die damals als Massenfabrikat verfertigt wurde, was ihre Verbreitung im Hausgebrauch der kleinen Leute nahelegt.

Auf einem gleichfalls gotischen Fresko in der Marienkirche Mariapfarr ist dieses Thema der Schutzmantelgöttin noch eindeutiger auf den Totenkult ausgedehnt. Die Schar der Totenseelen, die sich verfroren unter ihrem Mantel drängt, zeigt sie hier nicht in der Rolle einer Göttin des Lebens und der Fruchtbarkeit, sondern macht sie zur Herrscherin über die Verstorbenen, womit sie eine Aufgabe übernimmt, wie sie mit Diana, Hekate, aber auch mit der Percht verknüpft gewesen war.

Tatsächlich mütterlich in unserem modernen Sinn wurde ihre Erscheinung mit den spätgotischen Madonnen süßen

Stils. Dort erst ist ihr durch Sanftmut und gefühlvolle Hingabe das ersetzt, was ihr an Würde und Ausstrahlung genommen wurde. Doch konnte die Schutzmantelmadonna augenscheinlich auch dann noch die Geborgenheit im Hier und Jetzt des irdischen Lebens vermitteln, die zuvor in der Hand jener *wilden Göttinnen* gelegen war, die Steine, Bäume, Quellen zum magisch wirksamen Garanten dieser Sicherheit gemacht hatten.

Am weitesten kam diesem ländlichen Wildfrauenglauben allerdings Maria Magdalena entgegen. Mit ihr wird nicht die *wilde Frau* zur christlichen Heiligen, sondern eine Heilige entschließt sich zum Waldleben. Dreißig Jahre soll sie in der Wildnis zugebracht haben, bis ihr Körper in dichte Locken gehüllt war. Als Wilde Frau zeigt sie Hans Multscher, der für seine Skulptur aus Lindenholz (um 1430, Deutsches Museum Berlin) offensichtlich jenem Abschnitt ihrer Vita folgte, der in der Legenda Aurea im folgenden Wortlaut angeführt ist: *Maria Magdalena aber begehrte nach himmlischer Beschauung; und ging in die rauheste Wildnis. Da wohnte sie unerkannt dreissig Jahre an einer Statt, die ihr von Engelshänden war bereitet. An der Statt waren nicht Wasserbrunnen, noch Freude an Bäumen und Gras; daraus sollte erkannt werden, daß sie unser Herr nicht mit irdischer Nahrung wollte sättigen, sondern allein mit himmlischer Speise. An jeglichem Tag war sie zu den sieben Gebetsstunden von Engeln auf in die Lüfte geführt, und hörte mit leiblichen Ohren den Gesang der himmlischen Heerscharen.* (470-482)

Demgegenüber bildeten Waldbrüderlegenden keine Seltenheit. Beliebt war die Geschichte des Heiligen Johannes Crysostomos und die Erzählung vom Eremitendasein des Heiligen Antonius. Die Maler der Epoche haben sich vom Thema der Versuchung durch die Walddämonen anregen lassen. Die Nachricht von dem *Wildfrauenleben* Maria Magdalenas ist ein vergleichsweise einzigartiges Zeugnis. Zusätzliches Gewicht bekommt die Legende dadurch, daß in Aix en

Römische Venus in der Haltung einer Schutzgöttin. Gräberfeld Bürglstein in Salzburg. Um 100 n. Chr.

Schutzmantelmadonna in der Pfarrkirche Mariapfarr. Fresko um 1360.

Provence (und damit verbunden in St. Marie de la Mer), wo sich Maria Magdalena der Legende zufolge aufgehalten hat, der heilige Hain einer prähistorischen Erdgottheit lag, deren Bedeutung im Christentum zwar geschwunden war, aber keinen Bedeutungswandel hinnehmen mußte. Der Ort behielt seine *Kraft* in der Weise eines Wallfahrtsortes der Schwarzen Madonna, wohin noch heute alljährlich aus allen Teilen Europas die Zigeuner ziehen.

Wege ins Christentum:
Der Hexenstein vom Galgenrain und die Drei Waller

Der Wandel von der Wildfrauensage zur Heiligenlegende, vom Schalenstein zum christlichen Steinbau täuscht eine Glätte der Entwicklung vor, die kaum je gegeben war. Zum Bau dieses christlichen Weltbildes dienten zwar die unterschiedlichsten Stoffe der Vergangenheit, aber diese neugeschaffene christliche Kirche, deren Mauerwerk mit soviel Altem aufgefüllt war, entstand über einem gewaltigen Trümmerfeld, wo Zerbrochenes und Zerstörtes zurückblieb, das herausforderte und verunsicherte.

Im Vorgarten des Heimatmuseums von Mittersill steht ein etwa 60 cm großer, bearbeiteter Stein, auf den der Begriff Menhir zutreffen könnte. Fünf schälchenförmige Vertiefungen, vier lineare Einschnitte und zwei Kreuze stellen eine vergleichsweise reiche Form der Bearbeitung dar. – Eine naturmagische Steinsetzung aus keltischer Zeit? Ein Wildfrauen- oder Perchtenstein, der aus seinem Zusammenhang gerissen und daher vergessen wurde? Ein geomantischer Spurstein tellurischer Energieflüsse?

Das alles ist möglich. Doch ist das einzig Sichere an diesem rätselhaften Ding der Name, den ihm der Volksmund gegeben hat: *Hexenstein vom Galgenrain.*

Verkommt das eine zum Wahnbild inquisitorischer Einbildungskraft, so verschwand anderes hinter männlicher
Tünche. Die Geschichte von den drei Wallern hat für das
Gasteinertal den Rang einer Gründungslegende und damit
auch einen hohen, identifikatorischen Stellenwert. Dabei deuten die Dreizahl und die besonderen Umstände, unter denen
diese *Entdecker und Kulturbringer* im Tal auftreten, auf ursprünglich weibliche Besetzung hin.

Die Trinität ist ein ausgeprägtes Merkmal matriarchaler
Kulturen, die sich in weiblichen Dreier-Formationen der
keltischen, germanischen, römischen und christlichen Kultur
fortgesetzt hat. Parzen, Nornen und Feen treten genauso in
Dreizahl auf wie Margarethe-Barbara-Katherina oder Ambet-
Wilbet-Borbet im christlichen Volksglauben. Aber bleiben wir
vorerst bei der Sache selbst.

*Im Bezirk des Vicariats Dorf-Gastein, auf dem Bergrücken ge-
gen Westen über der Klamm stand eine hölzerne Capelle zu den
drey Wallern genannt, welche schon im J. 1739 sehr baufällig war.
Da der Missions-Superior hörte, daß Leute selbst an Sonn- und
Feyertagen mit Vernachlässigung des öffentlichen Gottesdienstes
dahin wallfahrten, so beschloß er, diese Capelle in Augenschein zu
nehmen. Er fand auf dem Platz, wo die Capelle stand, rings umher kein einziges Haus und die Capelle war eine hölzerne Hütte,
die dem Einsturz drohte. Neben derselben waren drey Vertiefungen oder Gruben zu sehen, in welchen nach der Aussage der ge-
meinen Leute die drey heiligen Waller begraben lägen. In einer
Entfernung zeigte man in dem felsichten Boden Unebenen, welche
man für Fußstapfen der hh. Waller ausgab. In der Capelle fand er
keinen Altar, wohl aber einige Bilder, und an den Wänden ab-
scheulich geschnitzte Köpfe und viele Haarzotten, welche mehr Eckel
als Andacht erregen mußten. Er konnte es demnach gar nicht
begreifen, was die Leute dahin lockte.* (Zauner, *Chronik* Bd. 10,
546 f.)

Diese Legende der *Drei Waller* wurde von der Volkssage

bis auf die Entdeckung Gasteins zur Römerzeit zurückgeführt. Dürlinger gibt die Sage von den Drei Wallern, die als Kulturbringer einen hohen identifikatorischen Stellenwert für das Tal einnahmen, in dem folgenden Wortlaut wieder: *Anfangs des 17. Jahrhunderts begannen große Wallfahrten zu den 3 Wallern auf der Höhe zwischen Gastein und Embach, wo die h. 3 Männer begraben sein sollten. Das f.e. Consistorium hieß a. 1616, 1621, 1686 sc. Untersuchungen der Stelle pflegen; aber nie entdeckte man wirkliche Grabstätten, noch weniger, wer die 3 Männer waren. Die Einen geben sie als Brüder des h. Primus aus; die Andern sonst als Männer, die sich einst um Gastein geistlich verdient gemacht hätten. Wie eine Legende von a. 1853 lautet, waren sie einfach 3 fromme Gasteiner, die nach Jerusalem wallfahrteten und unter den Gefahren des Weges Gott nur um die Gnade baten, ihr heimatliches Thal noch einmal zu sehen. Sie kamen heimkehrend auf den besagten Punkt, wo Gastein vor ihnen lag. (Von Pinzgau I, 268)*

1740 wird der Abbruch der Kapelle angeordnet. Prostestantische Zusammenkünfte wurden in diesem abgelegenen Wallfahrtsort vermutet. 1842, 100 Jahre später, steht die Kapelle noch immer. Adalbert Tost beschreibt sie ausführlich in seinem Buch *Der Badeort Gastein und seine malerische Umgebung: Diese ärmliche, kleine, von Holz erbaute, den drei Wallern gewidmete, ein wundertätiges Kreuz in sich schließende Kapelle ist der Hauptwallfahrtsort der Talbewohner von Gastein, Pinzgau und Rauris ...*

Auch er erwähnt die Spursteine ... *abwärts, zwischen herabgerollten, durch eine Reihe von vielen Jahren mit Gras und Moos überwachsenen Felsstücken stolpernd, sehe man sich das eine oder andere der Felsstücke genauer an, um an ihnen die vom Regen ausgebildeten Furchen zu finden, die vom Volke für die Fußstapfen der heiligen drei Waller gehalten werden und von denen man sich das Merkwürdige erzählt, daß jedweder Fuß in solche genau einpasse. (MGSL 118, 183–192)*

Wer nach den Müttern sucht, kommt eben an den Vätern schwer vorbei. Andernorts und dazu noch im näheren Umkreis der Alpen, ist der Zusammenhang zwischen Spursteinen, Kultort und weiblicher Mythe nichtsdestotrotz erhalten geblieben.

V. Frau Perchtel Sonne

Die umziehenden drei Schwestern

Um das Jahr 700 erwähnt eine Chronik der Angelsachsen, daß die Heilige Nacht früher die Bezeichnung *modraniht,* die Nacht der Mütter *(Modraniht id est matrum noctem),* getragen habe und auf den 8. Januar gefallen sei. Ein paar Jahrzehnte zuvor hatte der Hl. Eligius den Franken gepredigt: *Niemand rüste auf den 1. Januar über Nacht Tische!* Was unter den halb und halb Gläubigen jener Zeit offenbar wenig Gehör gefunden hat. Denn um 1020 interessiert sich Burchard von Worms noch immer für die folgende, bedenkliche Gewohnheit seiner Landsleute, die er im Beichtstuhl dazu befragt: *„Hast du, wie dies manche Weiber zu tun pflegen, zu bestimmten Zeiten in deinem Hause den Tisch mit Speise und Trank gerüstet und drei Messer dazugelegt, damit die ,drei Schwestern' sich daran laben?"* (Wasserschleben 650, 658, 661)

Was durch Jahrhunderte den Argwohn der kirchlichen Obrigkeit genährt hat, muß sich im Alpenraum schon sehr früh auf den Perchtenglauben bezogen haben. Die historischen Zeugnisse setzen zwar erst im späteren Mittelalter ein, dann aber mit dem Gewicht des bereits Altherkömmlichen. Zwei Salzburger Urkunden aus dem Besitz des Klosters St. Peter, eine davon auf das Jahr 1353 datiert, nennen den *Berchten- oder Prehentag* am 6. Januar als Ausfertigungstag (Zillner, *MGSL II,* 140). Wenig später belegt Vintler in den *Blumen der Tugend* den Perchtenglauben für Tirol, indem er schreibt: *und etlich glauben an die frawn, die do haissent Precht mit der eysnern nas* (Zingerle, *ZDM III,* 204). Auch hier ist ihre Erscheinung in der Mehrzahl angegeben. Die mittelalterliche Verbreitung des Perchtenbrauchtums im bayrischen Raum belegt ein Manuskript aus dem Kloster Scheyern vom Jahr

1468, wo es heißt: *In vigilia nativitatis Christi praeparant mensam Dominae Perchtae*, auf Deutsch: *Am Heiligen Abend bereiten sie der Frau Percht einen Tisch* (Liungmann 668). In einer Tegernseer Handschrift des gleichen Jahres, dem *Thesaurus pauperum*, ist dieser weihnachtliche Tisch gleichfalls erwähnt, aber nicht der Percht, sondern Habundia und Satia bestimmt. Ausdrücklich sind diese mit der regional geläufigeren *fraw percht* gleichgesetzt. – Ein Ritus, viele Namen. Aus kirchlich-gelehrten und heidnisch-volkstümlichen Überlieferungen ist damit eine ursprüngliche Naturmythologie angesprochen, die in ganz Europa verbreitet war.

Guillaume d'Auvergne (gest. 1248) gibt eine ausführliche Schilderung, daß seine französischen Landsleute in Erwartung eines nächtlichen Besuchs von *Domina Abundia* und *Satia* sowie *Dominae nocturnae* (Nachtfrauen) und *weißen Frauen (puellae aut matronae ornatu muliebri et candido)* ihre Häuser rein hielten und ihnen einen Tisch deckten, wo sie sich von ihrer nächtlichen Luftfahrt niederließen und essen und trinken würden zum Zeichen des Wohlstands und Überflusses, der bei den Bewohnern einziehen sollte. Im bayrischen Sprachraum hat sich in diesem Zusammenhang ein eigenes Verbum *berchten* und *bächten farn* ausgebildet. (Liungmann 670)

Alle diese Zeugnisse aus dem mittelalterlichen Volksglauben verbinden das nächtliche Auftreten dieser spukhaften Gottheiten mit ihrer Bewirtung. Die Namen unterliegen Abweichungen, die aus Region und Bildungszugehörigkeit abzuleiten sind. Auch ihre Anzahl unterliegt Schwankungen. Doch ergeben sich zumindest in früher Zeit auffallende Dreiergruppen. Der Salzburger Volksglaube, der dazu reiche Quellen liefert, belegt die Percht in zwei Erscheinungsformen, die ihr doppeltes, hell-dunkles Wesen ausmachen. Der Zeitpunkt ihres Erscheinens entfällt auf die Vorweihnachtszeit und die sogenannten Zwölften, die Rauhnächte zwischen dem 24. Dezember und 6. Jänner. Nach F. V. Zillner und den

Rauriser Feldforschungen von M. Andree-Eysn schwebt sie als *wunderschöne holde Frau in hell leuchtendem, glänzendem Gewande durch die Luft (…), oft in Mitte einer Schar kleiner, nur mit einem Hemdchen bekleidete(r) Kinder, um die sie schützend ihren blauen Mantel hält* (Andree-Eysn 1905, 6).

Im Rauriser Tal wurde das Elmsfeuer, eine meteorologische Erscheinung im Hochgebirgsraum, mit ihr in Verbindung gebracht und als Perchtenfeuer (von mittelhochdeutsch brehen: Glanz, Schimmer) bezeichnet.

Breiter durchgesetzt hat sich ihr düsteres Erscheinungsbild: *dunkel und unheimlich mit verworrenem Haar und langer Nase.* Sie straft die nachlässige Spinnerin, der sie das nicht abgesponnene Werg um den Arm windet und an ihm abbrennt. Sie schneidet der faulen Dienstmagd den Bauch auf und füllt ihn mit Kehricht. Und überall in Salzburg wird unartigen Kindern mit der Percht gedroht. Wie aber das Brauchtum zeigt, war sie viel mehr als eine Kinderschreckgestalt. Die Vorkehrungen, die zu ihrem Erscheinen am *Bachltag* (von: backen) am 24. Dezember getroffen werden mußten, schildert Marie Andree-Eysn (5) als eine religiöse Grundhaltung im Volksleben der Alpen:

Haus und Hof wird peinlich gesäubert, das Vieh früher als sonst versorgt. Vor Einbruch der Dunkelheit muß das Wasser vom Brunnen geschöpft werden, sonst könnte es dem Vieh schlecht bekommen. Der Stall wird sorgfältiger als sonst verwahrt und Stroh auf die Schwelle gestreut. Unterließe man das, so könnte man am nächsten Morgen am Bauch der Ziegen und Schafe runde Stellen ausgeschoren finden. Die abgeschorenen Haare kehren in den Schlossen der sommerlichen Hagelwetter wieder.

Unentbehrlich waren für diesen Tag der *Bachlbuschen* und das *Bachlkoch.* Zu dessen Herstellung wurden Eibenzweige oft aus ziemlicher Entfernung heimgeschleppt, um Heiligenbilder, Spiegel und Hirschkopf in der Stubenecke zu schmücken.

Nur ersatzweise taugten dazu die leichter erhältlichen Fichtenzweige. Dieser Brauch war umfassend verbreitet und sogar Gegenstand der Salzburgischen Waldordnung des Erzbischofs Sigismund vom Jahr 1755: *„Es ist zwar schon den 17. Mai 1729 die dermassen gebräuchlich geweste schädlich und unwaldmännische Verhack und Bringung der sogenannten Bachl- und Weihnachtsboschen verboten gewesen, dessen aber ungeachtet wird dieser höchst schädliche Mißbrauch noch fürbas ausgeübet, und mit derley waldnachtheiliger Verhackung, überhin noch zu abergläubischen Gebrauch fortgefahren. Der hierüber schreibende Untertan wird gerichtlich angehalten, von jedem Boschen 1 Fl. unnachlässige Strafe zu bezahlen."* (Andree-Eysn 6)

Von keinem obrigkeitlichen Sparsinn behindert wurde der traditionelle Verzehr des *Bachlkochs,* eines Mehlkochs mit einer Schicht Honig darüber, das am Christabend gemeinschaftlich eingenommen wurde. Keiner sollte dabei fehlen, denn diese Speise galt als Schutz gegenüber den weniger freundlichen Aspekten dieses mythischen Wesens, vor dem bereits der Tiroler Thomas Vintler gewarnt hatte: *Ir sült vast ezzen, das ist mi bette, daz iuch Berht nicht trete.* Auf die Kinderfrage, was und wer die Percht denn nun sei, mahnt der Vater neuerlich: *daz sag ich dir, du solt ez wol gelouben mir. Ez ist so griulich getan, daz ich dir's niht gesagen kan. Wan, wer des vergizzet, daz er niht vast izzet, uf den kumt es unt trit in.* (Blumen der Tugend)

In dieses Speiseopfer war aber nicht nur die Hausgemeinschaft einbezogen, sondern es war eine Kommunion, die auf die ganze Natur ausgedehnt wurde. Mit dem Rest des *Kochs* in der Pfanne trat die Bäurin unter die Bäume des Obstgartens hinaus und verstreute die letzten Bissen mit der Aufforderung: *Bam eßt's!* Inzwischen durchräucherte der Bauer, dabei vom ältesten Knecht begleitet, mit der gefüllten Kräuterpfanne Haus und Stall. Die jüngeren feuerten Pistolen und Gewehre in die Luft, um die bösen Geister zu vertreiben. In vielen Gehöften des Pinzgaus hatte sich der Brauch gehalten, an diesem Abend Mehl in die Luft zu streuen, *den Wind füttern,* wie die Pinzgauer sagen, oder sie legten ein Stück Brot auf den Zaunpfahl. Wo der Bach zerstörend auftreten konnte oder an lawinengefährdeter Stelle vergrub man ein Antlaß-Ei, das am Gründonnerstag gelegt worden sein mußte. Im Flachgau steckt man ein kleines Büschel Ähren an den Zaun, *für die Vögel,* heißt es. Im Gebirge wird nach der Heimkehr von der Mette noch der gebratene Schweinskopf aufgetragen.

In abgeschwächter Form werden viele dieser Bräuche am Vorabend des Perchtentages am 6. Jänner noch einmal wiederholt. Zur Räucherung waren in den Tälern des Pinzgaus kleine Stangen aus Koniferenharz von neunerlei Blüten im Gebrauch, die im Haus hergestellt wurden. Auch diesmal fällt das Abendessen reichlicher und fetter als sonst aus. – Damit der Percht das Messer abgleitet. Nachdem sich die Stube geleert hat, stellt die Bäurin einen Teller voll Krapfen auf den Tisch oder vor das Fenster. Für die Frau Percht. Ist er am nächsten Morgen geleert, wird das als gutes Zeichen genommen.

Einen eigenen Schwerpunkt haben die Perchtenläufe ausgebildet. Die Bilder, die die Percht als Neujahrsgöttin, Spinnstubenfrau, Naturwesen, Anführerin eines Geisterheeres und der Wilden Jagd ansprechen, sind zum Gegenstand männerbündischer Geselligkeit geworden. Der Gegensatz von helldunkel, schön-schiech und alt-jung, der den Perchtenglauben insgesamt bestimmt, tritt bei diesen Maskenläufen bildhaft zutage. Von Anfang an scheint man sie in *schieche und schöne* Masken unterteilt zu haben. Nach Auskunft Hübners bis Ende des 18. Jahrhunderts im ganzen Pinzgau verbreitet, kam es nach wiederholten Raufereien und Totschlagdelikten zu Verboten insbesondere der Schiechen Perchten. 1848 unter-

Jagdpercht, Schmuckpercht, Turmpercht. St. Johann um 1900 und Gastein 1952.

„Gasteiner Perchten" von Wilhelm Landsmann.

115

sagte das Pflegschaftsgericht Zell am See und Mittersill die weitere Ausübung der Schiechen Perchtenumzüge, die traditionsgemäß an den drei Donnerstagen im Advent stattgefunden hatten.

Hans Junger, ein alter Knappe des Rauriser Goldbergwerks, machte im Jahr 1890, als Marie Andree-Eysn im Tal ihre volkskundlichen Forschungen anstellte, dieser gegenüber die folgenden Angaben in der Art eines Gedächtnisprotokolls:

50 bis 60 Burschen aus den Nachbarorten, als Lend, Goldeck, St. Veit, Schwarzach verabredeten bei Beginn des Advents (im Dezember) einen Sammelplatz, wo sie sich treffen und welche Dörfer, Weiler und Gehöfte sie an den drei Donnerstagen (im Advent) beim Perchtenlaufen berühren wollten. Am Abend der Ausführung hatten alle sich Leinwandfetzen, in denen Löcher für Augen und Mund geschnitten waren, vor das Gesicht gebunden. Sie trugen über ihrer gewöhnlichen Kleidung ein grobleinenes Hemd („a rupfane Pfoad"), das von einem breiten Ledergurt zusammengehalten wurde. Zwölf Burschen aber, die eigentlichen Perchten, waren in schwarze Schaffelle gehüllt, hatten zu Hauben genähte Dachsfelle auf dem Kopfe (die Perchtenhaube) und holzgeschnitzte Masken mit groben menschlichen Gesichtszügen, langen Zähnen, Hörnern oder solche von fabelhaften Tieren mit Schnäbeln und Borsten oder beweglichen Kiefern vor dem Gesichte. Alle aber trugen an ihren breiten ledernen Gürteln kleine und größere Schellen („Rollen"), oft zeigen diese einen Durchmesser von 20 bis 24 cm oder viele kleine gegossene Glocken (…). Den Zug eröffnete ein Mann mit der großen Trommel („der Bumms"), dann folgten Burschen mit mächtigen Kienfackeln und Laternen auf hohen Stangen, hierauf kam der Narr („der Lapp") und die Närrin („Lappin"), ein Bursche in Weiberkleidern. (…) Eine ständige Figur in der Schar war auch ein Quacksalber („Oeltrager"), der, auf dem Rücken einen mächtigen Korb voll Salbentiegel und Fläschchen, gefüllt mit Theriak und Mithridat, seine Mittel gegen alle Krankheiten anpries. Unterdessen knallten die einen mit kurz gestielten

116

Peitschen, die anderen bliesen auf Kuhhörnern, wieder andere trugen Holzgestelle, an denen breite, 30 bis 40 cm hohe gehämmerte Glocken („Rumpelglocken") hingen, die bei jeder Bewegung ertönten. Kurz, unter vielstimmigem Höllenlärm zog die vermummte Schar der „schiachen" Perchten trotz schlechter Wege und Dunkelheit mit Hilfe der Bergstöcke springend rasch durch das nachtschlafende Tal. So weit mein Gewährsmann.

Ein anderer Knappe erzählte mir dann, daß die Perchten bei jenen Gehöften, die sie besonders auszeichnen wollten, Halt machten, vor dem Hause herumsprangen und lärmten, dafür von Seite des Besitzers mit Vogel- oder Heidelbeerschnaps, Brot, Käse, Kuacheln und Krapfen versehen wurden; ihnen Geld zu bieten, galt als Beleidigung. Um Mitternacht löste sich der Zug auf.

Es kam zuweilen vor, daß sich zwischen die Schar der vermummten Perchten ein nicht zu ihnen gehöriger aber mit ihnen gleichartig vermummter Bursche einmischte. Mit Schreck erkannten die Perchten ihre Zahl um einen vermehrt, denn in abergläubischer Furcht wurde der fremde Ankömmling für den leibhaftigen Teufel gehalten. Mehr als einmal waren sie mutig genug, denselben anzugreifen, und so sollen öfters derartige Eindringlinge erschlagen worden sein. Wer aber im Perchtengewande mit der Teufelsmaske getötet wurde, dem war der christliche Friedhof versagt, heißt es im Volksmunde. Das mag auf Wahrheit beruhen, wenn es sich auch nicht bestätigt, daß als vermeintliche Teufel Erschlagene unter einem oder dem anderen der alten Sühnkreuze ruhen, von denen über ein halbes Hundert noch im Salzburgerlande steht (…). Mehrmals begegnete ich diesem Glauben, als ich mich erkundigte, aus welcher Ursache wohl alte Steinkreuze gesetzt sein mochten: Da liegt ein Percht begraben, erhielt ich zur Antwort. So am Wege von Glasenbach am Egelsee, wo ein niederes Kreuz aus rotem Marmor von 1798 steht, oder ein anderes am südlichen Ende der Kitzlochklamm im Raurisertal, wo ein über 1 m hohes Kreuz aus Zentralgneiß vom Jahre 1553 sich erhebt. (Andree-Eysn 1905, 7–12)

Während die Schiechen Perchten mehrheitlich in die finstere Nacht verbannt sind, deren abgründige Bedrohlichkeit sie durch ihr höllisches Spektakel steigern, gehören die Schönen Perchten dem Tag und einem bäuerlichen Publikum, das dann zusammenströmt, um den Schmuck und Flitter ihrer Kappen zu bestaunen. Ihr Umzug findet am 6. Jänner und den zwei darauffolgenden Sonntagen statt, und sie treten dabei, zumindest im Pongau, in Landestracht auf: Kniehosen aus schwarzem Leder, weiße Strümpfe, kurze, dunkelgrüne Jacken und weiße Schürzen. Eigentlich herausragend ist an ihrer Aufmachung die Kappe, ein 1 bis 3 Meter großes Rahmenwerk, das mit grellrotem Stoff bespannt und mit allerhand Schmuck, Spiegeln, Ketten, Federn und so fort, behängt ist. Zur Seite haben sie je eine *G'sellin,* einen Burschen in Frauenkleidung. Ihnen nach folgen Teufels- und Tiermasken, Hirsch, Bär mit Treiber, dann die Schnabelpercht, die ihren langen Kiefer auf und zuklappt. Dahinter die Darsteller des ländlichen Handwerks, Rauchfangkehrer, Müller, Schmied und schließlich die Figur des Quacksalbers, Rastlbinders, Zigeuners und Türken. Gegen Ende des Zugs kommen die in Bartflechte vermummten Dämonen des Waldes, der Schneider mit der Scher und die drei Lustigmacher, die ihren Fruchtbarkeitszauber an den weiblichen Schaulustigen erproben. Unter Musik ziehen sie von Haus zu Haus.

Marie Andree-Eysn fuhr am ersten Sonntag nach dem Perchtentag 1902 mit dem Pferdeschlitten nach Gastein hinauf und hat die Beobachtungen jenes Tages in einer ausführlichen Notiz festgehalten, die das Thema hier abrunden mögen:

Als ich gegen Mittag in Hofgastein anlangte, waren die Gasthöfe voll Menschen und die Straßen trotz der strengen Kälte belebt, alle erwarteten die Perchten. Gegen 2 Uhr sah man einen langsam sich fortbewegenden großen Zug vom Wildbad herankommen, hörte Trompetenstöße – es waren die „schönen Perchten".

*Allen voran der „Rößlreiter", eine vermummte Gestalt auf einem
Steckenpferd, mit der Peitsche laut knallend und für die Kommen-
den Platz schaffend; hinter ihm schritten die Musiker, fünf Rauriser
Bauern mit Trompete, Bombardon, Flügelhorn und zwei Klarinetten, dann erschien der „Vorpercht" mit der am schönsten heraus-
geputzten Kappe, und dem schmuckesten Begleiter, der „G'sellin";
ähnliche Paare folgten, reglos von den anderen Vermummten umgeben. Geschäftig eilten zwei Lustigmacher in weißem Gewand mit
hohen spitzen weißen Filzhüten, an deren Rand zahlreiche Schellen baumelten, hin und her;* (12)

Die Heiligen Ambet, Wilbet und Guerbet

Von jenen *Drei Schwestern,* die Burchard von Worms von
Haus zu Haus ziehen sah, fehlt im Salzburger Perchten-
brauchtum jede Spur. Allein die polarisierende Spannung von
schönen und *schiechen* Masken – Tänzern, Springern, Läufern
– bestimmt das mitwinterliche Treiben. Die Percht nimmt dabei den Rang einer mythischen Einzelgestalt ein, – oder sie
geht in der Menge ihrer vermummten Darsteller unter. Die
einzige Zahl, die magisch wirksam wird, ist die 13. Zwölf
schieche Perchten beim nächtlichen Umzug sind in der Ordnung. Sie stehen vermutlich für die zwölf Monate des
Sonnenjahres, die damit zum Abschluß kommen. Ein geheimnisvoll auftauchender 13. Tänzer konnte nur aus der Tiefe des
Irrationalen und Dämonischen erfolgen. Tod oder Teufel, der
sich in zerstörerischer Absicht unter die Masken der Lebenden mischt.

Eine bemerkenswerte Ausnahme zeigt das Perchtenbrauch-
tum des Ennstales, wo je drei junge Mädchen den Gang von
Haus zu Haus unternehmen. Damit ist jene symbolische Ordnung des Feen- und Matronenglaubens aus kelto-romanischer
Zeit beibehalten, die Burchard für die *Drei Schwestern* erwähnt

hatte. Das menschliche Schicksal, das sie als Glücks- und Neujahrsgöttin verkörpert, stellt sie den Moiren, Parzen, Nornen des Altertums nahe. Gleichfalls in Dreierformation dargestellt sind die Matronae, kelto-romanische Muttergottheiten. Von ihnen haben sich zahlreiche Abbildungen in Form von Reliefs und Steinplastiken erhalten. Meist sitzend, den Kopf unter der Haube, ein Füllhorn auf dem Schoß oder ein Tier zu ihren Füßen, versprechen sie häuslichen Frieden und bäuerlichen Wohlstand. Die Slawen verehrten ihre Mitwintergöttin unter dem Namen Morana, Murana, Morena, was auf die griechischen Moiren verweist, aber auch auf die keltische Trinität der Morgane, Morrigan, Modron beziehbar ist. Vermutlich ist jenes römische Relief in Split, das den Gott Silvanus als Wilden Mann mit Hörnern, Bockfüßen, Rute und in Begleitung von drei Frauen zeigt, auf eben diese Dreiheit zu beziehen. Drei Schwestern oder drei Frauen sind nicht allein ein festes Bild des Märchens, sondern auch der mittelalterlichen Romane.

Es war Diana, im Volksglauben immer wieder mit Holle, Abundia und der Percht gleichgesetzt, die mir die gedankliche Brücke zwischen der Symbolwelt der *Drei Frauen* und dem Perchtenglauben baute.

Stephan Lanzkranna hat diese *lichtglänzende* Diana in seiner *Hymmelstrasse* von 1484 erwähnt, wo er zum ersten Gebot erläutert, man möge an Gott glauben und nicht an die *Tyrbegegnung, an gefunden ding, an die frawen bercht oder an die frawen holt, an herodiasis, an dyana, die heidenische goettin oder tewfelin, an die nachtvarenden, an die bilweysz.* (Waschnitius 47)

In Südtirol begegnete ich ihr wieder. In der Kirche von Meransen, wohin an wundertätiger Quelle und heiligen Steinen vorbei ein beschwerlicher Wallfahrtsweg führt, liegen die *Drei Bethen*, das ist Ambeth, Wilbeth und Borbeth, begraben. Bei der Bevölkerung des Landes standen sie als die *Drei Gitschen* oder die *Drei heiligen Madel* Aubet, Cubet und

Hans Multscher „Maria Magdalena,
von Engeln emporgetragen".
Lindenholz, um 1430.
Skulpturengalerie Berlin.

Die Hl. drei Frauen Ambet, Cubet und Guerbet. Fresko aus der Brixener
Malerschule des 15. Jahrhunderts im Wallfahrtsort Klerant-Mellaun bei Brixen.

121

Guerbet in goßer Verehrung. Nicht weit von diesem Berg-
heiligtum der *Drei Frauen* liegt die Nikolauskirche in Klerant
bei Brixen. Dort sind die *Drei Bethen* auf einem gotischen
Fresko abgebildet. Ein Spruchband, das ihre Gestalten um-
fängt, soll zugleich den heidnischen Spuk der Vergangenheit
bannen: *Diana Du boeser Geist fliehe im Namen IHS.* Das Bemühen um Abstand entschlüsselt zugleich die verleugnete
Nähe. Diana, Diviana und Percht, Perahta, beides bedeutet *die
Glänzende, hell Leuchtende,* lassen sich in diese dreiteilige
Urform fugenlos einpassen.

Ambet, Wilbet und Guerbet – diese erstaunlichen drei
Namen sind im Heiligenkalender von heute kaum noch
geläufig. Im Mittelalter, dem die Matronen und Feen der
Antike noch bedrohlich nahe standen, bildeten sie den
legendären Mittelpunkt eines christianisierten Drei-Frauen-
Glaubens, der christliche Legende und heidnische Sage
aneinanderbindet. Die Geschichte ihrer Verehrung hat noch
vor dem Jahr 1000 begonnen. In Worms, wo einer Ortssage
zufolge drei burgundische Königstöchter auf der Flucht vor
den Scharen Attilas erschlagen wurden und im Dom begraben sind, lag ein Zentrum ihrer Verehrung. In einer Seiten-
kapelle des Domes zeigt ein gotisches Steinrelief ihr Bild.
Die Namen: S. Embede + S. Warbede + S. Willebede sind
darunter eingehauen.

Das Grundschema der Legende stellt sich auch an den anderen Orten ihres Kultes her. Im Südtiroler Meransen heißt
es von den drei französischen Königstöchtern, sie seien vor
anstürmenden Kriegsheeren ins Gebirge geflüchtet und hier
verstorben. Drei holzgeschnitzte weibliche Heiligenfiguren aus
dem späten 15. Jahrhundert legen Zeugnis von der Geschichte
ab. Eine Urkunde nennt ihre Namen mit Ampet, Gaupet,
Gwerpet. Ein Visitationsprotokoll von 1603 spricht von
Anbetta, Vilbetta und Gwerbetta. Ganz ähnlich lauten die
Quellen in Straßburg, wo die Verehrung der Drei Frauen

einen Teil der Ursulalegende bildet, im oberbayrischen Schlehdorf und vielen anderen Wallfahrtsstätten, deren Streuung im süddeutschen und rheinischen Raum am dichtesten ist. An allen diesen Orten bildet das Grab der Drei Frauen den Kern der Wallfahrt, was eine Ausrichtung auf die Erdtiefe hin signalisiert, die andernorts, wie etwa in Gurk, aber auch in Stift Nonnberg, in der Anlage einer baulich exzeptionellen Krypta zum Ausdruck kommt. – Unter barocker Bemäntelung lebt dieser Mythos von den drei Frauen noch in der Allegorie der Spes – Fides – Caritas.

Hans Christoph Schöll hat diesem Drei-Frauen-Glauben in denkbar ungünstiger Zeit eine Untersuchung gewidmet. 1936 erschienen bei Diederichs *Die drei Ewigen. Eine Untersuchung über germanischen Bauernglauben.* Durchaus vom Zeitgeist geprägt, aber weit entfernt von seiner teutonischen Soldateska-Mythologie, hat die atmosphärische Nähe zum Faschismus eine fachliche Auseinandersetzung verhindert. Trotz des antimilitarischen Charakters von Schölls Denkhaltung blieb das Werk weitgehend unbeachtet.

Für Schöll gehören die *Drei Bethen* in eine germanische Bauernreligion, die er vor die Völkerwanderungszeit datiert. Die breit und dicht gestreuten Belege wertet er nach sprachwissenschaftlichen, volkskundlichen und religionsgeschichtlichen Gesichtspunkten aus. Im Resultat erstellte er damit eine mutterrechtliche Kosmologie, die Sonne-Erde-Mond in einem umfassenden Mythenbild verbindet. Die *Drei Frauen,* die zweite Silbe -beth- spricht sie als die *Ewigen, Immerwährenden* an, vertreten demzufolge je einen dieser Himmelskörper. Die Orte ihrer Verehrung nehmen auf den darin geäußerten Aspekt besonderen Bezug. Aber betrachten wir den Aufbau dieser Kosmologie etwas eingehender:

In Südtirol (Brixen, Klerant, Meransen), Sterzing, Bayern (Wolfartshausen, Schlehdorf, Dreßling, Leutstetten), Franken, Rheinhessen und der Schweiz als den traditionsreichen Orten ihrer Verehrung haben sich jeweils regional verschiedene Namensformen eingebürgert. Ainbeth, Ambet, Aubet, Einbede, Embede...., Vilbet, Wilbeth, Willebede, Fürbeth ..., Barbeth, Berbett, Borbet, Gewerpete, Guerre, Gwerbett, Warbede, Worbet ... Zur sprachwissenschaftlichen Aufklärung der Thematik hat sich H. C. Schöll auf Ambet, Wilbet und Borbet festgelegt.

AMBET: Aus *ana* (Erde), *annula* (Mütterchen), *anu* (Göttermutter) leitet Schöll die Grundbedeutung *Erde, Erdmutter, göttliche Mutter Erde* für den ersten Wortteil ab (31).

WILBET: Im englischen Wort *wheel* (Rad) ist die ursprüngliche Bedeutung des Wortes bis heute erhalten, die Schöll auf *Scheibe, rund* und *Welle* ausdehnt. Während *Rad* und *Scheibe* auch eine solare Deutung nahelegen würden, engt sich mit *rund* und *Welle* der Spielraum drastisch ein. *Rund* ergibt nur für das wechselhafte Wesen des Mondes einen Sinn, und das Wässrig-Vegetative, das in *Welle* mitschwingt, ergänzt sich gleichfalls nur mit dem Mond wirklich sinnvoll. Schöll hat deshalb die Bedeutung von *wil* auf *Vollmond* festgelegt. In vielen Ortsnamen, so Schöll weiter, sei aus *wil* ein *wild* geworden, womit sich auch eine Bedeutungserweiterung für die *Wildfrauen* in Richtung *Mondfrauen* ergeben würde.

BORBET: Das keltische Wort *borm,* mit dem unser *warm* verwandt ist, ergänzt sich zu dem gleichfalls keltischen *borco* in der Bedeutung von *strahlend, leuchtend.* Nach Schölls durchaus überzeugender Darlegung ist damit jene *mütterliche Sonne* angesprochen, die ein mittelalterliches Gedicht *diu perhtel sunne* nennt. Heinrich von dem Türlin schreibt in *Diu Crône: Nû wehselte jezuo der tac mit der naht sîn berhtel lieht.* In der Percht, die Jakob Grimm u. a. von dem althochdeutschen Wortstamm für *hell glänzend* abgeleitet haben, hat diese mythische Verkörperung der Sonne genauso überdauert wie in Gestalt der Hl. Barbara, die das Sonnenlicht als ihr Attribut auf der Brust trägt.

Schölls Gliederung des alteuropäischen Bauernglaubens, worin er die Percht mit Borbet gleichstellt und damit in den Rang einer Sonnengottheit erhebt, klingt überzeugend. Er kann damit Klarheit in ein an sich schwer durchdringliches Thema bringen. Zugleich damit erhellen sich eine Reihe von Begleitumständen in der Perchtensage; gemeint sind die Licht- und Radmotive sowie jene Lutzlbräuche im Osten Österreichs, die mit der Hl. Lucia (13. Dezember) in Verbindung stehen.

Als Gottheit des wiederkehrenden Sonnenlichts tritt die Percht ihre nächtlichen Umzüge nicht nur schwebend, rauschend, fliegend an, sondern die Sagen berichten von ungeheuerlichen Wagenfahrten, vor denen Ahnungslose gewarnt wurden. In den Villandrer Bergen im Eisacktal sollte sie in den sogenannten Klöcklnächten umfahren und jeden mitnehmen, den sie zur Abendzeit antraf. *So fuhr sie einmal nach dem Betläuten mit einem Wagen voll Menschen vorbei und nahm eine Magd vom Brunnen weg, warf sie auf den Wagen und fuhr davon.* (Waschnitius 32)

Andernorts beschenkt sie jene reichlich, die ihr das Rad flicken, das bei der wilden Fahrt zerbrochen wurde. Motive, die für das Sonnenlicht und die Lebenskraft stehen, kehren in diesen nächtlichen Szenarios immer wieder. Sie raubt Neugierigen die Gesundheit, gibt aber übers Jahr zurück, was sie genommen hat. Im Virgental ging ein Mann in der Dreikönigsnacht über eine Brücke, *da hörte er, wie sich ein Gemurmel vieler Stimmen näherte, als käme die Wilde Fahrt. Aus Angst kroch er unter die Brücke. Da hörte er viele Schritte über sich und als sie hinüber waren, sagte eine Stimme: „Wartet, Kinder, da unten ist ein Stock. In den muß ich dieses Hackl hineinhauen!" Im Augenblick stand die Percht vor ihm und schlug ein Hackl in sein Knie. Da es nicht zu entfernen war, setzte er sich in einem Jahr wieder an dieselbe Stelle, und Perchtl zog es wieder heraus.* (Waschnitius 32)

In einer Sage aus dem Lungauer Lessachtal ist es ein ganzer Zug von Perchtln, die in der Dreikönigsnacht über die Brücke ziehen: „Huderwaschl, schlags Hackl in Stock!", sagte eine Alte zu einer der Jungen. Der Bursche wurde das ganze Jahr über sein Kopfweh nicht mehr los. In der daraufkommenden Dreikönigsnacht saß er wieder unter der Brücke, und es wurde ihm geholfen: „Huderwaschl, ziach des Hackl ausm Stock!" (Dengg 220 f.)

Auch das zwiespältige Wesen der Percht, die Lichtes und Dunkles in sich vereinigt, wenn sie einmal als schimmernde Gestalt erscheint, dann aber *als kleines, altes Weib mit glänzenden Augen und auffallend großer Nase, in zerrissenen Kleidern* umzieht, macht in der Deutung eines Sonnensymbols unmittelbar Sinn. Die Sonne ist das Urbild der Polarität, wo Leben und Tod, Wärme und Kälte, Licht und Dunkelheit in ebenso schmerzhaftem wie beglückendem Wechsel aufeinander folgen.

Viktor Waschnitius und Waldemar Liungmann haben in ihren vergleichenden Forschungen das Grundmuster der Perchtensagen herausgearbeitet. Liungmann hat insbesondere im slawischen Raum Hinweise dafür gesammelt, daß die Percht, in der Mehrzahl von Persteln, Froberten und Perchten mit jenen Naturgeistern identisch ist, die in Berghöhlen, Seen, Schluchten ihre Behausungen haben. Der Übergang zu weißen und wilden Frauen ist fließend. Im Kärntner Oberrosental werden die Perchten zu den *Žalikžene* oder *Žalkžane* (Selige Fräulein) gezählt, freundliche Wesen elbischer Natur, die Felswände und Schluchten bewohnen. Auch der Salzburger Perchtenglaube enthält Motive, die ins walddunkle Dickicht der Natur führen.

Die Gegend von Lofer, soll in grauer Vorzeit von einer Fee oder Bergfrau beherrscht worden sein. Auf dem Gipfel des Perhorns, schreibt K. O. Wagner in seinem Sagenbuch, stand ihr Schloß. (73)

Aus dem Lamprechtsofenloch, einer weitverzweigten Höhle nahe dem Ort Weißbach, kam an einem Hl. Abend eine Schwarze Frau mit einem roten Wachsstock heraus. Sie bat den Eckerbauern, der von der Mette in Kirchental heimkehrte, er möge ihr an seiner Laterne den Wachsstock anzünden lassen. Mit vielen Dankesworten entfernte sie sich. (Brettenthaler 302 f.)

In den Jahren 1782 und 1783 machte in Reichenhall und in Unken das Weidwiesenweibl von sich reden. Es war klein, trug ein schwarzes Gewand und in der rechten Hand ein brennendes Licht. Ein großer Hut, der flach auf den Schultern lag, verdeckte das Gesicht. Manche geleitete sie zu später Nachtstunde sicher und treu heimwärts, andere aber führte sie mutwilligerweise in die Irre, brachte sie an Orte, wohin diese nicht wollten und ließ sie dort stehen. (Brettenthaler 309 f.)

Es gibt auch männliche Perchten, erzählt Michael Dengg aus dem Lungau, kleine Männlein, ähnlich den Zwergen, mit denen sie zumeist auch in den Bergen hausen. Eines davon heißt *Gelbhorn,* eines *Bluatschink,* eines *Butz* und eines *der Bankabräumer.* (219)

Auf der Schwarzeckalm bei Alm im Pinzgau führt ein finsterer Gang in den Berg hinein. Alljährlich am 21. Juni kommt dort das Erzweibl heraus und macht ein Feuer vor dem Eingang. Wer sie dabei antrifft, darf sich etwas wünschen.

VI. Mündungen in die Unterwelt

Jungfernsee und Wildfrauenbrunnen

In alter Zeit hieß der Zeller See der Jungfernsee. Denn auf seinem Grund stand nach dem Glauben der Leute ein Schloß mit Erkern und Türmen, das im Besitz zweier Schwestern war. Sie sahen einander so ähnlich, daß niemand sie auseinanderhalten konnte, aber ihr Wesen war verschieden wie Tag und Nacht. Durch ein gräßliches Unwetter fanden beide den Tod. Denn eines Nachts zog ein Gewitter auf, mit Wolken, so schwarz, wie man sie noch nie gesehen hatte. Blitze fuhren auf die Erde nieder, als ob sie diese spalten wollten. Donner erschütterte die Berge, und Regen fiel in schweren Güssen.

Am anderen Morgen erblickten die Zeller vor ihren Fenstern eine spiegelnd blaue Fläche, den See, der seither zwischen den grünen Hängen liegt. Am Grund des Sees aber zeigt sich an klaren, windstillen Tagen das wunderbare *Schloß der zwei Jungfern.*

Das Wasser ist ein weibliches Element. Aus seinen weichen Tiefen steigen unwirkliche Geschöpfe hervor, Gebilde aus Schleier, Nebel und Nacht. Auf dem blauen Grund der Gewässer wohnt Frau Holle, Nixen und Nymphen steigen im Mondschein ins nächtliche Bad. Brunnen hatten mysteriöse Herrinnen zu ihren Gebietern, über die noch in mittelalterlicher Zeit Geschichten erzählt und geschrieben wurden. Laudine und Lunete, auch sie ein weibliches Paar, hüten in dem keltischen Ritterroman *Yvain* einen magischen Gewitterbrunnen, und Morgane, die *Herrin vom See,* entführt nach gleichfalls mittelalterlicher Erzählung Lancelot über ein Gewässer, um ihn auf einer märchenhaften Insel in ihre Obhut zu nehmen. Auch Melusine erwartet Raymond nach Art keltischer Feen am Rande des Turstbrunnens, in Gesellschaft von zwei Begleiterinnen. Bis in die naturdämonische Bildwelt des 19. Jahrhunderts bleiben die Wasserfrauen und Regentruden erhalten. Wetterherrinnen im regionalen Ausmaß, vom Glauben der Leute aufgeboten, um die Naturkräfte in ihrem Gleichgewicht zu halten. Dabei hatte die Inquisition ihre Darstellung über einen groben Leisten geschlagen: Als warzennasige, im Sturmwind umfahrende, hagelstreuende Wetterhexen bevölkern sie massenweise die Volkssage der Alpen. Doch ist im Bodensatz dieser regionalen Mythen hier und da noch ein schöner Fund zu machen, unberührt von den tiefgefurchten Bildern der Angst.

In einer stürmischen Winternacht kamen aus der Kitzlochklamm wilde Frauen zum Bauern auf dem Embach-Rain, einer Graskuppe oberhalb der Mündung der Rauriser Ache in die Salzach. So beginnt eine unveröffentlichte Sage aus dem Besitz des Pinzgauer Bezirksarchivs. *Der Hunger hatte sie aus der Klamm getrieben, und in ihrer Not klopften sie, um Nahrung bittend, beim Embach-Rainer an.*

Der Bauer gab ihnen zu essen, und als die Frauen satt waren und sich zum Rückweg in die Klamm bereit machten, fragten sie ihn, ob er einen Wunsch auf dem Herzen habe. Der Bauer klagte, daß der Hof einen schlechten, häufig versiegenden Brunnen habe. Die Wilden Frauen versprachen, der Wassermisere abzuhelfen und hießen den Bauern, auf einem von ihnen bezeichneten Flecken den Boden aufzugraben. Er folgte ihrem Rat und legte dort tatsächlich eine Quelle frei, die dem Hof reichlich und gutes Wasser schenkte, von dem auch der Fußwanderer trinkt, wenn er nach Embach im Schatten mächtiger Ahorne eine Verschnaufpause einlegt.

Quellen und Brunnen, die geheimnisvollen Mündungen ins Dunkel der Unterwelt, brachten mit dem Wasser, das sie spendeten, Leben, Wachstum und Gesundheit, weshalb sie einem besonderen Schutz zu unterstellen waren. Aber diese ins Ungewisse und Ungefähre hinabmündenden Gewässer waren mit ihren unterirdisch verzweigten Armen auch geheimnisvolles Niemandsland zwischen Diesseits und Jenseits, zwischen Geburt und Tod. Von besonderen Kräften und elementischen Wesen besetzt, die dem Menschen nur bedingt zuträglich waren.

Auf der Spitze des Weißecks im Lungau, wo Mineraliensammler nach Bergkristallen suchen, soll sich eine Quelle befinden, die nur zu manchen Zeiten sichtbar ist. Wer sie aber auffindet und davon trinkt, schreibt Michael Dengg, dem berauscht und verwirrt sie die Sinne, sodaß er den Rückweg vom Berg nicht mehr findet. Wer aber dort eine Nacht zubringen muß, wird von Geistern umringt und in die Tiefe gezogen. (208)

Zwischen Mondsee und St. Gilgen liegt zwischen steilen Waldhängen und Felsstürzen der tiefdunkle *Krottensee*, den der Volksglaube für grundlos hielt. Die Kröten, die sich am Ufer stets zahlreich zeigten, waren als Mittel gegen die Giftpfeile der Magyaren beliebt. Schon der Hl. Wolfgang soll sie auf seinen Wanderungen durch das Salzkammergut gefüttert haben.

Nahe der Bischofsmütze entspringt der *Kampen- oder Kantenbrunn, dessen eiskalte Quelle den, der daraus trinkt oder sich darin wäscht, um zehn Jahre jünger macht.* Nicht weit davon, im Quellgebiet der warmen Mandling, liegt ein Erdloch, das mit kaltem Wasser gefüllt ist. Dieses wurde im Volksmund *Meeräugl* geheißen. *Burschen, die einen schweren Stein an einer Weberspule darin versenkten, um seine Tiefe auszumessen, wurden von einer warnenden Stimme abgehalten: „Willst du mi dagründn, so will i di schlündn!"* Ein unterirdischer See soll auch unter dem Salzburger Dom liegen, der auf ungeheuren Gewölben, Mauern und Pfeilern errichtet ist, die zutiefst in den Erdboden hinabreichen, heißt es bei Brettenthaler (16): *Da unten liegt ein großer See, der nie von der Sonne beschienen wurde und dessen dunkles Gewässer nur bewegt wird, wenn ein Beben die Erde erzittern läßt. Daher können auch die Domkirche und die*

Teufelskrallen im Stein. Rauris.

Hexenstein am Galgenrain.
Heimatmuseum. Mittersill.

Wildfrauenhöhle in der Nößlachwand bei Wald im Pinzgau.

Perchtenstein auf der Sonnseite von Hollersbach.

Felswand über Widrechtshausen.

Fußspur der Wilden Frau.

Der Forstteufel vom Haunsperg. Schloßgarten Hellbrunn, Salzburg.

Orpheusgrotte in Hellbrunn.

Fastnachtstänzerin. Zwergenfigur zum Monat Februar. Ursprünglich
Mirabellgarten, heute Traunstein, Bayern.

135

Stadt durch kein Erdbeben zerstört werden, weil sich dessen Gewalt im Wasser bricht.

In unterirdischer Verbindung stehen zwei Lungauer Gewässer, der Schönalpensee im Weißpriachtal und der auf der Twenger Seite gelegene Aiblsee. An einem schönen Sommertag, erzählt M. Dengg (232, 21), sind zwei Ochsen, die ins Joch gespannt waren, in den Schönalpensee gesprungen und dabei ertrunken. Nach einiger Zeit ist das Joch im Aiblsee zum Vorschein gekommen, wo sich nicht weit davon die Satanswand und ihm gegenüber der *Schlafende Mönch* erhebt, der sich einen Berg als Kopfkissen wählte.

Die Kinder wurden aus Brunnen geholt, geopferte Münzen liegen wie versteckte Wünsche auf ihrem Grund. Das Bad zum richtigen Zeitpunkt konnte zum Jungbrunnen werden, und wo immer dieses weiche, glatte Element des Wassers im Mittelpunkt der Volksbräuche steht, ist ein Ritus des Übergangs angesprochen. Eine Reise oder irgendeine Veränderung sind angedeutet, es dreht sich um Dinge und Gedanken, die von hier nach dort, von hüben nach drüben gehen, und daher standen die Gewässer von Anfang an in enger Verbindung mit dem Totenkult.

Schiffchen, die als Votivgaben in Quellen versenkt wurden, sollten den Toten eine gefahrlose Reise ins Jenseits, auf den grünen Grund der Welt ermöglichen, und in wenigen Fällen ist auch die Gottheit zur Darstellung gekommen, die als Herrin über den Brunnen und seinen paradiesischen Garten anzusprechen ist. Aus der ersten Hälfte des 1. Jahrhunderts stammt die Figurine einer Göttin, die in der Seine-Quelle aufgefunden wurde und damit die Bedeutung der Gewässer in der Kultur der Kelten dokumentiert, die deutlicher und bildhafter als andere Wasser und Weiblichkeit gleichgestellt hat.

Auch aus dem österreichischen und salzburgischen Raum liegen Fundstücke vor, die als Votivgaben gestiftet, dem keltischen Quellkult zuzuordnen sind: Vom Magdalensberg in Kärnten, wo ein Tempel des Mars Latobius lag, kommt die kleine Tonfigur eines Kahnfahrers, die man mit einem kultischen Wasserbecken in Verbindung gebracht hat. (Gerndt 105)

Das Wagengrab vom Dürrnberg aus der La-Tene-Zeit, ein Exponat der Halleiner Keltenausstellung 1980, enthielt neben anderen Grabbeigaben ein Goldschiffchen, das seine Deutung im Totenkult der Zeit findet. Dazu ergänzt sich ein Fund aus neuerer Zeit, ein Bronzeschiffchen aus Aisdorf im Pinzgau. Eine Kahnfibel aus Bronze wurde aus dem hallstattzeitlichen Gräberfeld von Uttendorf i. Pzg. zutage gefördert.

Die Totenbarke als Bild für die Seelenreise ins Jenseits, die über die Gewässer des Lebens, des Vergessens und des Todes führte, zeigt aber nur einen Ausschnitt aus einem größeren Zusammenhang. Um diesen wenigstens ansatzweise freizulegen, muß ich vorerst den Gegenstand dieser Überlegungen wechseln.

Isis auf der Barke – Madonna auf der Eisscholle

In christlichen Legenden, die die Erhebung von Kirchen zu wundertätigen Gnadenorten behandeln, kehrt oft ein Motiv wieder, das nicht auf den Ostalpenraum zu beschränken ist, sich aber dort häuft, wo – wie im Pinzgau – Vermurung und Hochwassergefahr die Bevölkerung in ständiger Furcht gehalten haben. Gleich an drei Orten des Salzachtales wurden die verehrten Gnadenstatuen über einen *wundersamen Wasserweg* an den Ort ihrer Bestimmung befördert: *Unsere liebe Frau auf dem Eise* nennt man die gotische Marienstatue in der Kirche zu Bruck an der Glocknerstraße, die um 1400 auf einer Eisscholle der Salzach angetrieben und in der ehemaligen Kirche aufgestellt worden sein soll. Als diese 1867 abbrannte und neu errichtet wurde, entledigte man sie von dem Flitterkram, der im Lauf der Zeit dazu gekommen war und übertrug das *uralte, wundertätige Bildwerk aus Lärchenholz* in den neuen Kirchenbau.

In der Bramberger Pfarrkirche zum Hl. Laurentius stehen zwei gotische Marienstatuen, von denen die künstlerisch vielleicht bedeutendere einer Salzburger Werkstätte aus der Zeit um 1430 entstammt. Die größere Verehrung erfuhr jedoch die auf dem Hochaltar postierte holzgeschnitzte *Thronende Madonna mit Kind* aus der Zeit um 1500. Sie soll, die Salzach flußaufwärts schwimmend, hier an Land gekommen sein. Eine Wallfahrt, die von der wundertätigen Statue ins Leben gerufen wurde, ist längst eingestellt.

Die dritte dieser eigenmächtigen Flußherrinnen ist eine geschnitzte, stehende Madonna aus der Zeit um 1500, in Neukirchen am Großvenediger. In der Rechten hält sie das gekrönte Jesuskind, in der Linken das Szepter. Im 18. Jahrhundert erreichte die Wallfahrt zu dieser *Rosenkranzkönigin* größere Bedeutung, wie Votivgaben aus dem Pinzgau und der Kitzbühler Gegend bezeugen. Auch sie erhielt ihre wundertätige Bedeutung durch die Legende, die Salzach aufwärts schwimmend an ihren Bestimmungsort gelangt zu sein. (Neuhardt 1982, 107)

Diesen gotischen Madonnen sind keine Boote oder Barken zuordenbar. Gerade die Tatsache, daß sie die Flußtäler der Alpen stromaufwärts ohne ein solches Vehikel befahren haben, versetzt sie in die Aura des Wunderbaren. Aber die Mondsichel zu ihren Füßen ließe sich als Nachen deuten, der diese Himmelsköniginnen zu wundertätigen Reisen über Land und Wasser befähigte. Isis war bekanntlich das prägende Vorbild dieser Madonnen, die im ausgehenden Mittelalter eine neue Blütezeit erfahren. Totenschifflein oder Mondbarke sind ein wesentliches Merkmal der Isis, das diese ägyptische Göttin auch behält, als sich ihr Kult über das Römische Imperium ausbreitet.

Im venetisch-alpinen Raum ist seit der Römerzeit jene Isis Noreia belegt, die als Romanisierung der Rethia oder Rätia auf dem Magdalensberg ein mutmaßliches Zentrum ihrer Verehrung hatte. In christlicher Zeit wurde es durch den Heiligenkult um Hemma von Gurk überlagert.

Diese Rethia/Noreia ist eine *typische Muttergottheit.* Sie ist die Spenderin von Gesundheit und Fruchtbarkeit für Mensch, Tier und Pflanze, gleichzeitig die Herrin der Toten und der verborgenen Zauberkräfte der Unterwelt – und möglicherweise mit der weiblichen Gestalt auf dem Strettweger Kultwagen identisch. Die auf der Parzin-Alm bei Imst in Tirol in etwa 2000 m Seehöhe aufgefundene weibliche Figurine mit in Gebetshaltung erhobenen Händen und fünf Schälchen auf der Brust könnte ebenfalls eine Darstellung dieser Gottheit sein.

Historische Nachrichten über die Glaubenswelt dieser frühen, vorrömischen Kulturen sind dünn gesät und meist nur durch Vergleiche und Parallelen erschließbar. Etwas besser ist die Lage für die mit der Romanisierung Noreias verknüpfte Isis Noreia, die, ursprünglich aus Ägypten übernommen, damals in weiten Teilen des Römischen Imperiums populär geworden war und als Muttergottheit in der christlichen Madonna überdauert hat. Wie Maria eine *Mater dolorosa,* die um Osiris trauert, wie diese auch eine *Mater lactans,* die das Horuskind an ihrer Brust trägt, hatte sie Rose und Barke zu Attributen ihrer göttlichen Erscheinung. Im Bild der Barke war ihre mythische Beziehung zum Wasser (des Nils) und mit den Mysterien der Wiedergeburt angesprochen. Vielleicht konnte sich der Kult der Isis die nördlichen Provinzen des Imperiums leichter erobern, weil er in keltischen Mythen auf sinnverwandte und bildgleiche Vorstellungen traf.

Jakob Grimm, der sich in seiner *Deutschen Mythologie* näher mit der Verbreitung der ägypto-römischen Isis nördlich der Alpen befaßt hat, greift auf eine Textstelle in Tacitus' *Ger-*

mania zurück, wo es heißt: *„pars Suevorum et Isidi sacrificat:"* Ein Teil der Sueben opferte der Isis. (Grimm *DM* I, 213)

Schiffsumzüge haben im Volksbrauch des Mittelalters einen festen Platz eingenommen. Nach der Quelle, die Jakob Grimm angibt, wurde um das Jahr 1133 in einem Wald bei Inden ein Schiff gezimmert, mit Rädern versehen und von vorgespannten Menschen unter Jubel, Geschrei und Tanz zuerst nach Maastricht, Aachen, Tongern, Looz usw. im Lande umhergezogen. *Die Ankunft sagte man den Städten an, welche ihre Tore öffneten und ihm entgegen gingen.* (Grimm *DM* I, 214) Einen zweiten, ganz ähnlichen Vorfall führt Grimm aus einer Chronik an. Das folkloristische Spektakel läßt an Fastnachtsbräuche und Karnevalsumzüge denken. Aus der Literatur gibt *Moriz von Craun* ein Beispiel. Diese Karikatur eines höfischen Minneromans schildert ebenfalls den Bau eines Schiffs auf Rädern. Hier führt ihn der gleichnamige Ritter aus, der damit auf Turnierfahrt geht, um so seine unnahbare Geliebte zu beeindrucken. Mit in diese Mythe gehört das Narrenschiff, wo der *Autre Monde* als der *Verkehrten Welt* des Jenseits, dem nach mittelalterlichem Volksglauben die Besessenen, Mondsüchtigen und Verrückten nahestanden, Platz eingeräumt ist.

Inwiefern in diesen Gebräuchen und Spektakeln noch der römische Kult der Isis oder keltischer Quell- und Naturgottheiten nachklingt, ist schwer zu beantworten, was allerdings für die Brucker *Maria auf der Eisscholle* zusätzlich Aufschluß geben könnte, ist die Wortgeschichte. Hat Isis in jener *Frau Eisen* des Volksglaubens überlebt, die in Ortsnamen auf *Eis* und *Eisen* bis heute belegbar ist? Bei Aventin, den Jakob Grimm dazu zitiert, findet sich noch im 16. Jahrhundert eine Nachricht über die Verbreitung der Isis-Mythe: *... la deesse Isis, royne d'Egypte veint en Allemaigne et montra au rude peuple l'usaige de mouldre la farine et faire du pain.* Was in deutscher Übersetzung sehr breit wiedergegeben wird: *... nach* *ihres Vaters (Hercules) Tod sei sie durch alle Länder gezogen, zu dem deutschen Könige Schwab gekommen und eine Weile bei ihm geblieben; da habe sie ihn Eisen schmieden, Getreide sähen, mähen, mahlen, kneten und backen, Flachs und Hanf bauen, spinnen, nähen und weben gelehrt, und das Volk sie für eine heilige Frau gehalten.* (Grimm *DM* I, 220)

Wir hätten hier eine weibliche Gottheit in ihrer *kultur-heroischen Rolle* beleuchtet, aber vielleicht wird die Wandlungsfähigkeit des Mythos überbeansprucht, wenn man zwischen Isis, Frau Eisen und Maria auf der Eisscholle eine Entwicklungsspur legt. Mythen sind in ihren Grundrissen beständig, aber ihre Bilder verfließen im kollektiven Gedächtnis und durchwandern dabei Geschichte und Epochen.

Die Mysterien der Isis erreichen das keltische Noreia. Auf dem Frauenberg bei Leibnitz sind bis heute die Grundmauern ihres Tempels und die Zisterne erhalten, in der das für die Kulthandlung benötigte Wasser aufgefangen wurde. Keltische Matronen hatten heilige Haine, magische Steinsitze und dreigesichtige Wasserbecken in ihrer Aufsicht. Später erzwangen wundertätige Marienstatuen, die über Dorfbrunnen und Heilquellen, im hohlen Stamm von alten Bäumen, an Kreuzwegen oder anderen sensitiven Punkten der mittelalterlichen Landschaft erschienen, Kirchenbauten. Oder sie schwammen hochwasserführende Flüsse hinauf, um am Ort ihrer Bestimmung an Land zu gehen. – Die heiligen Orte wurden nach christlicher Überzeugung langsam umbesetzt und heilig gehalten, sodaß nicht erst mit der Theatralik der Gegenreformation Berg, Baum und Stein ihre Naturkraft in katholischen Segen umsetzten.

Was die weiblichen Anteile in der christlichen Männerreligion betrifft, versteht sich von selbst, daß sie nur entlehnt und erborgt sein konnten, und wo sonst hätte man dafür fündig werden können als bei jenen Großen Göttinnen, Erdmüttern und Himmelsköniginnen des Altertums?

141

Für Aisdorf als Fundort des hallstattzeitlichen Bronze-schiffchens und die Brucker *Liebe Frau auf der Eisscholle* kann zudem eine Deutung von Belang sein, mit der das geomantische Wissen der Kelten, das die *Ausstrahlung eines Ortes* zum Maßstab für die Errichtung von sakralen Anlagen oder Bauwerken machte, mitberücksichtigt ist.

In der Silbe *is* steckt möglicherweise das *präkeltische Wort für einen heiligen Ort, wo eine unterirdische Wasserströmung oder eine bestimmte tellurische Energie (wouivre) existiert, die besonders günstige Bedingungen für die Zwecke der Weissagung und Initiation schafft.* (Begg 86) Die Sumpflandschaft des Salzachbodens bei Bruck, wo die Römerstraße auf den Glockner durchführte, hat zu jener Zeit gewiß leicht gehalten, was das (prä-)keltische Wort sinngemäß verspricht – eine bodenlose, infernalisch abgründige Fluß- und Moorlandschaft, einen klassischen Vorort zum Jenseits.

Sinngemäß konnte an diesem vielarmigen Eingang in die Unterwelt eine Herrin des Gewässers erscheinen, die auf ihrer Barke die Grenzen zwischen Diesseits und Jenseits hütete – und erst in der Vorstellungswelt des Mittelalters dazu auf eine übers Wasser treibende Eisscholle wechselte.

Dieser auf den Tod und das Jenseits bezogene Aspekt des Wassers, der seiner Verbindung mit Geburt, Fruchtbarkeit und Wiederkehr gegenübersteht, ist in der Sagenlandschaft des Pinzgaus noch an anderer Stelle angesprochen, wo die Gefahr des Hochwassers, die den Bezirk seit jeher in Angst und Schrecken versetzt hat, in nahezu apokalyptische Sagenbilder aufgelöst ist.

Die letzten Dinge – eine eiskalte Flut

Um das Jahr 1000 wurden in den Schreibstuben der Klöster bereits vereinzelt volkssprachliche Texte verfaßt. Damals entstand der größere Teil jener visionären Literatur, die die apokalyptischen Ängste der Zeit in Worte faßte. Der nahe Weltuntergang stand außer Zweifel. Der *Heliand* aus dem 9./ 10. Jahrhundert erzählt die Lebensgeschichte Jesu, darin eingefügt sind Gedanken zum bevorstehenden Ende der Zeiten, das über den *Mittelgarten des Menschengeschlechts* hereinbrechen wird. *Doch erzählen mag ich euch,* sagt Christus dort, *welche Zeichen zuvor wundersam werden, eh er in diese Welt kommt an dem mächtigen Tage. Das wird am Mond kund und so an der Sonne. Sie schwärzen sich beide, von Finsternis befangen, die Sterne fallen, die schimmernden Himmelslichter, die Erde schüttert, die breite Welt erbebt. Solcher Zeichen bieten sich viel. Die große See ergrimmt, der tiefe Golfstrom des Meeres wirkt mit seinen Wogen den Erdenwohnern Grausen.* (Von der Leyen, 53) Wie im *Muspilli* aus dem 9. Jahrhundert – Erzbischof Adalram von Salzburg überreichte es Ludwig dem Deutschen – stehen hier neben der biblischen Überlieferung volkstümlich-heidnische Elemente, die keltischen Visionen und germanischen Götterliedern entlehnt sind. Im *Muspilli* ist der Flammentod der Schöpfung, der auch in anderen Texten zur Apokalypse eine feste Erwartung stellt, breit und mit flackernder Farbkraft ausgeführt. Nur in Einzelheiten der mythischen Tradition kommt das kalte Ende aus den Fluten des Wassers: *Es steigt zum Himmel im Sturm das Meer, es stürzt auf Land, die Luft verdorrt; Schneesturm kommt dann und scharfer Wind: dann ist das Ende den Asen gesetzt,* heißt es in der *Kürzeren Seherinnenrede* über die Götterdämmerung. Aber das Bild der Bilder bleibt ein brennendes *Mittelgard,* das im apokalyptischen Feuerregen untergeht. *(Die Edda* 53)

Diese Endzeitstimmung ist nicht auf die Jahrtausendwende zu beschränken. Ursprünglich ein Mittel der Einschüchterung, übte es auf die Menge der einfachen Gläubigen eine tiefe Wirkung. Doch eigneten sich diese den Gerichtstag des Weltuntergangs bald für eigene Ziele an, indem sie damit moralische Anklage gegen eine saturierte, käufliche Amtskirche erhoben, die sich von ihren urchristlichen Geboten mehr und mehr entfernt hatte. Die millenaristische Armutsbewegung des Mittelalters erreichte den alpinen Gebirgsraum; die Wiedertäufer fanden im Pinzgau nicht wenige Anhänger. Aber die Volkssage hat – die Untersbergsage ausgenommen – auffallend wenig von dieser apokalyptischen Erwartung in sich aufgenommen. In den gotischen Kirchenmalereien war eine reiche Bildwelt aus Weltenbrand und Fegefeuer entstanden, aber das Erzählwerk der Sage blieb von dieser Faszination unberührt.

Sie verfolgt einen anderen Weg. Die Ängste, die sie ausmalt, gelten einer naßkalten, winterlich vereisten Natur oder aber Flutkatastrophen, die das Umland in eine kalte und feuchte Hölle, ins naßschwarze Grab reißen. In Einzelheiten klingen dabei die Lieder der *Edda* an und die Eishöllen aus keltischer Vision. So gibt das *Wafthrudnirslied* die Prophezeiung, daß die Menschen in einem verheerenden Winter untergehen werden, den nur ein Menschenpaar in einem schützenden Baum überlebt.

Vielmehr als der Feuertod hat der Einbruch der Kleinen Eiszeit, der um 1500 erfolgte und bis um die Mitte des letzten Jahrhunderts andauerte, Katastrophenangst und Untergangsstimmung der ländlichen Erzählkultur geprägt und ausgestaltet. Möglicherweise wurden dabei Angstbilder älteren Datums von der zeitgemäßen Bedrohung durch eine klimatisch abkühlende Natur überlagert.

Die Esche Yggdrasil, die in der *Edda* ein Abbild der irdischen Welt gibt, ist anhaltender Bedrohung ausgesetzt: *Der Hirsch äst den Wipfel, die Wurzeln nagt Nidhögg, an den Flanken Fäulnis frißt. (Die Edda* 48: Grimnirlied) Die Schlange, die heimlich an den Wurzeln nagt, ist auch ein Motiv der Sagenwelt, wo sie gewaltigen, unterirdischen Wasservorkommen den Weg an die Oberfläche freilegt:

Auf der Gsengplatte bei Filzmoos, schreibt Brettenthaler (211) über die Sage von der Schwarzen Lacke, liegt ein kleiner, tiefschwarzer Bergsee, eigentlich ein Bergtümpel, in dessen Tiefe ein goldener Wagen steht. Bewacht von einem abscheulichen Lindwurm, der den See an zwei Seiten, in Richtung Filzmoos und Neuberg, unterwühlt. Wohin sich der Lindwurm zuerst durchfrißt, dort wird das Wasser des Sees abfließen und die Gegend überschwemmen. Eine zweite Schwarze Lacke, gleichfalls bei Filzmoos gelegen, wird an seiner Ostseite von dem *sprechenden* Wurmegg begrenzt.

Gleich sieben sagenhafte Moose zählte die Gerlosplatte, die mit einer dünnen Erdkruste beschichtet war. Es galt für lebensgefährlich, diese schwankende Pflanzendecke zu betreten. Denn darunter, schreibt K. O. Wagner in den *Sagen des Pinzgaus* (24), liegt ein unterirdischer See, *in dem ein gewaltiger Lindwurm haust, der sich mit der Zeit durch die Nößlingerwand durchfrißt. Dann wird der halbe Pinzgau überschwemmt werden und das Wasser soll bis zur Sixtkapelle reichen. Mitten in der Nößlingerwand ist ein Loch,* aus dem beständig Wasser aus diesem unterirdischen See abfließt.

Dieses ländliche Lebensgefühl auf einen befristeten Zeitlauf hin wiederholt die Sagenwelt des Lungaus. Wieder ist die drohende Überflutung an einen Ort geknüpft, der im Volksglauben als geomantischer Kraftort und *heilige Mitte* verehrt wird. Das ist im oberen Pinzgau die Sixtuskapelle bei Wald, im Lungau der gotische Prachtbau der St. Leonhardskirche. Aber Architektur und Kunstfragen sind hier nicht entscheidend.

Der Lungauer Prebersee, prophezeit die Sage (Dengg 232), wird eines Tages über seine Ufer treten und das ganze Tal überschwemmen. Wenn die Fluten dieses Berges Tamsweg zerstört haben und bis auf die Höhe von St. Leonhard angestiegen sind, dann wird auch jene goldene Egge hervorgetrieben werden, die sich auf dem Grund des Sees befindet.

Ihr Wert ist so hoch, daß Tamsweg und die umliegenden Orte wieder aufgebaut werden können.

Zwischen einem solchen spirituellen Segensort und jenem drohenden Untergang, der sich im Verborgenen, Unterirdischen bereithält, vermittelt eine Sage, die K. O. Wagner für den Stein am Sonnberg von Hollersbach angibt, *in dem sich die Spur eines Fußtrittes der Wilden Frau zeigt.* Von diesem Stein geht die Sage, *daß an dem Tage, an welchem der Fußtritt verschwindet, der* (unterirdische) *Plattensee in der Krimml ausbrechen und die ganze Gegend verheeren würde. Es hütet sich daher jedes, auf diesen Stein zu treten, weil dadurch das Verschwinden des Fußtrittes befördert würde.* (Wagner 15)

Die Hochwasseranfälligkeit des Pinzgaus äußert sich nicht allein in apokalyptischen Sagenbildern, dazu kommt, daß diese Ängste ein ursprüngliches Schutzverhältnis zwischen Mensch und Naturkräften umkreisen, das als störungsanfällig bzw. gestört dargestellt wird. Das Christentum hatte die alten Naturmythen in einen ketzerischen, gefahrvollen Untergrund verdrängt. Was insbesondere die Landbevölkerung, die für die Gegenwart jener Naturkräfte sehr empfänglich war, in einen dauerhaften Zwiespalt verwickelt haben muß. Wurde sie doch nunmehr von zweierlei Seiten mit Forderungen bedrängt, und mit zweierlei Maß war jeweils zu erwägen, was gut und schlecht, rein und unrein, nützlich und schädlich war. Dieses naturmythische Erbe geriet ins Abseits wilden, irrationalen Denkens, aber die Ansprüche, die den Menschen von dort weiterhin erreichten, Zuwendung und Anerkennung fordernd, übten auf diesen bald den Druck von Angstgefühlen aus, die eine tiefe Verstörung bewirkten, sodaß die Welt der Natur in den Erscheinungsweisen einer verletzten, bösartig gewordenen, Opfer fordernden, ja todbringenden Macht gefürchtet wurde, die einer entthronten Herrscherin gleich ihre vernichtenden Schläge austeilte.

Heilige Haine, Quellen, Steine, Bäume, wie sie in mittelalterlichen Indices und Beichtspiegeln erwähnt sind, hatten die Sicherheit eines ausgewogenen Spiels der Naturkräfte geboten, und der Mensch hatte zur Erhaltung dieses Gleichgewichts beigetragen, indem er diese Wunderorte als Sitz, Abdruck, Beleg und Versicherung der daran gebundenen Naturgottheiten zu erhalten bestrebt war. Dem wurde nun ein kaltes Ende bereitet.

Verweht und verschneit für immer unter dem glänzenden Eisfeld

Im Erinnerungsraum der Sage trägt der Mensch Schuld an der Zerstörung jenes Gleichgewichts gegenüber der *mütterlichen* Natur, das immer wieder neu bekräftigt werden mußte. Empfindliche Störungen dieser Beziehung bilden den häufigen Kern von Sagen, in denen der Mensch, der Tabus verletzt, Grenzen überschreitet, Abmachungen bricht und seinem Besitzstreben keine Schranken setzt, die Störung dieses Gleichgewichts verursacht und Schuld auf sich zieht. Doch rechnet sich zumindest in der Welt der Sage selten, was allein aus Gewinnstreben angestellt wird. In diesem Zusammenhang scheint der Mensch als Verursacher der klimatischen Abkühlung und alpinen Vergletscherung auf. Seine rücksichtslose Ausbeutung der Natur, gleichgültig, ob es sich dabei um Milch, Butter, Bodenschätze oder anderes handelt, führt zur *Verwüstung* der Landschaft, wobei der Dialekt in Beibehaltung der mittelhochdeutschen Bedeutung von *wuesten, wiesten* *„verwüsten"* und *„verschwenden"* gleichsetzt.

Hinter der Häuslalpe im Kaprunertal *liegt ein großer Kees, ein Eisfeld, an dessen Stelle sich einst die schönsten Alpenmatten hinzogen, reich gesegnet mit allem, was der Boden zu bieten vermag. An 120 Kühe grasten daselbst und hatten reichlich Futter. Melker und Hüter aber wurden träge und faul, dabei ebenso stolz und hochmütig. Sie ergaben sich dem Fraße und der Völlerei und*

147

führten ein gottloses Leben. Den Durst löschten sie mit zerlassener Butter und badeten in reiner Milch, bis eines Nachts sich ein Sturm erhob, als breche der Jüngste Tag an; der Donner grollte, der Schnee fiel in dichten Flocken vom Himmel und eh der Morgen noch graute, war die schöne Alpe mit ihren gottlosen Sennern verweht und verschneit für immer und zeigt sich heute als glänzendes Eisfeld. (Wagner 65)

Eine Sage aus Krimml verbindet in ähnlicher Weise den christlichen Sittenkodex mit dem bäuerlichen Empfinden für Maß und Bescheidenheit: Im Rinderkar in der Krimml waren vor etlichen hundert Jahren die schönsten Weiden und Almen, obwohl heute nur kahles Gestein zu sehen ist. Vor Zeiten, als die Almen noch in voller Benutzung standen, sommerten zwei Senner oben ihr Vieh. Sie hatten soviel Überfluß an Heu, daß sie beschlossen, auch im Winter oben zu bleiben. Da kam das Christfest heran. Die Senner sollten zur Mette ins Dorf, doch zeigten sie keine besondere Lust, den weiten Weg ins Tal zu machen. Sie beschlossen nun, ihren Hund zur Mette zu schicken. (…) (Wagner 67)

Wer Sagen nur einigermaßen kennt, weiß, was nun geschehen muß. Am Ende steht eine in Gletschern und Eiswüsten erstorbene Natur.

Natur – Die dämonische Gegnerin Gottes

Die forcierte Besiedlung und Urbarmachung des Pinzgaus ab dem 13. und 14. Jahrhundert hatte verstärkt Hochwässer nach sich gezogen. Klimaverschlechterung sowie das neuerliche Anwachsen der Bevölkerung im 16. Jahrhundert, welches zur Gutsteilung und Verarmung führte, verursachten ab 1500 ständige Hochwassergefahr im Pinzgau. (Weninger 20)

Das sind die historischen Fakten, für die das Redwerk der Sage nach Schuldigen fahndete. Doch Schuld wurde auch zurückgewendet auf die Macht der Natur, die weiblich verkörpert blieb. Während in Naturwissenschaft und Ökonomie ihre umfassende Entmachtung in großen Schritten voranging, wurde sie auf der anderen, volkstümlichen, klerikal-inquisitorischen Seite noch einmal in ungeheuerlicher Größe heraufbeschworen.

Zwei Hexen sieden Hagel. Anonymer Holzschnitt zu Ulrich Molitor: Tractatus von den bosen weibern, die man nennet die hexen. Ulm 1490/91

In jenem freudlos feuchten und froststarren Zeitraum gingen die Erscheinungen der Wildgeistermythologie in den Hexenglauben über. Die *mütterliche* Natur, die den Menschen nicht mehr ernährte, sondern mit Sturzbächen die Felder überschwemmte, die in ihrer Zuwendung abkühlte und die Blüte vernichtete, bevor sie Frucht tragen konnte, die das Getreide unter Hagelschauern niederdrückte und das Obst nicht mehr zur Reife brachte, nimmt in einem psychologisch unmittelbar einleuchtenden Vorgang die Züge der *bösen Mutter*, der kinderverschlingenden erntevernichtenden, todbringenden Hexe an. Dies geschieht umso leichter, als die Frauenfeindlichkeit der Kirche und die Inquisition gegen Ketzer und Irrgläubige die Voraussetzungen für die nun einsetzenden Hexenjagden geschaffen hatte. Die aus dem Zusammenhang gelösten Spuren des alten Naturglaubens verkehrten sich endgültig ins Dämonische. Die *Glänzende, Lichtbringende, Weiße, Göttin der Natur* (die in den Alpen den Namen *perahta* trug) wird zur Hexe. Zurück bleiben die Schlangenköchinnen und Wetterzauberinnen. Die Natur wird zur dämonischen Gegnerin und Gegenspielerin Gottes. Ihre Erscheinung verdunkelt sich in naßkalter Schattenwelt: Ihr Reich von Ungeziefer behaust, schmutzig, abgründig, sonnenlos; ekelhaft ihre Speise, giftig ihre Kräuter, schmutzig ihre Brunnen; zwielichtig und betrügerisch ihre spukhafte Welt. Ein beklemmender Albtraum, wie von Alfred Kubin gezeichnet, in dessen Werk stärker noch als bei dem Schweizer Füssli die *Schrecken der Natur* Revue passieren.

Die Hochkammer, ein Grat des Kitzsteinhorns (…) war früher ein beliebter Tummelplatz der Hexen, wo sie ihre höllischen Tänze vollführten und arglistige Pläne schmiedeten. Ein Viehhüter will einmal beobachtet haben, *wie eine von ihnen große Eisblöcke aus dem Gletscher hieb, sie auf die Hochkammer trug, dort zu Hagelkörnern zerhackte und diese dann übers Land hinstreute. Noch zur Zeit des Erzbischofs Paris Lodron soll man drei Tage lang die Kirchenglocken geläutet haben, um die Hexen von der Hochkammer zu vertreiben.* (Brettenthaler 314)

Die Wasserfrauen und Brunnenherrinnen, die Erscheinungen bei den Wasserkapellen und Augenbründeln, die Hollen und Regentruden, alle diese Gebieterinnen über das Element des Wassers und die unterirdischen Gewässer in Bergen, Brunnen, Quellen, aber auch über den Regen, die Seen und

Giovanni Segantini „Die bösen Mütter" (1894).

*Gotisches Gnaden-
bild „Maria auf
dem Eis", um
1500. Pfarrkirche
Bruck a. d.
Glocknerstraße.*

Waldteiche, sie räumen das Gesichtsfeld im Landschaftsraum den eishackenden, auf Mistgabeln umfahrenden, warzennasigen, hagelmachenden Wetterhexen, die das Zeitalter der Naturmythologie abschließen. Die Angst- und Schuldgefühle, die diesen Prozeß begleitet haben, dabei Mechanismen der Schuldabwehr auslösend, erreichten auch im Raum Salzburg ihren Zenit in der massenhaften Verfolgung von *Personen, die der Zauberei und des Hexenwesens verdächtig waren.* Auf den Beginn des 16. Jahrhunderts entfallen die ersten Pinzgauer/Salzburger Prozesse, die Anklage in puncto Wetterzauber erheben. Darauf folgten die breit dokumentierten Ermittlungen gegen Rupert Ramsauer, Pfarrer von Bramberg und seine Köchin, Eva Neidegger.

Der Dritteiler Martin Strasser (der den Zehnten verteilte, also im Gemeindeausschuß saß) hatte beim Pflegeverwalter Mittersill Beschwerde eingebracht: *„daß das Hochwetter seit einigen Jahren geschlagen und großen Schaden am Getreide getan habe. Nachdem das Wetter alle Jahr wieder khumen und kein Aufhören sein will, geht die gemeine Red, daß des Pfarrers zu Bramberg Köchin mit Wettermachen umgehen solle, wie dann solches durch die Glemmer ausgegeben worden sei. Nämlich, solange dieser Pfarrer und seine Köchin in Glemm gewesen sei, haben sie alle Jahr mit den Hochwettern große Beschwerung gehabt. Seitdem er aber mit seiner Köchin fortgekommen, seitdem haben sie viel besser Rue (Ruhe) von dem Wetter."* Er bittet, die Obrigkeit möge das *Nötige vorsehen.* (Lahnsteiner 1956, 72)

Das war im Jahr 1573. Die Köchin wurde verhaftet und im Torstüberl des Schlosses Mittersill in Ketten gelegt. Auf Kaution hin ging sie vorerst noch einmal frei. Als aber am 28. Juni 1574 neuerlich ein schweres Hagelwetter den oberen Pinzgau verwüstet, verdichten sich die alten Anschuldigungen endgültig zum Hexenprozeß. Die Köchin war zum Zeitpunkt des Unwetters mit einer Magd gegen Wenns hinübergegangen, um Pfrillen zu fangen. Sie standen in einem

Heustadel unter und beobachteten von dort, wie Mittersill weiß wurde vor Hagel. In düsterer Vorahnung klagte diese: *Mein Gott! Jetzt werden die Unterländer wieder mir die Schuld geben und meinen, ich habe das gemacht.* Es war tatsächlich so. (Lahnsteiner 1956, 76) 1575 wurden Rupert Ramsauer und Eva Neidegger wegen Wetterzaubers hingerichtet. Am 18. März wurden sie auf dem Galgenrain zwischen Burk und Burgwies im Gericht Mittersill verbrannt.

Klimaabkühlung und soziale Krisen infolge des 30jährigen Krieges verursachten im 17. Jahrhundert eine beispiellose Verelendung breiter Bevölkerungsschichten. Festgefügte Formen des Zusammenlebens zerfielen, Flüchtlingsströme, Straßenkinder und Soldaten in Räuberzivil überrollten die Landstraßen. Eine zweite, bedeutend umfangreichere Verfolgungswelle um 1670 hatte eben dieses Lumpenvolk der Armen und Entwurzelten zum bevorzugten Opfer. In der Sagenwelt des Pinzgaus sind diese aus Angst- und Schuldbeziehungen geschaffenen Hexenbilder in variantenreicher Fülle im Umlauf geblieben.

Es war einmal eine Zeit, in der der Hagelschlag die Ernte immer wieder vernichtete und die Bauern am Waldberg sieben Jahre keinen Drischel (Dreschflegel) mehr brauchten. Da wurden sie zornig und versammelten sich eines Tages vor dem Pfarrhof; sie verlangten vom Vikar Abhilfe. Aber gerade in diesem Augenblick kam vom Gernkogel herab wieder ein Unwetter, es fing zu hageln an, und die Ernte war neuerdings vernichtet!

Nun zogen die ergrimmten Bauern auf den Stanzenbühel hinauf. Einer von ihnen wies auf eine pechschwarze Wolke und rief: „Da oben ist die Hexe!" Da luden sie einen Böller mit geweihtem Pulver und schossen gegen Himmel. Und siehe da! – als sie nach dem Schuß auf dem Walder Boden drunten Nachschau hielten, lag da eine Frau mit einer Goldkappe auf dem Kopfe. Ihr Gesicht aber war von dem Schuß entstellt, daß niemand sie kannte. Man nannte die Tote die Stanzenbühelhexe. Von dieser Zeit an konnte man am Waldberg wieder Bengeln hören. (Brettenthaler 339)

Das magisch bestimmte Naturbild des Menschen ist nicht erst im Übergang zur Neuzeit aufgebrochen. Aber auf jene Schwellenzeit entfielen tiefe Einschnitte klimatischer, religiöser und sozialer Art, die den angelaufenen Zerfall zwischen Mensch und Natur festigten. Apokalyptisch verdüsterte und utopisch zurückblickende Stimmungsbilder durchziehen nicht nur die Kunst jener Epoche, sondern geistern auch durch die Sagenlandschaft Innergebirg. Grüne Almweiden werden von Gletschermoränen überrollt, frevelnde Bergknappen, gottlose Bauern und diabolische Wetterzauberer treten dort als Verursacher der zunehmenden Vereisung und Verödung der Alpenregion auf.

Als Johann Adolf Schultes die Eindrücke seiner *Reise auf den Glockner* (1799) in tagebuchartigen Aufzeichnungen festhält, war der Höhepunkt dieser Kälteperiode zwar überschritten, aber es war anhaltend kühl und niederschlagsreich geblieben. Das höher gelegene Gebirgsland war von der nicht mehr weichen wollenden winterlichen Starre und von den verregneten, kühlen und daher ertragsarmen Sommern schlimm gezeichnet. Auf der Durchreise in St. Johann am Rottenmanner Tauern machte der Reisende die folgende Eintragung: *Was uns auf diesem Weg am meisten auffiel, war, eine Gegend so gut bevölkert zu sehen, in welcher am Bartholomäustag der Hafer in der Blüthe, der Roggen und Weitzen noch unreif auf dem Acker stand. Und dies war an der sogenannten Sonnseite der Tauern.* (Schultes 41) Kurze Zeit später an der Möder- oder Materbrücke unweit Heiligenblut angelangt, legten die Reisenden eine Rast ein: *Wir ruhten an der Brücke und aßen am 24. August hier – Kirschen, die nicht viel größer als Vogelkirschen waren.* (Schultes 45)

VII. Vom Beiß-, Heck- und Haselwurm

Die Schlangenlärche in Rauris

Der Michaelskapelle in Rauris gehört innerhalb der Pinzgauer Kirchengeschichte ein besonderer Platz. Ein Spezifikum des Kirchleins, das um 1203 erbaut worden sein soll und damit um einiges älter wäre als der Pfarrkirchenbau zu den Heiligen Jakob und Martin, für den es 1354 eine erste Eintragung gibt, liegt in seiner Verwendung als Beinhaus. Während der Winterzeit, wenn der hartgefrorene Boden Beerdigungen unmöglich machte, warteten dort die Toten oft Wochen und Monate auf ihr Begräbnis. Die Welt der Toten ist auch Gegenstand der Fresken, die im Vorraum der Kapelle angebracht sind. Leicht verfrorenen Besuchern kann bei Betrachtung des darauf abgebildeten Fegefeuers warm und wohlig werden, denn mit sichtlichem Behagen stehen diese armen Seelen in der zartroten Flammenglut.

Diese Konfrontation mit dem Tod findet an der Außenmauer des Beinhauses eine ungewöhnliche Fortsetzung und bildet zudem den Kern einer Rauriser Sage, um die es im folgenden gehen soll.

Links oberhalb des spitzbogigen Portals, durch das man in den Aufbahrungsort eintritt, ist eine weiß übertünchte Skulptur zu sehen, die einen abgeschlagenen, stark beschädigten Knochenschädel erkennen läßt. Ihn rahmen zwei Schlangen – wie in würgender Umschließung – ein. Das Steinmetzeichen, das daran angebracht wurde, ist dasselbe wie jenes an der Lichtsäule des Friedhofs HEDDVV und trägt die Jahreszahl 1519. Bei diesem *Schlangenstein* der Volksüberlieferung handelt es sich nach kunstgeschichtlicher Deutung um ein Memento Mori (Totenandenken) ungewisser Bestimmung und Herkunft, für das es einen landschaftlichen Bezugspunkt gibt. – Die *Schlangenlärche*, unweit vom Eingang ins Seidlwinkltal, wo sie im Talboden einen Markierungspunkt setzt, ist Gegenstand einer Sage, die nicht nur in Pinzgauer Sagensammlungen enthalten ist, sondern im 16. Jahrhundert als *wahre Begebenheit über den Zauberer von Salzburg* mehrfach aufgezeichnet und überliefert wurde, was auf vergleichsweise populäre Verbreitung schließen läßt.

Für das Rauriser Tal fand ich sie in knapper, fast schroffer Form bei Marie Andree-Eysn aufgezeichnet, die zu Anfang des Jahrhunderts zu volkskundlichen Feldforschungen in Rauris war.

Die Schlangenlärche bei der Einödkapelle:

Es gibt verschiedene große „Würmer" im Gebirge; und bei der Einödkapelle da haben sich einstmals so viele gezeigt, daß weder Menschen noch das Vieh bleiben wollten, weil sie sich vor ihnen fürchteten. Da holten sie nun einen berühmten Wurmzauberer, damit er die Schlangen fortzaubern solle. „Wenn kein weißer Wurm kommt, dann kann ich helfen", sagte dieser und zündete in der Kapelle Licht und Feuer an. Da sind viele Würmer von verschiedener Größe gekommen und in das Feuer hineingekrochen, wo sie verbrannten. Es war eine solche Menge, daß das „Wurmschmalz" den Berg herabgeflossen ist. Zuletzt ist aber ein weißer Wurm gekommen, der viel größer als alle anderen war, der hat furchtbar gebrüllt, hat seinen Schweif dreimal um eine dort stehende Erle geschlungen und dem Zauberer einen Schlag versetzt, daß dieser ins Feuer gefallen und umgekommen ist. (Andree-Eysn Nr. 46/216)

Die Begebenheit, die in Märchenform auf orientalische Ursprünge zurückzuführen sein dürfte und als Sage in verschiedenen Varianten den Alpenraum überzieht, ist aber im Fall der Rauriser Version wohl einzigartig für einen ganz bestimmten Ort belegbar, mit einem bestimmten Baum verbunden, der in der Tallandschaft bezeichenbar ist.

Der *Schlangenstein* am Beinhaus der Michaelskirche wird vermutlich von der Vorstellungswelt des heimischen Volksglaubens, die mit der vergleichsweise gelehrten Bedeutung eines Memento Mori wenig anzufangen wußte, aber aus der eigenen Bildsprache heraus zwischen Schlange und dem Kreislauf von Leben und Tod vielfältige Bezüge hergestellt hat, mit der Sage *Vom Schlangenzauberer an der Lärche* verknüpft worden sein. Nachdem aber die Symbolik der Schlange gerade im Volksglauben ein vielschichtiges Gebilde darstellt, gestaltet sich eine eindeutige Festlegung dieser Beziehung zwischen Schlangenstein und Schlangenlärche etwas schwierig. Mit einiger Sicherheit läßt sich behaupten, daß jene Sagentradition über einen *Zauberer von Salzburg*, die im Verlauf des 16. Jahrhunderts in mehreren Aufzeichnungen und Abschriften kursierte, weniger auf die Stadt Salzburg als vielmehr auf Rauris zu beziehen ist, wo sie in der Sagenlandschaft des Tales bis heute verwurzelt blieb.

Am Anfang dieser schriftlich überlieferten Zeugnisse (zitiert nach Röhrich 1976, 204 ff.) über den *Zauberer von Salzburg* steht Caspar Goldtwurms Schrift *De miraculis*, die 1557 erschienen ist. Dort heißt es:

Der Teufel gibt etwan auch seinen Meistern den Zaubern den lohn / Sonderlich wenn sie die Kunst nicht recht gelernet unn treffen können / Denn es ist zu Salzburg ein Zauberer und Teuffelskünstler gewest / Welcher sich vermessen und erbotten hat zu einem specktackel / Das er alle Schlangen auff ein meil wegs lang und breit / in ein gruben bringen / unnd dieselbigen alle ertödten wolle. Welches er auch zuwegen bracht / das ein unzeliche menge der Schlangen zusammen kommen waren. Zuletzt aber kompt eine große alte Schlang / dieselbige weigert sich in die gruben zukriechen. Der Incantator stellet sich als ließ er sie gern also sich weren / Er ließ sie auch frey hin und wider kriechen / Entlich aber / da er sie mit ernst mit seiner Teufflischen kunst wolt angreiffen / unnd zu den andern getödeten Schlangen in die Gru-

ben zu kriechen zwingen / da tritt die Schlang zur Gruben / gegen uber des Zauberes / und springt an jn / und umbfengt jn / wie mit eim Gürtel / und führet jin mit gewalt mit sich in die Gruben / unter die anderen grewlichen Schlangen / und bringet jhn umb. Das ist sein und aller solcher Teuffelskünstler rechter lohn / Denn ob sich wol der Teuffel stellt / als ob er sich von jnen meistern laß / so gibt er jnen doch endlich jren lohn.

Daran schließt eine Reihe von Texten an, die sich über die folgenden Merkmale miteinander verbunden zeigen:

Sie lokalisieren die Begebenheit in Salzburg, fallen ins 16. Jahrhundert, und sie spiegeln den Dämonenglauben ihrer Zeit. Dazu gehören Johann Weiers *De praestigiis daemonum* von 1569, wo es heißt:

Zu Saltzburg rhümbt sich auff ein zeyt ein Zaubrer / er wolte alle Schlangen so in derselben gegend auff ein meil wegs weren / inn ein gruben zusammen bringen und tödten. Als ers aber versuchen wolt / ist zuletzt ein alte Schlang herfür gekrochen / welche / als er sie mit seim beschweren understunde in die gruben zu nötigen / ist sie auffgesprungen / den Zauber ringsweiß in d'weiche wie ein gürtel umbgeben / in die gruben geschleifft unnd darin umbgebracht. Das sind dieser holdseligen Magia sold und belohnungen / das ist der nutz und frucht die uns die erdichtet / geferbt freundschafft unnd gemeinschaft der Teuffeln bringt …

Dem folgte 1563 eine lateinische Ausgabe.

Johann Fischart hat die Erzählung in seine erweiterte Übersetzung von Jean Bodins *De Magorum Daemonomania* von 1591 aufgenommen.

Gleichwohl ist darbei auch zumercken / daß die Zauberer durch Schlangen und Nateren umgebracht werden. Daher sagt Salomon. Keiner erbarmt des Zauberers sich / Der die Schlangen beschwört durch sprüch / Wann ihn ein tödt durch einen Stich.

Welchs auch eine History erweißt / die man von einem Zauberer von Saltzburg erzehlet.

Diese Textzeugnisse aus dem 16. Jahrhundert erheben den

158

Szene vom Silberkessel von Gundestrup. Um 100 v. – 50 n. Chr.

„Schlangenstein" über dem Portal der Friedhofskapelle in Rauris.

Anspruch, ein Ereignis wiederzugeben, an dessen faktischer Wirklichkeit sie keinen Zweifel spüren lassen. Die Kritik, die mitschwingt, gilt dem Verhalten des Gauklers, der sich zur Ausübung seiner Kunst mit dunklen, diabolischen Mächten verbündet hat, deren Opfer er zuletzt wird. Die *Wurmzauberer* dieser Geschichten handeln nach Darstellung dieser frühneuzeitlichen, durch Zauberglauben und Hexenverfolgung beeinflußten Autoren nach dem Rollenbild von Gauklern, Vaganten und *Gelehrten Schülern,* die das Straßenbild jener Zeit belebten.

Literarisch betrachtet, ist der Schlangenbeschwörer und Schlangenzauberer, der im Bild der Sage das immergleiche, schlimme Ende nimmt, – wie erwähnt – wohl aus orientalischen Märchen abzuleiten. Keltische Traditionen sind aber möglicherweise die ergiebigeren und zielführenderen Quellen.

Nach einer Aufstellung in Jan de Vries' Untersuchung zur keltischen Religion ist auf 15 gallischen Monumenten eine Gottheit zusammen mit einem Widderkopf und einer Schlange dargestellt. In einigen Fällen, so auf einer Szene, die der Silberkessel von Gundestrup zeigt, trägt die Schlange, die von einer männlichen Gottheit am Halse gefaßt wird, Widderhörner. Der Stein von Sommericourt stellt gleichfalls eine männliche Figur dar, von deren Schultern sich zwei Schlangen herabringeln. Ihre Köpfe endigen wiederum in Widderköpfen. Auch auf Felsbildern, so in Valcamonica nördlich von Bergamo, findet sich das Bild wieder. Dort erstrecken sich dem majestätischen Pizzo Badile Camuno gegenüber, über den Höhenrücken eines ganzen Tales, Steinritzungen auf flachen, blanken Felsen. Sie zählen zu den bedeutendsten Europas. Die Anregung dazu gab möglicherweise ein Phänomen, das bis heute sichtbar und als *Geist des Berges* bezeichnet wird: Zu Frühlings- und Herbstbeginn zeichnet sich – in eigentümlicher Luftmalerei – über der Silhouette des Berges der Umriß seines Schattens ab. Dieser

Berg, der sich im Himmel spiegelt, könnte die bronze- und eisenzeitlichen Umwohner soweit fasziniert und beschäftigt haben, daß sie ihre Mythen, Bildgebete, Votive und Wünsche in die glatten Felswände des Tales schnitten. Der *Schlangenzauberer* nimmt eine Sonderstellung ein, denn die Figur ist äußerst selten. Die auf einen schematisch ausgeführten Unterkörper reduzierte Figur hält die Schlange in ihrer Linken, die Rechte ist in apotropäischer Abwehrhaltung ausgestreckt und überdimensional groß. Natürlich ist die damit verknüpfte Handlung nicht erschließbar. Berührungspunkte mit dem Schamanismus und keltisch-/etruskischen Tiergeistern sind zumindest wahrscheinlich und im engeren räumlichen Umkreis lange wirksam geblieben. (Priuli 51) Deutungen sind trotzdem ein gewagtes Unternehmen.

Die Schlange als Erdgeist, die in dieser Eigenschaft auch den Geist der Ahnen vertritt, ist weltweit ein Bild für jene Kräfte der Natur, die für den Ursprung und das Ganze der Schöpfung stehen. Es steht für das Wissen aus der Tiefe, Anfang und Ende der Zeit und das Bewußtsein des Menschen. Wer zum Träger dieser Symbolik wird, begibt sich in den Anschein des Geheimnisvollen, magisch Wirksamen, Vieldeutigen.

Der Widderkopf und die Widderhörner, die den keltischen Schlangengeist (oder Schlangengott?) charakterisieren, könnten später zu einer Krone vereinfacht worden sein. Eine gekrönte, weiße Schlange wird in vergleichbaren, alpenländischen Schlangenbannsagen zur tödlichen Angreiferin des unglücklichen Zauberers, und eine diabolische Sonderentwicklung dieses gekrönten Schlangengeistes ist der Basilisk, über den es von antiken Autoren bis zu Conrad Gessner umfangreiche Beschreibungen gibt. Der Name kommt aus dem Griechischen und bedeutet *kleiner König*, in diesem Fall also *König der Schlangen,* und er wird mehr oder weniger übereinstimmend mit einer Krone auf dem Kopf dargestellt.

Plinius d. Ä. berichtet von einem weißen Fleck am spitzen Kopf, der die Form eines Diadems bildet. Galen erwähnt drei Spitzen auf der Stirn, die einer Krone gleichen, und Isidor von Sevilla hat sich dieser Sichtweise der antiken Autoren angeschlossen. Allgemein wurde er als todbringend angesehen, sei es durch seinen Hauch, der als giftig galt, sei es durch seinen stechenden Blick, der entweder gleich tötet oder jedes Opfer bewegungsunfähig macht. Dazu kommt nach Isidor von Sevilla sein unerträglicher Gestank. (Riedl-Dorn 90)

Die Schlange des Bösen

In der Sichtweise des Christentums war das Bild der Schlange zum Sinnbild des Bösen vereinfacht worden. Ausgehend vom Sündenfall, wie er in der Genesis geschildert ist, wurden Schlange und Satan zu gleichwertigen Begriffen. Die christliche Mission, die erst mit der Gegenreformation wirklich erfolgreich war, aber in den Jahrhunderten zuvor viel Bemühen gezeigt hatte, das Land von dem gröbsten Naturglauben zu befreien, hatte im Symbol der Schlange das gesamte heidnische Erbe zusammengefaßt, das sodann bruchlos auf ketzerische Glaubensbewegungen aller Art ausgedehnt wurde. Die Popularität, die die Heiligen Margarethe und Georg zur gegenreformatorischen Barockzeit gewinnen konnten, belegt, was schon die Legendenbildung der frühmittelalterlichen Missionszeit bestimmt hatte: Der Sieg des Christentums ist als Triumph über eine heidnische Naturreligion dargestellt, die im Bild der Schlange ausgedrückt und mit dem Bösen an sich gleichgesetzt wurde.

In diesem christlichen Mythos vom Kampf mit der Schlange gehört der Apostel Philippus (Phrygien) und der Hl. Magnus, der im Allgäu durch Berührung mit dem Stabe des Hl. Kolumban einen Drachen tötete, worauf alle anderen Reptilien verschwanden; ferner ist zu nennen der Hl. Marcellus, Bischof von Paris, der eine große Schlange zwang, ihm nachzukriechen, bis es ihm gefiel, sie zu entlassen, worauf niemand mehr das Ungeheuer sah. Der Hl. Pirmin bedrohte Schlangen, daß sie vor ihm flohen und säuberte so die Insel Reichenau; ähnliches wird dem Hl. Patrick für Irland nachgesagt. Der Hl. Callupanus, ein französischer Einsiedler der Auvergne, verbrachte die letzte Zeit seines Lebens in einer Höhle, aus der er vorher die wilden Tiere, darunter Schlangen, mit dem Kreuze vertrieben hatte. Ebenso wird der Hl. Mamertinus vor oder in einer Höhle liegend dargestellt, wobei ihn Schlangen, die früheren Bewohner seiner Behausung, umgeben. Genau so steht es um St. Florentius, den Einsiedler vom Berge Glonne bei Anjou. Eine der bedeutungsvollsten Gestalten, die hier zu nennen sind, ist der Hl. Hilarius, Bischof von Poitiers, Lehrer des Hl. Martin. In seiner Lebensbeschreibung lesen wir, er sei auf die von Schlangen verseuchte Insel Gallinaria gegangen, habe ein Kreuz vor sich gehalten und dadurch die Schlangen gezwungen zu fliehen.

Auf dieser Stufe der Geschichte vertritt die Schlange Formen widerständigen Heidentums. Damit angesprochen waren dessen Kultstätten, die Erdgottheiten und ihren tellurischen Kräften eingeräumt waren.

Urtümliche Vertreter der Mutter Erde

Gerade im alpenslawischen Raum hatte sich der Kult der Hausschlangen, wie er aus der Antike überliefert ist, in reicher Form erhalten. Orakelstätten, aber auch Haus- und Familienkulte waren mit der Schlangenkraft verbunden gewesen. Die Schlange beherrschte als Schutzgeist Atmosphäre und Wesen eines Ortes.

Heide Göttner-Abendroth hat den ursprünglich mütterlichen Aspekt des Schlangengeistes herausgestrichen, in dem sie die *Idee der Hausmutter* erkennt. Die mit Milch gespeisten Kröndlwürmer, die in Alpensagen sehr zahlreich vertreten sind, sind vermutlich in dieser Überlieferungsspur auf den Volksglauben überkommen und haben im Pinzgau kräftige Lebenszeichen hinterlassen.

Beim Seninger, einem Säumer und Brauer zu Bramberg, war voreinst große Not. Alle Geschäfte hatten seit langem fehlgeschlagen, und nun wußte der Seninger nicht mehr aus noch ein. Da ging einst das kleine Dirndl des Besitzers in den Stall und erblickte einen Heckwurm. Das unschuldige Kind empfand vor dem Tier keinerlei Furcht, sondern füllte ein Schüsselchen mit Milch und schob dies der Schlange hin. Begierig schlürfte das Tier den süßen Trank, dann schüttelte es sich und warf das goldene Krönlein, das es auf dem Kopf trug, der Kleinen in den Schoß.

Das Kind brachte das funkelnde Kleinod seiner Mutter, und diese tat es in ihren Geldbeutel. Von da an hatte die Not im Haus ein Ende; die Seninger wurden immer reicher. So erbte sich das Glückskrönlein von Geschlecht zu Geschlecht, bis einmal eine Seningerin von Furcht befallen wurde, daß das kostbare Ding gestohlen werden könnte. Deshalb versteckte sie es im Traidkasten. Als man bald darauf Getreide zur Mühle brachte, hatte man das Krönlein vergessen. Es geriet in die Mühlsteine und wurde zu Staub zermahlen. (Brettenthaler 332)

Die als Kröndl-, Heck- und Haselwürmer verehrten Ringelnattern bezeugt eine größere Reihe von Alpensagen, wo diese harmlosen Tiere als Schutz- und Hausgeister auftreten. An besonderen Schlupforten in Ställen und auf Almen verborgen, ließen sie *ihre Leute* für ein tägliches Schälchen Milch zu Wohlstand kommen. In christlicher Zeit wurde die Schlange zu einem Begleiter der Hexe, die damit ihren Wetter-, Liebes- und Unfruchtbarkeitszauber treibt. Das Lied von der *Schlangenköchin*, das in *Des Knaben Wunderhorn* erhalten

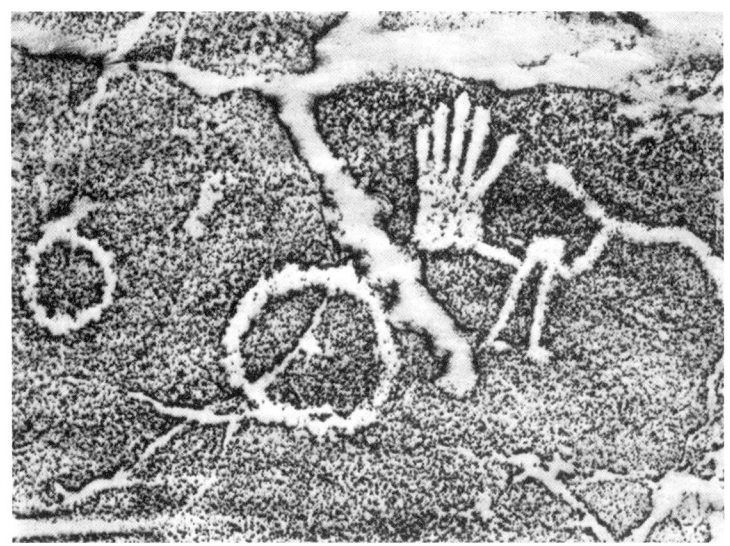

Felsbild in Valcamonica. Italien. Menschliche Halbfigur mit Schlange und Abwehrhand.

Kultgefäß mit Schlangen- und Maskenauflagen. Röm., 2.–3. Jhdt. n. Chr. Fundort: Packing bei Passau.

ist, stellt eine solche, ins Phantastische gewendete Erinnerung an diesbezügliche Vorstellungen dar. Das Zeitalter der Inquisition hatte das Bild der schlangenzüchtenden und schlangenkochenden Hexe neu belebt. Auch in dem Mittersiller Hexen- und Zauberverfahren gegen Pfarrer Ramsauer und seine Köchin haben Vorurteile dieser Art Gewicht erhalten. Lahnsteiner schreibt dazu:

Die folgende Untersuchung brachte zunächst keinerlei Ergebnis. Alles konzentrierte sich in der Hauptsache auf die alte Nachrede aus dem Glemm und auf das Gerücht, die Köchin halte und füttere in der Küche unterm Herd „Würmer" (Schlangen). *Eine Magd sagte, unter dem Widthaufen (Knuttelhaufen) hinter dem Pfarrhaus sei ein schwarzer Wurm, im Stall seien viele grüne Würmer (Ringelnattern), ein Saalfeldner will gesehen haben, wie die Köchin vor die Tür getreten sei und gerufen habe: Wulle, wulle (Lockruf für die Hennen), und da seien die Würmer und die Krotten herausgekrochen.* (Lahnsteiner 1956, 73)

Der strenge Arm der Inquisition und die biblische Sichtweise auf diese stummen Kriechtiere hat zwar das Bild von der schlangenfütternden Hexe ausgebildet und damit den Ruf dieses bedauernswerten Tieres weiter verschlimmert, aber der Glaube an Kröndlnattern und Heckwürmer, die den Wohlstand ihrer Schützlinge begünstigten, ist deshalb nicht verloren gegangen. Der Alpenraum blieb zumindest in seiner Ausdehnung als Fabelraum dicht bevölkert von diesen fußlosen Tiergeistern einer urtümlichen *Mutter Erde,* deren Verehrung als Schlangengöttin keramische Gefäße und antike Skulpturen bezeugen. Kaum eine Gegend, die nicht die eine oder andere Spezies dieser mythischen Tiere aufzuweisen hätte: Bergstutzen, Tatzl- und Lindwürmer, Hasel- und Heckwürmer, Drachen und Kröndlnattern, für deren tatsächliche Existenz mitunter noch heute Augenzeugen einstehen, die dem einen oder anderen Exemplar begegnet sein wollen:

Holzknechte, Jäger, Bauern und Hirten beschreiben übereinstimmend den Tatzlwurm als ein bis 150 cm langes Reptil, von der Dicke eines Männerarms bis zur Dicke eines Mannesschenkels, mit katzenartigem runden Kopf und kurzen, dackelartigen Vorderbeinen. Von Hinterbeinen wird nichts erwähnt, wohl aber wird ebenso übereinstimmend das rückwärtige Ende des walzenartigen Körpers ohne Schwanz zugehend wie abgehackt oder abgestumpft bezeichnet, weshalb man dem Tiere auch in vielen Gegenden den Namen „Bergstutz" gab. In Tirol ist das scheußliche Tier unter dem Namen „Beißwurm" bekannt, womit seine ausgesprochene Angriffslust bezeichnet wird, die nach den Berichten der letzten Jahrzehnte beim Näherkommen des Tieres (das auch als giftig erwähnt wird), auch die sonst keineswegs empfindlichen Holzknechte und sogar Jäger und Wachorgane die Flucht ergreifen ließ. (Pinzgauer Bezirksarchiv)

Unter den älteren Zeugnissen findet sich überdies eine echte Überraschung, geeignet, das bloß Fabelhafte dieser Geschöpfe noch einmal in grundsätzlichen Zweifel zu ziehen. Im Gasteiner Bockkarsee soll sich der Sage zufolge einst ein greulicher Lindwurm aufgehalten haben, der eines Tages mit gespreizten Flügeln und gleißender Haut dem Wasser entstieg. Das Untier glitt die Ache heraus bis zu dem als *Schreck* bezeichneten Wasserfall, wo es in die Tiefe stürzte. Das zerfetzte Aas wurde noch ein Stück weit mitgespült und schließlich an Land geworfen, wo es auf der *Wurmwiese* liegenblieb.

Eine ganz ähnliche Sage ist aus dem Kleinarltal überliefert, wo zwischen sumpfigen Wiesenhängen der Tappenkarsee liegt. Eine Seite davon nennen die Sennen das *Wurmfeld*.

Im Fall der Gasteiner Sage ergänzt sich dazu eine Notiz aus einer Chronik der Zeit, die den phantastischen Vorfall in den Rang eines historischen Ereignisses erhebt: *Anno 1403 ist durch ain Wolkenpruch in der Seealben der See ausgebrochen und ain großen Lindwurmb herab auf den Huntsbach getragen, uns als das Wasser von ihme weckgegangen, den Wurmb auf dem Velt*

167

unter Huntsdorf gelassen, wie es noch das Wurmbfelt genent wurd. Dieser Wurmb ist, wie die Aussag ist, so groß als ein ungarischer Ox gewesen, hat ein greulichs Gestank von ihm geben, also dass man eilends diesen hinweckschleppen miessen, und durch das Wasser hinrinnen lassen. (Gasteinerische Cronica: MGSL 81, 29)

VIII. Was wunders in dem Untersberg und anderswo

Vom Jenseitsberg zum Hexensabbat

Im Jahr 1582 ward Martinus Pegius, ein geborener Crainer, der Rechten Doctor, erzbischöflicher Rath und Beisitzer am geistlichen Gericht zu Salzburg, bezichtigt, daß er die Rathschlüsse im fürstlichen Hofrath den Parteien bereits vor dem Abschiede eröffnet, denselben ihre Behelfe und Schriften gestellt, – sich also zumal zum Richter und Advokaten in einer Person gemacht und überdieß auch, mitsammt seinem Weibe, Zauberei getrieben habe. In den Schriften, die er dazu hinterlassen hat, waren so ziemlich alle Gebiete des Zauberwesens behandelt: „...was für Geheimnisse in der Erden, im Wasser und in der Luft zu erkundigen seien; wie man im Wasser Künftiges sehen könne – es sei nun um Schätze, Bergwerk, Künste, Krankheit, Gesundheit, Krieg, Theuerung, oder um Sterben, Glück, Unglück, Himmel, Hölle, Seligkeit; Verdammnis, Paradies, Land, Städte und Leute – überhaupt um Alles, was irgend ein Mensch zu wissen begehrt, zu thun."

(...)

Darunter war auch ein Gebet, worin Pegius an Gott die Bitte richtete: er möge den Bergfrauen in dem N...berg ernstlich anschaffen, daß sie ihm das Gold und Geld, sammt allen Kunstbüchern, in seine Herberge gen Salzburg bringen und in seine Gewalt einantworten sollten.

(...)

Unter Anderem schreibt er auch, was Wunders in dem Untersberg bei Salzburg zu sehen wäre, von Bergmändeln, Bergfrauen, von Frau Venus (sic), von Gold, Carbunkel, Edelgestein, Korallen, Rubinen sc. Das Alles aber wäre sichtbar und erleuchtet, durch einen großen Carbunkelstein, und viele andere Dinge mehr, die er

169

ganz abergläubisch gedichtet und beschrieben. Dergleichen Fantasei schreibt er auch von St. Laurenzenberg in Crain, zu Billichgrätz, item von Crainberg, der von Villach in Kärnthen hinein, auf das Land Crain zu liegt, und dann von dem Catzberg in Lungau.

Weiters habe Dr. Pegius beschrieben, *wie in dem obgemeldeten Untersberg, neben den Bergmändeln, auch schöne Bergfrauen seien, deren etlich mit güldenen Kronen auf ihren Häuptern ausgezeichnet wären. Darunter soll Eine aus dem Geschlechte der heil. Dreikönige von Sabe, nämlich aus Persia sein. Diese Königin, die alle Künste auf Erden kenne und wisse, sei zu seinem Weib am Sonntag Reminiscere, den 19. Tag Februarij, gen Salzburg, in seine Behausung am Fischmarkt gekommen und hätte von ihr begehrt, sie solle sich auf drei Jahre in den Berg hinejn versprechen, dann wolle sie ihr soviel geben, daß sie all ihr Lebtag reich und eine große Frau sein werde. Sie aber hab es nicht bewilligen wollen. Doch sei sie (die Frau Pegius) in den Berg gekommen, eine Stunde darin gewesen und habe viele Wunderdinge gesehen ...*

(...)

Aehnliche Fantaseien berichtet Dr. Pegius auch von dem Gebirge um Berchtesgaden, von dem Gaisberg bei Salzburg, von der Gossau und Ramsau.

(...)

in diesem Berg (im Untersberg) sei: Annas und Cayphas und der Sultan aus Ägypten, ferner Herodiades, des Herodis Tochter, die Königin von Sodoma und Gomorha u.s.w. Die Herodiades sei auch bei der Pegussin gewesen und hätte ihr erzählt, wie es mit St. Johanns Enthauptung zugegangen wäre. In dem Untersberg befinde sich ferner des Kaisers Augusti Sohn, welcher am 8. Aprilis, mitsammt der Königin von Saba, bei seiner (Dr. Pegussens) Hausfrau gewesen sei und viel Wunders gesagt habe." Die Sache, ob nun wahr oder erfunden (im Sinne einer Entlehnung aus dem mythologischen Bildvorrat jener Zeit) *kostete die beiden Beklagten das Leben. Dr. Pegius wurde „In einem Hobelwagen nach dem*

170

Hauptschlosse escortiert, jedoch nicht wieder mit seiner Hausfrau vereinigt, sondern in ein eigenes Arrestlokal gethan. In solcher Gefangenschaft sind beide Eheleute auch fortan verblieben, bis sie nach Verlauf etlicher Jahre gestorben sind."

Abgedruckt wurde dieser *Skandal im erzbischöflichen Salzburger Beamtenmilieu* in einem Büchlein, das Carl Waldemar Neumann im Selbstverlag, Regensburg o. J. herausgebracht hat. Der Titel *Zwei unglückliche Verehrer der Berggeister. Ein Beitrag zur Untersbergsage* schließt jenen zweiten bekannt gewordenen Fall eines wunderbaren Aufenthaltes bei den jenseitigen Bewohnern des Untersberges mit ein, der einen historisch nicht belegten Lazarus Gitschner, auch: Lazarus Angerer, in Diensten bei dem Stadtschreiber zu Reichenhall, als die Hauptperson einer derartigen mythischen Unternehmung nennt, die einen vergleichsweise glimpflichen, weil ins Christlich-Katholische gewendeten Verlauf genommen hat. Zwar scheinen beide Untersbergfahrten auf das 16. Jahrhundert zu entfallen – Lazarus Gitschners / Angerers Aufzeichnungen seiner Reise sind in einer Handschrift aus dem Jahr 1750 überliefert, die Prophezeiungen darin, die er von den Mönchen im Berg erhalten haben will, aber auf anno 1523 datiert. Die populär gewordene Fassung des Brixener Volksbuches, auf das sich die Volkssage zu stützen scheint, wurde 1564 unter dem Titel *Sagen der Vorzeit oder ausführliche Beschreibung von dem berühmten Salzburger Untersberg* unter die Leute gebracht.

Beiden *wunderbaren Fahrten* gemeinsam ist der Untersberg und sein mysteriöses Innenleben und annähernd gleich ist der Zeitraum der Handlung, aber die Akteure bewegen sich dabei in völlig unterschiedlichen Vorstellungswelten.

In der altnordischen *Eyrbyggjasaga* und dem *Landnamabok* wird gelegentlich von Sterbenden gesagt, sie *gehen in den Berg* oder auch sie *sterben in den Berg*. Thorolf nennt den Felsberg, an dessen Fuß er sich auf Island ansiedelt, Helgafall (Heiliger Berg); er weiß, daß er und seine Sippe nach ihrem Tod in diesen Berg eingehen werden, der nun ihre Heimat geworden ist. Und die *Eyrbyggjasaga,* aus der wir dies wissen, erzählt: „*als Thorolfs Sohn Thorstein ertrank, sah man, wie der Berg sich öffnete und die Verstorbenen, mit fröhlichem Lärm am Feuer sitzend, den Ertrunkenen empfingen.*" (Schöll 100 f.)

Die *schöne grüne Wiese* kehrt in den Schilderungen dieser verborgenen Welt der Toten regelmäßig wieder, und in den Sagen, die von einzelnen oder ganzen Heeren erzählen, die in einem Berg wohnen, ist ebenso von *jener grünen Au* die Rede wie in Volksliedversionen. Die Sagenwelt des Pinzgaus nennt die Reichenspitze, wohin die Toten ziehen, um in ihrem schatzfunkelnden Innern unter ewigem Eis ihren Aufenthalt zu nehmen. Aber sie gibt auch noch andere, magisch belebte Gebirgsstöcke an, voll von verwünschten, entrückten und verzauberten Einwohnern.

In den Aufzeichnungen, die Martin Pegius vor Gericht brachten, sind u. a. der Gaisberg, der Katschberg und der Heuberg angeführt, wo Bergfrauen und -mändel eine unermeßlich reiche Innenwelt bewohnen sollen. Die Volkssage verbindet die Loferer Steinberge und den Schanzenberg in Neumarkt a. W. mit diesbezüglichen Vorstellungen. In letzterem soll der Bauernführer Stephan Fadinger mit silbernen Ketten gefesselt auf einem Thron aus Gold sitzen. *Viele Kleine Männlein lagern sich um ihn her und sind gleich ihm in tiefen Schlaf versunken. Die Gefangenschaft Fadingers soll so lange währen, bis der kleine Lindenbaum auf der Schanze seinen Stammesgenossen an Größe gleichkommt. Nur jeden St. Nikolaus-Tag ist der Bann für einen Tag gebrochen; dann begeben sich die gespenstischen Bewohner der Schanze in die Kirche, um dortselbst gar lieblich zu singen und zu geigen.* (Brettenthaler 119 ff.)

Nicht fröhliches Treiben auf grüner Au, sondern Dome und Kapellen im Berginneren schildert die Untersbergfahrt des Lazarus Gitschner/Angerer. Doch ist der idyllische

Naturzustand der Umgebung ganz im Einklang mit den paradiesischen Jenseitsbildern heidnischer Handschrift. Da ist ausführlichst die Rede von einem herrlichen Kloster auf schöner Wiese, *und bei dem Kloster hat es einen schönen, kalten Brunnen, auch schönste, gute Wässer fließen auf der schönen Wiese. Diese fließen in zwei Kehren in einen schönen marmorsteinernen Granter* (Brunnenschale), *und um das Kloster ist ein schöner Schwarzwald und auch schöne, weite Wiesen, schöne Apfelbäume mit allerlei Früchten.* (Handschrift: Salzburger Museum C. A.)

In vergleichbarer, christlicher Umformung zeigen sich andere Jenseitsberge aus keltisch-germanischer Mythentradition. Der Rosenberg bei Hohenleipa enthält eine schöne Kapelle mit unsäglichen Schätzen; am Karfreitag um Mitternacht öffnet sich der Eingang. Im Auerberg bei Stolberg ist ein herrlicher goldener Altar; auch im sagenreichen Donnersberg in der Pfalz ist eine große schöne Kirche eingeschlossen, in der Karl d. Große mit seinem Heer Gottesdienst hält. Auf der Alpe Almajur in Tirol ist eine versunkene Kirche; einst kam ein Mann in den unterirdischen Gang und ging ihn entlang bis in den Chor, da sah er einen Hochaltar mit goldenen und silbernen Leuchtern. (Schöll 105 f.)

Was aber Martin Pegius und Lazarus Gitschner/Angerer in der halb und halb erfundenen Welt von Aberglauben, Folklore und Zauber-Kolportage, in der ihre Geschichten angesiedelt sind, zu gegensätzlichen Figuren macht, sind die Denkhaltungen, die hinter ihnen stehen.

In Lazarus Gitschner spiegelt sich jener mittelalterliche Volksglaube, in dem christliche Frömmigkeit und Naturglaube in einer Wirklichkeitssicht zuammen gefunden haben, mit der archaische Mythen im katholischen Geschmack an Zeichen und Wundern aufgehen. Was in diesem an sich großen Fassungsvermögen katholischer Glaubensbereitschaft keinen Platz fand, hatte allerdings mit Malefikationen ernstlicher Art zu rechnen.

Womit wir bei Martin Pegius angelangt wären, in dessen Gerichtsverfahren sich Intrige, Mythen über die *entrische Welt* im Untersberg und jenes esoterische Wissen, das eine breite Unterströmung im europäischen Humanismus bildete, zu einem schwer entwirrbaren Komplex vermengt haben.

Der Prozeß gegen Pegius – er wurde 1582 vor Gericht gestellt – dokumentiert zudem, wie in jener Schwellenzeit, als der Druck auf Denkweisen und Vorstellungsbilder zugenommen hatte, vieles, was sich dem nicht einfügte, der Häresie und Zauberei verdächtig wurde. Das Geistesleben hatte sich langsam von der kirchlichen Bevormundung befreit und steuerte in Anknüpfung an gelehrte Traditionen der Alten Welt, an die durch den Islam vermittelte Antike, jüdische Kultur u. a. Strömungen zunehmend auf Konfrontation mit der kirchlichen Autorität. Die kosmopolitische, im Wissensstand der Antike verankerte Haltung des Humanismus und vorurteilsfreier Weltläufigkeit bewegte sich zugleich auf einer breiten Unterströmung aus Astrologie, Geomantie, Orakeltechniken, Kabbalistik und verwandtem Erbe, durch die sie dem Randbereich *geheimer Wissenschaft* und *verbotener Kunst* verpflichtet und im Wort blieb.

Martin Pegius könnte ein Vertreter dieses esoterischen Humanismus gewesen sein. Sein Bild entstammt zwar einer getrübten Quellenlage, läßt sich aber zu einer plausiblen Persönlichkeit zusammenfügen: Seine Aufgeschlossenheit für die Geomantie sogenannter *Bergspiegel,* die ihm zu jenen Bodenschätzen verhelfen sollten, die im Inneren eines mütterlichen Naturreichs wuchsen, wanderten und blühten, entspricht einem zeitgemäßen Interesse. Zieht man Paracelsus' Buch über die Elementargeister *Liber de nymphis* heran, wo diese nach dem Grad ihrer Feinstofflichkeit eingeteilt, aber als Lebewesen behandelt werden, so befindet sich Pegius durchaus im Einklang mit dem *bestmöglichen* Denken seiner Zeit.

Was die Vorstellung eines im Innern bestimmter Berge gelegenen Jenseitsbezirks angeht, wo sich die Merkmale der Totenwelt mit jenen eines paradiesischen Lustortes vermischen, so ist dafür einerseits eine gebildete Tradition anzusetzen, die innerhalb der höfischen Literatur kursierte und schon in mittelalterlicher Zeit schriftlich festgehalten wurde (vielfach waren das Bearbeitungen keltischer Stoffe, die der Mode der Zeit entsprechend aus Frankreich bezogen wurden), andererseits eine mündliche Erzählkultur, durch die der Tannhäuser- und Venusbergsage verwandte Stoffe verbreitet wurden. Sie standen zueinander in einem nicht ganz durchsichtigen Verhältnis wechselseitigen Gebens und Nehmens.

Martin Pegius oder Lazarus Gitschner/Angerer, denen Guerino de Barberino und Antoine de la Sale als Besucher des italienischen Sibyllenbergs zu vergleichen sind, scheinen als zwei namentlich faßbare Gestalten einer mentalitätsgeschichtlichen Besonderheit auf: Eine ungewöhnliche Offenheit des ausgehenden Mittelalters für phantastische Stoffe und Inhalte des Unbewußten. Das archaische, in die Vorgeschichte zurückreichende Bild vom *hohlen Berg,* der Berghöhle als Geburts- und Totenort, die in dieser Verknüpfung zum Ort der Wiedergeburt wird, erwachte zu neuer Lebendigkeit.

Zugleich steuerte man auf einen historischen Einschnitt zu, wo, im Gegenzug zu diesem Aufblühen einer schillernden Halbwelt, strenge Zensuren in die menschliche Gedankenwelt einzugreifen beginnen. Spätestens mit dem Massenwahn der Hexenverfolgung und Zauberprozesse geriet diese Schattenwelt ins Abseits der Strafgesetze. Aber in jenem Schwellenstadium davor ist das Phantasieleben der Zeit deutlich gesteigert. Die *entrische Welt* im Innern der Berge belebt sich neu mit dem Tannhäuser- und Venusbergstoff. Aus keltischer Zeit hervorgegangen, zerstreut er sich in unterschiedlichen Versionen über den französischen, italienischen und deutschen Sprachraum. Diese bleiben einander in folgenden Merkmalen verbunden:

Auf alte Jenseitsbergvorstellungen zurückführbar, erneuern sie das Motiv der schamanistischen Reise nach mittelalterlichem Geschmack. Sie schildern jene Jenseitsorte als elysisches Gefilde, wo uneingeschränkte Freude und grenzenloses Vergnügen herrschen. Gemeinsam ist ihnen die weibliche Besetzung mit Königinnen, Göttinnen, Feen und Seherinnen, die dieser glücklichen Gesellschaft vorstehen. Gleichgültig, ob sie Sibylle, Venus, Morgane, Frau Holle – oder vielleicht Percht heißen. In vielen Fällen drückt sich ihre magische Macht darin aus, daß sie das Geheimnis der Erneuerung der Lebenskraft besitzen. Sie nahmen dazu Samstag nacht die Gestalt von Schlangen, Nattern, Vipern an, was schon Bischof Bonifatius veranlaßte, zur erfolgreichen Missionierung Deutschlands eine Frauenmesse für den Samstag zu fordern.

Der Berg der Sybille

Der italienische Zweig der Sage geht auf Andrea da Barberino als Verfasser des *Guerino il Meschino* (1410) zurück, wo berichtet wird, *wie Guerino auf der Suche nach Vater und Mutter die Welt durchstreift und zu der Sybille in den Bergen von Norcia kommt, um etwas über seine Eltern zu erfahren.* (Löhmann 225) Guerino gelangt über ein Kastell, dessen Beamter ihn über den Zweck seiner Fahrt vernimmt und mit der Drohung der Exkommunikation verwarnt, und über eine Einsiedelei, deren Mönche ihn gleichfalls zurückzuhalten suchen, durch eine Höhle am Gipfel des Berges in das unterirdische Reich der Sibylle.

Darinnen scheint die Sonne in einem großen Garten, der trotz der winterlichen Jahreszeit alle Früchte bietet. In einer schönen, ganz mit historischen Gemälden ausgeschmückten Loggia trifft Guerino die überirdisch schöne Sibylle inmitten ihres wunderschönen Reiches, das ihm als ein paradiso novelo erscheint. Die

Sibylle erklärt ihm, daß sie von den zehn Sibyllen der Antike die siebente, die Cumana sei, und sie habe seinerzeit den Aeneas durch das Inferno geführt. Sie will ihm Aufklärung über seine Eltern nur geben, wenn er ihr seine Liebe schenkt. Mit Hilfe ihrer drei Die-nerinnen bereitet sie ihm Verführungsszenen, die an Deutlichkeit nichts zu wünschen übrig lassen, denen Guerino aber unter Anrufung Gottes widersteht. Er macht die furchtbare Entdeckung, daß alle Einwohner des Sibyllenreiches sich jedes Wochenende in entsetzliche Schlangen, Drachen und Skorpione verwandeln. Er dringt in die Sibylle, ihm Aufklärung über seine Eltern zu geben, da er aber standhaft bleibt, lehnt sie das rundweg ab und spottet über ihn. (Löhmann 227)

Ein ähnliches Abenteuer schildert Antoine de La Sale, der am 18. Mai 1420 den Sibyllenberg bei Norcia besuchte und damit, wie er schreibt, einer volkstümlichen, lokalen Überlieferung nachgeforscht hat. Seinem Bericht zufolge führt der Weg drei Meilen in die Tiefe.

Nach einer Region furchtbaren Sturmes, um dessentwillen einst fünf junge Leute umkehrten, kommt eine lange schmale Brücke über einem Abgrund, in dem man einen großen Fluß rauschen hört. Dann führt der Höhlenweg zu zwei künstlichen Drachen, der Weg wird ganz schmal und mündet auf einen Platz vor einem Metall-tor, dessen Flügel andauernd heftig auf und zu schlagen, so daß der Eintritt unmöglich erscheint, ohne in Stücke gerissen zu wer-den. Ein deutscher Ritter mit einem Knappen ist auf der Suche nach Abenteuern durch dieses Tor und eine leuchtende Kristalltür dahinter gekommen. Die Ankömmlinge werden durch Gärten und Säle geführt, in denen es von prächtigen Damen und Rittern wimmelt, und zur Königin Sibylle gebracht, die an ihnen Gefallen findet. Im Sibyllenreich spricht und versteht man alle Sprachen, daher macht die Verständigung keine Schwierigkeiten. Die Köni-gin macht den deutschen Ritter mit den Gewohnheiten des Ortes bekannt. Man muß 8 oder 30 oder 330 Tage bleiben oder immer. Er wählt den ersten, dann den zweiten und schließlich den drit-

ten Termin. Ein Tag vergeht ihm wie eine Stunde. Er nimmt sich eine Geliebte, ebenso sein Knappe. Nach 300 Tagen wird ihm das Herz schwer, er erkennt seine Sünde. Denn allwöchentlich verwandeln sich die Damen des Sibyllenreiches für die Zeit von Freitag bis Sonnabend in Nattern und Schlangen. Der Ritter beschließt, mit seinem Knappen das Paradies zu verlassen. Er nimmt Abschied von seiner Freundin und der Königin, und alle sind sehr traurig. Von seiner Freundin bekommt er eine mit einer nicht näher erklärten Wunderkraft begabte vergette d'or geschenkt, die so dünn ist, daß man sie kaum sieht, und deren Rolle unklar bleibt. Die beiden kommen wohlbehalten hinaus, da die Gefahren (gefährliches Tor, Brücke, Sturm) nur für diejenigen, welche die Frist überschreiten, wirksam werden, um sie zu vernichten. Sie gelangen nach Rom, und ein Priester, der ihnen die Beichte abnimmt, verweist sie an den Papst, der sich zunächst weigert, Absolution zu erteilen, obwohl er sich innerlich über die Reue des Ritters freut. Der Knappe, der gern in den Sibyllenberg zurückkehren will, greift zu einer List, indem er vorgibt, es drohe ein Prozeß, dem man sich nur durch Flucht entziehen könne. Beide kehren in den Sibyllenberg zurück, und so kommt die Verzeihung des Papstes zu spät, der nun sein Gewissen beschwert sieht. (Löhmann 228 f.)

Bestimmte Motive, die in beiden Versionen auftreten und für Jenseitsfahrten keltischer Herkunft allgemein charakteristisch sind, – so etwa die Jenseitsbrücke, das gefährliche Tor, der Sturm, der paradiesische Garten mit Früchten zu aller Jahreszeit, Liebesgenuß, Schlangenverwandlung und das Feengeschenk, machen eine französische Vorlage im Rahmen der keltischen Matiére de Bretagne wahrscheinlich.

Ein Detail am Rande, das sich auch für die Besteigung des Pilatusbergs und den Pilatussee in der Schweiz wiederfindet, mag das Geschehen mentalitätsgeschichtlich beleuchten: Antoine de la Sale brauchte für seine Besteigung des Sibyllenberges im Jahre 1420 eine Erlaubnis des Podestà von Montemonaco, und im *Guerino il Meschino* ist davon die Rede, daß

Besuche des Sibyllenberges von seiten der Beamtenschaft verhindert wurden. Aus Rom drohte Papst Urban mit Exkommunikation, veranlaßte, daß der Weg versperrt und der Eingang zur Höhle aufgefüllt wurde.

Was die Popularität dieses sagenhaften Ortes hinreichend dokumentiert. *Die Inkriminierung der Venusbergbesucher in Deutschland, der Schweiz und Österreich ist eine kulturgeschichtlich interessante Parallele zur Verfolgung des Sibyllenwesens durch die Kirche in Italien.* (Löhmann 237)

Die deutsche Tannhäusersage, sie tritt zunächst in Liedform in Erscheinung, ist nach der Untersuchung Löhmanns gleichfalls keltischen Ursprungs, auch wenn sie die Entwicklungsstadien von Artussage und höfischem Roman allem Anschein nach nicht durchlaufen hat. Doch gibt Löhmann ein unmittelbares Vorbild an:

Die Romanzen und Balladen von Thomas Rhymer, die sich an den historischen schottischen Sänger Thomas of Erceldoune knüpfen, der von etwa 1220 bis etwa 1294 lebte. Nach Löhmanns – wohl nicht ganz schlüssiger aber doch denkbarer – Überlegung, wird ein irischer Mönch die Thomas-Rhymer-Ballade oder ein Lied vom Thomas-Rhymer-Typ aus Nordirland nach Nürnberg mitgebracht haben, wo es auf den deutschen Minnesänger Tannhäuser übertragen wurde, und zwar zu Ende des 13. Jahrhunderts, als man noch wußte, daß er als Anhänger der Staufer Gegner des Papstes Urban IV. war.

Der Inhalt der iro-schottischen Ballade von Thomas Erceldoune ist kurz folgender:

Bei einem Morgenspaziergang im Wald begegnet Thomas unter dem Eildin Tree einer wunderschönen überirdischen Frau, die er für die Jungfrau Maria hält. Sie erklärt ihm, daß sie von anderer Abkunft sei, und nachdem er ihr seine Liebe erklärt und ihr Treue geschworen, führt sie ihn durch einen unterirdischen Gang und nach Durchquerung eines Wassers in ein wunderbares Land, wo

er hungrig nach einem Apfel greift, was die Fee ihm verwehrt,
sonst sei er der Hölle verfallen. Schließlich kommen sie zu einem
prächtigen Schloß. Er verbringt dort eine selige Zeit mit der Fee,
aber nach drei Tagen führt sie ihn an die Oberwelt zurück, da er
sonst Gefahr laufe, ein Opfer der Hölle zu werden, die ihre Tribute
von dem Feenvolk fordert. Es sind inzwischen in Wirklichkeit 3 Jah-
re (7 Jahre) verflossen. Zum Abschied verleiht sie ihm die Gabe der
Weissagung und Dichtung und bittet ihn, wohin er auch gehe,
nichts Übles von ihr zu sagen. Aus anderen Berichten wissen wir,
daß Tom der Reimer auch nach seiner Rückkehr mit der Feen-
königin verbunden bleibt, und daß er schließlich für immer in den
Feenhügel zurückkehrt. (Löhmann 239 f.)

Was Löhmann für seine Theorie der Entstehung von
Venusberg- und Tannhäusersage aber nicht bedacht hat, ist
die nahezu gesamteuropäische Verbreitung der Kelten während der Hallstatt- und Latènezeit, was eine gleichzeitige
Verbreitung ihrer mythischen Stoffkreise, religiösen Vorstellungsmuster und kulturellen Leitbilder selbstverständlich mit-
einschließt. – Auch wenn ihre Überlieferung für die Rück-
zugsgebiete in Irland, Wales und der Bretagne bedeutend
günstiger liegt, weil sie eindeutiger faßbar ist. Aber Volksglaube und mündliche Erzählkultur sind ihrerseits als Speicher und Vermittler keltischer Kultur nicht auszuschließen.

Die Vorstellungen, die den Untersberg umgeben, sind nicht
nur, aber auch aus der keltischen Besiedlung des Dürrnbergs
zu erklären, dessen Bewohner diesem mysteriösen Seelenort
des Todes und der Wiederkehr, der aus grundloser Moorlandschaft aufragte, täglich gegenüberstanden. Inwiefern die
Salzvorkommen, die auf dem Dürrnberg abgebaut wurden,
der Landschaft zusätzliche Bedeutung verschafft haben, bleibt
zu überlegen. Zweifellos hatte dieses Mineral in vielen frühen Kulturen eine geradezu magische Qualität der Konser-
vierung und Kultivierung, die es in diesem Zusammenhang
wichtig macht.

Das Tannhäuserlied mag tatsächlich in iro-schottischer Originalverpackung, im Gepäck eines irischen Mönchs, nach Nürnberg gelangt sein. Aber dies fällt gegenüber dem auf breitem kontinentalen Raum verschütteten Erbe aus keltischer Zeit doch nur ins Gewicht einer bemerkenswerten Einzelheit. Freilich geht die Sibyllenbergtradition von Norcia nicht in dem oben genannten keltischen Untergrund auf. Hier ist mit etruskischen Vorgaben zu rechnen. Damit tut sich eine Überlieferung, reich an paradiesischen Totenwelten auf, die unter Hügeln oder in einfachen Grabkammern mitten in der Welt der Lebenden lagen. Diese Vorstufe in der etruskischen Kultur hat zweifellos ermöglicht, daß die französische Vorlage, die wiederum der Matière de Bretagne entstammt, hier so starken Widerhall gefunden hat.

Im deutschen Raum wäre eine Reihe von Bergen zu nennen, für die zutrifft, was bisher für Sibyllen- und Venusberg besprochen wurde. Von diesen allen, die sich nach innen in eine von elbischen Wesen belebte Grotten- und Wiesenwelt vertiefen, als hätte sie Novalis erfunden, ist der Hörselberg mit dem Reich der Frau Holle noch hervorzuheben. Nicht allein deswegen, weil Ludwig Bechstein, Richard Wagner u. a. Vertreter des 19. Jahrhunderts auf diesen *deutschen Venusberg* aufmerksam gemacht haben, sondern weil wir hier auf die *Herrin dieses jenseitigen Gartens* in Verbindung mit dem Wilde-Jagd-Thema treffen. Das macht diesen Hörselberg zum Vergleich mit dem Untersberg hervorragend geeignet.

Zwar ist letzterer nicht nachweislich mit der Gestalt der Percht in Verbindung zu bringen, wenngleich der Ortsname von Berchtesgaden auf ihren jenseitigen, bergumwölbten Garten anspielt, aber die Nennung als Venusberg im Prozeß gegen Pegius und die wilden Berg- und Quellfeen, die in seiner Sagenüberlieferung sehr zahlreich auftreten, sodann die Bezüge zur Wilden Jagd und zum Seelenheer, was ihn gleich-

falls in den Perchtenstoff einrückt, decken eine Reihe außer-
ordentlicher Parallelen auf.

Dazu kommt, was auch in der französischen Überlieferung,
so in der *Melusine,* von Bedeutung ist, das Element des
Wassers.

Nicht nur die samstägliche Verwandlung dieser (Frauen-)
gesellschaft in Schlangen- und Drachenfrauen, die nur im
Bade erfolgen kann, sondern auch die Sagen über *Frau Holt*
und den Hörselberg setzen, wie bei Prätorius nachzulesen ist,
einen Bezug zum Wasser. Der hatte 1669 erklärt, der Venusberg sei nicht von der gleichnamigen Göttin abzuleiten, sondern habe ursprünglich eine *Wasser-Frau als Königin des
Reviers* gehabt. Erst nach deren Tod hätten die Zwerge und
Pygmäen, die den hohlen Berg bewohnten, diesen Venus-
oder Liebesberg geheißen.

*Von der Veneris Liebe, weiß heutiges Tages die ungezogene
Jugend und die unkeusche Hertzen, viel zu sagen: Man soll aber
wissen, daß der Venus-Berg nicht herkomme von der Göttin
Venere, auch hat solchen Cupido, das Waldschälklein, nicht erfunden; Sondern es hat auff einem hohen Berge eine Wasser-Frau
gewohnet, so eine Königin derselben Revier gewesen, und weiln der
Berg hohl, sind viel Zwerglein oder Pygmaei dahin kommen, mit
ihr Freundschafft zu halten, und weiln dieselbe Königin gelebet,
hat niemand solch Schluffloch erfahren. Nach ihrem Dode aber sind
es die andern Zwerge gar inne geworden, den Berg darauf den
Venus-Berg oder Liebes-Berg genennet und geheißen. Wer aber
mehrers wissen will hiervon, was der Wasser-Frauen ihr Thun und
Wesen gewesen sei, der lese Theophrasti, von diesem und andern
mehr, seine Schrifften. Er sagt, daß eine Wasser-Frau in ihrer Größe und Stärke bleibe, wie sie geboren werde, biß ihre Zeit vorüber,
daß sie wieder abgehet, und stirbet.* (Zitiert nach Amman 63 f.)

Bereits mit den drastischen Mitteln späthöfischer Unter-
haltungskunst ins Dämonische verzerrt, ist die Schilderung
eines zauberbewehrten Berginnern in Strickers *Daniel vom*

Blühenden Tal, wo ein menschenfressendes Ungeheuer von der Zählebigkeit einer Hydra zahlreichen Tribut an Menschenleben fordert. Inwiefern derartige diabolisierte Deutungsweisen des *paradiesischen Gartens im Jenseitsberg* bereits vorwegnehmen oder zumindest ankündigen, was die Inquisitionsgerichte der Hexenverfolger mit diesem Stoff anstellen, ist natürlich schwer zu entscheiden. Immerhin ist noch eine Zeitspanne von gut 100 Jahren zu überbrücken, bis diese mysteriösen Erhebungen in der Sagenlandschaft allesamt zu *Hexenbergen* erklärt sind. Verschreckt und mit dem Beelzebub ausgetrieben die Wesenheiten in Bergen, Bäumen, Felsen und Gewässern, die – jenseits von gut und böse – nicht über den christlichen Kamm zu scheren waren. Sie waren bloß dagewesen. Im Wechsel der Jahreszeiten, zu gewissen Stunden, in manchen Nächten. Nicht immer in sichtbarer Gestalt. Geschenke bringend. Opfer fordernd. Schrecken verbreitend. In Luftsprüngen durch den Wald hetzend, sich in Tiergestalt verwandelnd, mit den Kräften der Erde vertraut, in der Kräuterkunde bewandert, wandelbar, sterblich, endlos am Leben. Erst die Romantiker würden diese Naturgeister im Unbewußten einer schlummernden Phantasiewelt wiederentdecken.

Aber dem gingen die Schrecken der Inquisition voraus, als durch die Dämonologie der Kirche bedingt, Jenseitsberge, Feengärten und Zauberbrunnen von den Legenden des Bösen überlagert wurden. Der *Reisenden in den Venusberg,* der *Benandanti,* jener, die der *Donna del Bon Zogo,* also der Herrin vom Guten Spiel nachfolgten oder sich nachts sammelten, um mit Diana, Herodias, Donna Oriente, Habundia, Holle, Percht auszufahren: Der verbliebenen Höhlen-, Unterwelts- und Paradiesfahrer bemächtigten sich weltliche und kirchliche Gerichte als ihrer Malefikanten.

Eines der ersten Opfer dieser Prozeßflut war Martin Pegius. Das nächste Verfahren, das historisch aufgearbeitet wurde, ist das gegen Diel Breull. Es folgen die Frauen aus dem Südtiroler Fassa- und Fleimsertal, die ihrer *guten Herrin Richella* sowie jener *Donna del Bon Zogo* nachgezogen waren. Sie standen unter Anklage, allerhand teuflische Anschläge auf Gottes schöne Welt unterstützt zu haben. Dieser Wandel der Anschauungen ist in blasseren Spuren, aber doch erkennbar, auch von der Sagenwelt des Pinzgaus ablesbar, wo Berge, die in ihrem übereisten Innern eine *Kalte Hölle* der Totenseelen verbargen, im Glauben der Bevölkerung zu den bevorzugten Lande-, Tanz- und Versammlungsplätzen nächtlich ausfahrender Hexen werden.

Madonna Horiente und verwunschene Bauern

Am Speichersee Moserboden steht, inzwischen von einem riesigen Betonmantel überwölbt, ein Durchkriechstein von imposanten Ausmaßen. Wie vergleichbare Wundersteine stand auch er im Ruf, von allen, die sich durch ihn hindurchzwängen, das Böse abzustreifen. Es handelt sich dabei um jenes enge Felsentor, durch das in Schilderungen über Jenseitsfahrten unterschiedlicher, aber besonders natürlich keltischer Herkunft, jene infernalische, elysische *andere Welt* erreicht werden kann. Der landläufigen Bildwelt des Pinzgaus entsprechend, sind Tote als Schatzhüter und Keesschieber ins Innere eisübergossener Berge eingegangen. Von Zeit zu Zeit aber, so die Sage, *kommen noch heute die verwunschenen Bauern – die „Keesschieber" – in beschneitem Gewand, über und über mit Eiszapfen behangen und mit bretthart gefrorenen Schuhen – in die Hütten, um sich ein klein wenig zu wärmen.* (Brettenthaler 314) Dieses Umfeld gebirgiger Einöde bildet auch die Landkarte der Pinzgauer Hexentanzplätze. Gerlosplatte, die Gegend von Wald und das Kitzsteinhorn stellen die malerische Kulisse für den Hexenwahn der Neuzeit: *Die Hochkammer, ein Grat des Kitzsteinhorns, der sich gegen Norden hin erstreckt, war früher*

ein beliebter Tummelplatz der Hexen. Hier hielten sie ihre Zusam-
menkünfte, vollführten ihre höllischen Tänze und schmiedeten arg-
listige Pläne, wie sie den Menschen schaden könnten. (Brettenthaler 314)

Nach Carlo Ginzburgs Untersuchung über die Entwicklung
der Vorstellung vom Hexensabbat nahm es an die 100 Jahre
– ich würde meinen, länger – in Anspruch, bis der heidnische
Glaube einer bäuerlichen Bevölkerung an die *guten Götter* der
Natur, die nie als solche, immer als *gute Leute* oder einfach
als *gute Frauen* bezeichnet wurden, zusammen mit den Bild-
welten der Nachtfahrt oder *wilden Jagd* zu den grundlegenden Bausteinen des kirchlichen Hexen- und Teufelsglaubens
umgedreht waren: Zwischen Mitte des 15. Jahrhunderts und
Beginn des 16. Jahrhunderts läßt sich dieses erzwungene, all-
mähliche Abgleiten der alten Glaubensvorstellungen in das
Sabbatstereotyp feststellen. Und zwar zu beiden Seiten der
Alpen und in der Poebene. Ein vergleichbarer Vorgang spielte
sich in Schottland ab, wo der Hexerei verdächtigte Frauen er-
zählten, die in den Hügeln wohnenden Feen und *guten Leute*
aufgesucht zu haben. (Ginzburg 1989, 99) Aus dem Ariége
führt er den Fall einer Frau an, die dem verhörenden Inqui-
sitor gestand, die *bonnes dames* seien auf Erden reiche und
mächtige Frauen gewesen, welche nun auf Wagen herumfüh-
ren, die Dämonen über Berg und Tal zögen. In einem Mai-
länder Prozeß um 1390 wird diese *bonne dame* als *Madonna
Horiente* bezeichnet. Zu ihren Versammlungen kämen, nach
Angaben der Verhörten, Frauen und Tiere. Sie lehre künf-
tige und verborgene Dinge, die Wirkkraft der Kräuter und
Arzneien, wie man gestohlene Dinge wiederfindet und Ver-
wünschungen löst. Oriente ziehe mit ihrer Gesellschaft durch
die Häuser, besonders durch die der Reichen. Dort essen und
trinken sie; wenn sie saubere aufgeräumte Häuser vorfinden,
freuen sich alle, und Oriente segnet diese Häuser. (Ginzburg
1989, 95)

Das liest sich wie das volkstümliche Protokoll eines zugegebenermaßen etwas ausgedehnten Perchtenbrauches. Hätte die Welle der Hexenverfolgung den Pinzgauer oder Salzburger Raum erreicht, bevor es *nur noch* um die unerbittliche Räumung der Landstraße von Verarmten und Verelendeten ging, wäre mit Sicherheit auch bei den Salzburger Prozessen von der Percht und von den Untersbergern, von den Wilden Frauen und nächtlichen Umzügen die Rede gewesen, nicht viel verschieden von dem, was wir von dem Prozeß gegen Dr. Pegius wissen. Aber natürlich mit mehr Lokalkolorit, mehr in der bäuerlich-volkstümlichen Welt zuhause als in humanistischer Bildung. Wie eng aber der literarische Bildungsstoff und der Volksglaube der einfachen Leute zusammenliegen konnten, geht noch aus einem Südtiroler Hexenprozeß hervor, der auf der Vorstellung von der *Anderswelt* im Innern bestimmter Berge und der nächtlichen Fahrt dorthin beruht, aber zugleich mit der Venusbergsage zusammenstimmt und so die dünne Wand aufdeckt, die im Bereich der Mythen die Bildungswelt der höfischen Literatur und humanistischen Gelehrten von den religiösen Anschauungen der einfachen Leute getrennt hat:

Zu Beginn des 16. Jahrhunderts wurde im Fleimsertal ein Mann namens Zuan delle Piatte als Hexer verurteilt, weil er gestanden hatte, mit einem Mönch zum Berg der Sibylle nahe Norcia, auch *el mont de Venus ubi habitat la donna Herodiades* gegangen zu sein, um in die Gesellschaft der Hexen aufgenommen zu werden. *Bei einem See angelangt, seien die beiden einem großen, schwarzgekleideten und schwarzen Mönch begegnet, der sie dazu veranlaßt habe, dem christlichen Glauben zu entsagen und sich dem Teufel zu ergeben, ehe er sie übersetzen hätte lassen. Dann seien sie durch eine mit einer Schlange verriegelte Tür in den Berg gegangen: hier habe sie ein Alter, der treue Eckhart, ermahnt, wenn sie länger als ein Jahr an diesem Ort blieben, kämen sie nie wieder zurück. Unter den im Berg eingeschlossenen*

Personen hätten sie einen schlafenden Alten, den Tannhäuser und Frau Venus gesehen. Mit ihr sei er, Zuan delle Piatte, zum Sabbat gegangen, wo er auch die Donna del bon zogo angetroffen habe. (Ginzburg 1989, 113)

Alle diese Prozesse, die noch von den Stoffen des Mittelalters gespeist und auf dem Boden archaischer Naturreligion errichtet sind, liegen im 16. Jahrhundert. In Salzburg kam es vergleichsweise spät zu jener massenhaften Verfolgung von meist mittellosen Leuten wegen Zaubereidelikten. Damals war bereits europaweit durchgesetzt, daß in den Jenseitsbergen der *guten Frauen* oder *guten Leute* Hexenberge zu sehen seien. Das urtümliche Motiv der Nachtfahrt, der Wilden Horde und der geheimnisvollen Züge in den Venusberg war zum Flug auf den Hexenberg herabgekommen, wo sich eine teuflische Gesellschaft zum Sabbat versammeln sollte. Der Fruchtbarkeitszauber, die Kräutermedizin und das Orakelwesen, das ursprünglich mit diesen Fahrten in den Berg verknüpft gewesen war, ist von Vorwürfen des Wetter- und Regenzaubers überlagert und ausgelöscht.

100 Jahre, so hieß es, hat dieser Vorstellungswandel zu seiner Durchsetzung in Anspruch genommen. Dann war es soweit. In Frankreich erscheint im 17. Jahrhundert ein Büchlein mit dem Titel *Fait et méfaits de messire Satan en les Montagnes d'Europe,* das einen Überblick über die europäischen Hexenberge versprach. Von Johannes Praetorius, einem Theologen, der die Sache nicht unerheblich beeinflußt hat, liegt *Blockes-Berges Verrichtung oder Ausführlicher Geographischer Bericht von den hohen, trefflich alten und berühmten Blocksberge, ingleichen von der Hexenfahrt und Zauber-Sabbathe, so auff solchen Bergen die Unholden aus gantz Teutschland jährlich den 1. Maii in Sanct Walpurgis Nachte anstellen sollen* vor.

Ältere Kirchenschriftsteller hatten in Zweifel gezogen, daß diese geisterhaften Nachtfahrten zu bestimmten Bergen oder Bergesinnenwelten in Wirklichkeit und nicht bloß in der

Phantasie einiger *blödsinniger alter Weiber* stattfinden würden. Das Maß an Wirklichkeit, das diesen nächtlichen Ausfahrten und Hexenritten zukommen sollte, blieb allerdings schwankenden, von Angst und Abwehr diktierten Festlegungen überlassen. Klar und eindrucksvoll war das Bild der nachtfahrenden Frauen – der Schleswiger Dom zeigt eine Darstellung, die auf 1300 zu datieren ist. Über seinen Wirklichkeitsgehalt hatte kaum jemals Einigkeit geherrscht. Die diesbezüglichen Strafen wurden für den bloßen Glauben an derartige Nachtfahrten ebenso verhängt, wie für den Vorwurf der Teilnahme daran.

Bei Geiler von Kaysersberg (1445–1510), der sich im 10. Kapitel seiner Fastenpredigten mit dem Aberglauben seiner Zeit auseinandersetzt, ist nicht nur der *Einbildungszauber* dieser Fahrten hervorgehoben, verblüffender ist die gleichzeitige Verbindung zu Volksbräuchen, die der damit sicher bestens vertraute Kirchenmann und leidenschaftliche Prediger hergestellt hat. In seiner Einleitung spricht er das Problem vom Wirklichkeitsgehalt dieser Nachtfahrten mit einer rhetorischen Frage an: *Was sagstu uns aber von den weibern, die zuo nachts faren und zuosamen kumen? … Wen sie faren in fraw fenus berg, oder die hexen, wenn sie also hin und her faren? Faren sie, oder bleiben sie oder ist es ein gespenst…?* (Breitenstein 174–201)

In seinen weiteren Ausführungen weist er derartige Phänomene dem Bereich des Aberglaubens zu, gibt aber zugleich ein Sittengemälde bäuerlichen Brauchtums und ländlicher Mentalität seiner Zeit.

Dazu heißt es weiter: *Einige Frauen behaupten, in bestimmten Nächten gezwungen zu sein, eine Schar von in Frauen verwandelten Dämonen zu begleiten, die beim törichten Volk Holda heiße.* (Breitenstein 160)

Wieder andere glaubten, durch die geschlossenen Türen fortzugehen und zusammen mit anderen Teufelsjüngerinnen in den Wol-

ken zu fliegen, wo sie kämpften, sich Wunden zuzögen und selbst Wunden schlügen. (Breitenstein 159)

Ich ergänze aus Johannes Praetorius *Saturnalia* (1663), der zu demselben Phänomen angibt: *Am Heil. Weyhnachten zeugt die Diana herüm mit ihrem wütenden Kriegesheer. (…) Weiter wird auch berichtet, daß die Frau Holla (oder Holda) im Weynachten anfange herüm zu ziehen.* Sie inspiziert die Spinnrocken. Aufs neue Jahr oder am 3-König Tag kehrt sie in den Hörselberg zurück. (Meisen 128) Ein gewisser Heinrich Kornmann berichtet in *De miraculis mortuorum* (1610) vom Hörselberg bei Eisenach in Thüringen als einem Aufenthaltsort der Toten, und er gibt an, das wilde Heer breche aus dem Hörselberg hervor, darin *lemurum, larvarum et Empusarum, in quibus et viventium et mortuorum*: Lemuren, Masken und Leichendämonen, darunter Lebende und Tote. (Meisen 126)

Eine ganz maßgebliche Quelle, die das Mittelalter hindurch in Abschriften kursierte und für jenes antike Erbe im mittelalterlichen Volksglauben einsteht, das in Namen und Motiven immer wieder durchbricht, ist die Vita des Caesarius' von Arles, wo die Rede ist von *sceleratae mulieres retro post Satanam conversae, daemonum illusionibus et phantasmatibus seductae, credunt se et profitentur nocturnis horis cum Diana paganorum dea et innumera multitudine mulierum equitare super quasdam bestias et multa terrarum spatia intempestae noctis silentio pertransire, eiusque iussonibus velut dominae obedire, et certis noctibus ad eius servitium evocari.* (Zwicker Bd. II, 134) Diesen Text übernahm dann Regino von Prüm (Libri duo de synodalibus causis et disciplinis ecclesiasticis, Kap. CCCLXXI, 335) und Burchard von Worms hat ihn in sein *Decretum,* ins 10. Buch seiner Bußordnung aufgenommen. Dann erst kam es zur Übertragung in die deutsche Volkssprache:

„Ouch ist das nú under wegen z lassene oder ze übersehenne das etlich meintetigú wiber, die da nach dem túvel sathan bekert sint und mit der túvel verspottung und mit fantasien oder trúgnússe sint

verwiset, Das die glöbent und veriehent das si selber und ein groessú mengi wiben ritten und varen mit der heiden gúttinnen, die da heisset dyana oder mit herodiade, uf etlichen walt tieren in der nacht stilli dur vil ertriches oder landes. Und das si irem gebot gehorsam sien als einer gewaltigen fröven. Und das sú dú selb gúttinne zu benemten nechten rueffe zuo irem dienst." (Grimm, *DM* III, 412)

In ganz ähnlicher Weise predigte Berthold von Regensburg gegen diesen Glauben an die nachtfahrenden Frauen der einfachen Leute: *… ir dorfliute …, die an zouberiê geloubent und an warsâgen und an warsâgerinne und an lüpelerinne, an nahtfrowen und an so getân gespüi …* In einer Handschrift des Minoritenklosters zu Freiburg (CH) heißt es: *…credunt etiam femine stulte rurenses dominas noctis, nahtvaren venire ad eas unde et eis mensas et hujusmodi preparant.* (Törichte Frauen auf dem Land glauben, daß die *nahtvaren* zu ihnen kommen und bereiten ihnen einen gedeckten Tisch.)

Die anhaltende Wirkung, die antike Gottheiten noch auf den Volksglauben des Mittelalters ausübten, ist insbeondere mit der Gestalt Dianas verbunden, die im heimischen Brauchtum lebendig und mit Vorstellungen und Gebräuchen der Wilden Jagd verschmolzen ist. Nach H. C. Schöll, der die Wilde Jagd von *Wil* (Rad, Mond) ableitet, ist ihr kriegerisches Auftreten erst durch die Völkerwanderung hinzugekommen.

Erst damit wäre aus dem Muetis- und Muetesheer (Mutter) ein Wildes- und ein Wotansheer entstanden. Jene Mondgöttin, die den Zug anführte, *Wil, Wheel* hat sich in der Gestalt der Hl. Wilpet tradiert, ist zum dämonischen Heerführer und Wilden Jäger oder aber zur Hexe entstellt worden. (Schöll 96) Die Erscheinung nächtlich ausschwärmender Geister unter Leitung einer weiblichen Gottheit, Hekate oder Artemis im antiken Griechenland, Diana oder Herodias, die Mutter Salomes, im lateinischen Westen, die schließlich in den Gestalten der Percht und Holle ihre Forstetzung finden, ist tatsächlich aus dieser *weiblichen* Tradition heraus noch in mittelalterlichen Zeugnissen schlüssiger zu erklären, als aus jenen männerbündischen Strukturen, die den Stoff schließlich überlagert und im Perchten- und Fastnachtsbrauchtum bald ganz beherrscht und für sich besetzt haben.

IX. Artemis – Göttin der bemoosten Höhlen und wasserreichen Talgründe

Die Ursprünge führen zu Artemis, Diana und vergleichbaren Gestalten der Antike zurück, denen die Feen und Matronen romano-keltischer Kultur zur Seite gestellt werden können. Wir kommen damit zurück nach Arles, wo ein Zentrum ihrer Verehrung bis lange ins Mittelalter hinein lebendig geblieben war, wie aus den wütenden Attacken des dortigen Bischofs Caesarius hervorgeht. Zurück auch in den Ardennenwald, in dessen unermeßlicher Ausdehnung das Bild jener *Diana Arduinna* mythisch umherspukte, die auf einer *jenseitigen Bache* einherritt und zudem eine kultische Rolle gespielt haben muß, denn die Mönche des Klosters Anderin in den Ardennen holten eigens die Reliquien des Hl. Hugberg, des späteren Hl. Hubertus zu sich, um durch ihn die heilige Herrin der Tiere zu ersetzen. (Dürr 1978, 191)

Oder zurück nach Trier, wo sich eine in Ketten aufgehängte Diana als Aufforderung an die Gläubigen befunden hatte, *ihren Abscheu durch Steinwürfe zu betätigen. Für besonders gefährlich wurde sie als die Dämonin des Waldes angesehen.* (Hoenn 161)

Bereits für die griechische Artemis treten die Beziehung zur Natur der Wildnis und die Herrschaft über den Tod und die Unterwelt als charakteristische Merkmale in den Vordergrund. Als Göttin des *Draußen* verehrt, hängten ihr die Landleute jene holzgeschnitzten, oft roh gearbeiteten, von Fetischen *nicht sehr verschiedenen Bilder an Bäumen oder in hohlen Stämmen auf,* die den Votivgaben christlicher Zeit auffallend gleichen und genau wie diese Gesundheit und Wohlergehen erhalten und die Fruchtbarkeit des umliegenden Landes sichern sollten. (Hoenn 46) Ihre Beziehung zum Tod geht aus ihrem

Keltischer Steinfries mit Darstellung einer Wilden Jagd.
Außenmauer der romanischen Kirche Schöngrabern, Niederösterreich.

Artemis als Herrin der Tiere.
Griechisches Wassergefäß
aus dem Grabhügel Grächwil.
Um 570 v. Chr.

Umgang mit Pfeil und Bogen hervor, und in alter Zeit, da sie als eine Herrin der Tiere verehrt wurde, dürfte ihre religiöse Bedeutung im Sinne der alten asiatischen Berggottheiten noch uneingeschränkter gewesen sein. Ihre *sanften Geschosse,* denen die jugendlichen Jäger Aktaion und Orion zum Opfer fallen, erinnern an ihre Herkunft aus dem Matriarchat. In diesem Sinne blieb sie eine Herrin über Leben und Tod. Aspekte ihrer todbringenden Gestalt sind bis in die spätere Überlieferung erhalten. In Homers *Nekyia* erzählt die Mutter des Odysseus:

So starb auch ich und fand mein Todesverhängnis.
Sohn, mich tötete nicht die Freundin der treffenden Pfeile,
Artemis unversehens mit ihrem sanften Geschosse.

Ihre Geschichte ist mit den Rändern, mit dem Draußen der Wildnis, mit der Entlegenheit einsamer Berghöhen verbunden, wo sie als frei umherschweifende Göttin ihren bevorzugten Aufenthalt hatte. Ihre kultische Bedeutung verbreitete sich aus den Zentren hinaus an die ländlichen Orte und Randregionen.

Amazonen gründeten ihr Heiligtum in Ephesos. Wasserreiche Niederungen waren so bevorzugte Kultorte der Göttin wie Berg und Wald. Quellen im Waldgebirge, Bäche, Sümpfe, Flüsse und Seen waren ihr heilig – ganz besonders im Peloponnes, wo schon in mykenischer Zeit eine Herrin der Tiere in Erscheinung trat. Als die Göttin heilsamer Quellen Thermaia genannt, wurde sie in Kyzikos und Magnesia, Mytilene und Rhodos, später in Baiae bei Neapel verehrt. *Quellen sprudeln in ihren Heiligtümern oder in deren Nähe: auf dem Berg Artemision, dessen Gipfel ihr Heiligtum trug, entsprang die Quelle des Inachos, im lakonischen Dereion stand das Bild der Göttin neben der Quelle des Anonos.* (Hoenn 49) In Sparta, wo sich eine dorische Bevölkerung mit thrakisch-illyrischen Elementen heimisch gemacht hatte, wurde Artemis mit dem schmückenden Beinamen Orthia angerufen. Die ältesten Straßen der Stadt waren Feststraßen zu ihren Ehren. Eine Mythe gibt die Erklärung für die Wahl dieses Beiwortes: *Wenigstens erzählt Pausanias, daß der in Sparta verehrte Heros Astrábakos und sein Bruder Alópekos einst ein uraltes Holzbild der Göttin gefunden hätten, mit Zweigen umwunden, aufrecht im Weidengebüsch stehend, wovon sie den Namen Orthía, die Aufrechtstehende, erhalten habe.* (Hoenn 31) Die spätere christliche Legendenbildung zu vergleichbar eigenwilligen Kultgegenständen war also bereits in der Antike voll ausgebildet.

In Sparta lag der Tempel der Göttin auf dem feuchten Grunde des Limnaion, einer Vorstadt, die einen Überschwemmungen ausgesetzten Teil der Niederung des Eurotas einnahm. Das gab ihr auch den Beinamen Limnaia (Limnati) und weist auf die Beziehung der Göttin zur allgemeinen Fruchtbarkeit hin. Bachofen ist auf die Erd-Wasser-Natur der frühen Muttergottheiten und auf den Symbolvorrat, der daraus schöpft, ausführlich eingegangen. In der Salzburger Sagenlandschaft finden sich viele der hier genannten Motive in durchaus überraschender Kongruenz wieder. Aber darüber noch später. Aus dem Namen der Orthia leitet das Altertum auch das Rollenbild dieser Göttin ab: als Schützerin der Geburten war sie in besonderem Ausmaß Frauengöttin, weshalb unweit ihres Heiligtums in Sparta der Tempel der Geburtsgöttin Eilytheia lag. *Zu den alten Funktionen der Fruchtbarkeitsgöttin gehört aber auch hier das Gegenteil des Dem-Lichte Zuführens: der Weg zum Tode. Ein bei ihrem Heiligtum gefundenes Elfenbeinplättchen zeigt sie geflügelt, mit Vogel und Schlange, also in ihrem chthonischen Charakter, den auch eine mit der geflügelten 'Herrin der Tiere' geschmückte marmorne Grabstele aus Kyzikos bezeugt.* (Hoenn 33) Wie zu Ehren der Artemis Tauropolis, der alten finsteren Göttin der Stiere, des Lebens und Sterbens in der Natur, der die festlich begangenen Tauropolien eingerichtet waren, wurden auch zu Ehren der Orthia Feste von betont sportlichspielerischem Charakter abgehalten. Ihr Kult fand schon während der Antike einen Weg der Verbreitung in den Norden, der ihre Spur bis in den Alpenraum heranführt, was sie natürlich für die Zwecke dieser Arbeit besonders interessant macht. Denn als *Göttin Reitia (Rehtia) gelangte die Orthia, wahrscheinlich durch illyrische Auswanderer, nach Venetien. Noch zur Zeit des Augustus weiß Strabon zu erzählen, der „Aitolischen Artemis" sei bei den Venetern ein heiliger Hain gestiftet worden: seine von ihm geschilderten Eigentümlichkeiten entsprachen den alten Kultlegenden der Artemis. Beschützerin der Hirten und Jäger, wird sie in alter Zeit mehr in heiligen Hainen und ländlichen Bezirken als in Tempeln verehrt. Die Haine sind mit „altertümlichen Zaubersagen" umsponnen. So sagte man vom Artemishain in Jasos in Karien, daß weder Schnee noch Regen hineinfalle, von seinen Gehegen, daß in ihnen Hirsche neben Wölfen weideten und nie ein Tier erkranke, von dem im Lande der Veneter, daß die wilden Tiere darin zahm würden und es duldeten, daß Menschen kämen und sie anfaßten und daß von Hunden verfolgte, flüchtende Tiere hier Ruhe fänden.* (Hoenn 45) Diese, bis in assyrische Zeit nachweisbaren Tierparks, die den verschiedenen Naturgöttinnen eingerichtet waren, trugen im Griechischen den Namen *Parádeisoi*.

Dies erlaubt Anknüpfungspunkte zum engeren Blickfeld der Thematik. Denn mit der Gestalt der Reitia/Rehtia befinden wir uns nicht nur im geographischen Raum am oberen Mittelmeer, also in Istrien, Friaul, Venetien und Südtirol, sondern ihre Verbreitung ist auch für den engeren Alpenraum festgestellt. Der Stamm der Räter – eine rätoromanische Sprachinsel hat sich bis heute erhalten – ist von dieser veneto-illyrischen Göttin Rehtia ableitbar, deren zentrale Kultstätte in Este nahe Padua gelegen haben soll. Als *typische Muttergottheit* wird sie erstmals in der Hallstattzeit historisch faßbar, wo sie als Spenderin von Gesundheit und Fruchtbarkeit für Mensch, Tier und Pflanze, als Herrin der Toten und der verborgenen Zauberkräfte der Unterwelt in Erscheinung tritt.

Diese lineare Abfolge Artemis/Diana/Orthia/Rethia liegt aber nicht nur auf der Oberfläche der Geschichte, sie wird durch einen inhaltlichen Zusammenhang getragen. Ich wiederhole dazu die gewichtigsten Merkmale der antiken Vorgängerinnen: Der freien Naturlandschaft verbunden, Hügel und Gebirgshöhen durchstreifend, sind sie in der Zurückgezogenheit wald- und schluchtenreicher Berglandschaften beheimatet. *Älter als der Mond* ist die Geschichte der Artemis/Kalliste, die mit einer unter Berg gelegenen Höhle verbunden ist. Artemis selbst ist zur Verwandlung in Bärengestalt fähig. In Bärengestalt hatte sie Arkas, den Ahnherrn des Landes geboren. Erst in der verwirrenden Mythenumbildung späterer Zeiten wurde daraus die Nymphe Kallisto, die vom liebestollen Zeus verfolgt und dafür auf Heras Geheiß von Artemis' Pfeilen erschossen wurde. Auf einem hohen, von einem wilden Obstgarten bestandenen Erdhügel, der sich nahe dem arkadischen Trikólonoi, einem *parádeisoi* vergleichbar, ausdehnte, zeigte man Kallistos Grab. Auch in der Geschichte der Atalante, wie Kallisto eine arkadische Form der Artemis, spielt die Höhle im Berg eine Rolle – vergleichbar der Geschichte, die man über die Geburt des Zeus auf Kreta erzählt. Von der Milch einer Bärin gesäugt, wächst Atalante in einer Höhle auf, die sie nur verläßt, um die Wälder zu durchstreifen. *In die Einsamkeit der ursprünglichen Natur zu Jägern und Hirten, in bemooste Höhlen und wasserreiche Talgründe versetzen uns die Sagen von Kalliste und Atalante.* (Bachofen, zitiert nach Hoenn 19)

Damit ist neben ihrer Beziehung zur wilden Natur der Bergwelt auch ihre Bindung zum Element des Wassers angesprochen. Quellen, insbesondere solche, die auf Gebirgen entspringen, aber auch feuchte Talniederungen, wo in sumpfiger Au sich die weichgezeichneten, verschwimmenden Landschaftsbilder weiblicher Schöpfung ausdehnten, waren ihr heilig. Dieser Humus aus Wasser und Erde wurde zum landschaftlichen Hintergrund der Artemis als Fruchtbarkeits- und Geburtsgöttin; Artemis Eilytheia löste sich zu diesem Zweck von ihrer Gestalt ab.

Als *Herrin der Tiere* ist Artemis den waldreichen Gebirgs- höhen verbunden und in dieser Rolle schon im minoischen Kreta auf zahllosen bildnerischen Zeugnissen zu belegen. Ins- besondere auf Siegeln findet man ihr Motiv: *Als sogenannte „Bergmutter" steht die Göttin, einen Stab haltend, mit flatterndem Haar, bloßer Brust und im kretischen Volantrock vor einem Hei- ligtum auf der Spitze eines Berges, zu dessen beiden Seiten zwei Löwen mit hochgestellten Pranken sich erheben.* (Hoenn 25 f.) Einen wichtigen Platz nahm sie auch in der Religion der Skythen ein.

Für die Gestalt Dianas deutlicher sichtbar ist die spätere Ablöse dieser *Herrin der Tiere* zu einer *Göttin der Jagd.* Ihre ursprüngliche Ganzheitlichkeit, mit der sie als eine über Leben und Tod gebietende Göttin gesehen worden war, weicht einer Sonderstellung, wie sie für spätere Epochen cha- rakteristisch ist. Auch die literarischen Zeugnisse aus mittel- alterlicher Zeit können diese Entwicklung durch Spaltung an- schaulich belegen. Von Anfang an steht sie in Beziehung zur Nachtfahrt, zum Mond- und Totenkult, was in bemerkens- werter Übereinstimmung auf den mittelalterlichen Volks- und Hexenglauben vorausweist. Sie tritt als nächtliche Reiterin und Nachtfahrende auf geisterhaften Tieren auf, führt den Zug der Totenseelen an und zieht an der Spitze einer nächt- lich ausschwärmenden Frauenschar umher:

Auf dem Artemistempel des arkadischen Stymphalos standen Bilder der (durch Herakles berühmt gewordenen) stymphalischen Vögel, der Vögel des Todes. Mit ihr (Artemis) wie auch mit der ihr verwandten oder gleichgestellten Hekate verknüpft sich die Vor-

stellung der mit den Seelen der Abgeschiedenen nächtlicherweise tobend durch Wald und Flur schwärmenden Göttin. (Hoenn 21 f.)

Schon Homer schränkte sie auf ihre Stellung als Schwester Apollos ein. Eine Fülle von Alltagsartikeln jener Zeit gibt ihr Bild wieder. Sie erscheint auf Bildern, Vasen und Reliefs, umgeben von Tieren, mit Zweigen in den Händen. In dieser Funktion scheint ihre Bedeutung im 7. Jahrhundert einen Höhepunkt erreicht zu haben. Hoenn gibt dafür ein Beispiel, das bemerkenswerterweise nicht aus einem antiken Zentrum ihrer Verehrung kommt: Die in einem Grab der Hallstattzeit gefundene Bronzevase von Grächvil (Kanton Bern), die im Historischen Museum Bern verwahrt wird.

Zwei Hasen haltend, von Löwen umgeben, welche die eine Vorderpranke hinter den Hasen an ihren Körper legen, einen Adler auf dem hohen Kopfschmuck, den zwei auswärtsblickende Löwen und Schlangen umrahmen, so steht die Göttin auf dem mit einer Palmette geschmückten Felde des Henkels. Ein geometrisch gemustertes und verziertes Gewand, das die die Naturgöttin symbolisch repräsentierende Brust stark hervortreten läßt, hüllt die Gestalt eng ein. Auch die lang herabhängenden Haare und ihre Flügel sind, wie die Mähnen der unteren und die Schweife der oberen Löwen – im Gegensatz zu den naturalistisch behandelten Hasen – hierarchisch streng stilisiert, die Augen der Göttin wie die der Löwen behandelt, weit und groß in die Ferne gerichtet. Einst für etruskisch gehalten, ist das Werk von Waldemar Déonna als Import aus dem siebten vorchristlichen Jahrhundert erkannt und neuerdings von Hansjörg Bloesch als einer der „bedeutendsten, wertvollsten Funde griechischer Kunst, die jemals diesseits der Alpen gemacht wurden" gewürdigt worden. (Hoenn 81 f.)

Das beweist, daß die *Herrin der Tiere* nicht erst zur Römerzeit in Gestalt von Artemis und Diana den Weg über die Alpen gefunden hat. Diese gemeinsame Grundlage war schon viel früher gelegt und spätestens ab der Hallsteinzeit, als durch Bergbau und Handel der Austausch zwischen Norden und Süden lebhafter wird, hat dies auf religiöser Ebene seinen Ausdruck gefunden. Ein vergleichbarer Vorgang ist für den Strettweger Kultwagen anzunehmen.

Diana – das nächtlich umherziehende Mondlicht

Artemis, die nächtlich Ausschwärmende, wurde ab dem 7. vorchristlichen Jahrhundert verstärkt mit dem Mondlicht gleichgesetzt. Apoll, Bruder und männliche *Ergänzung*, hatte sich, dabei durch Pythagoreismus und Orphik unterstützt, als Gott des Sonnenlichtes, der in dieser Eigenschaft die Erdorakelstätte von Delphi erobert, durchgesetzt. Die patriarchale Geschlechteropposition war zu diesem Zeitpunkt soweit gefestigt, daß sie hartnäckig alle Erscheinungen des Lebens nach vermeintlich mann-weiblichen Merkmalen polarisierte. Diese Entwicklung prägte auch dem Geschwisterpaar Artemis und Apollo ihr Spaltungsmuster auf: Sie wird zur Göttin des Mondlichts. *Als Selasphóros, die Lichtbringerin, hatte sie in dem attischen Phlya einen Tempel, in Landgemeinden Attikas Altäre. In Munychia, der Hafenstadt Athens, wurden ihr an dem Munychienfest seltsame Opfer dargebracht: runde, rings mit Lichtern bestecke Kuchen, die ihr, als Göttin des Mondes, galten. Der Phosphóros genannten Lichtgöttin Artemis opferte man vor athenischen Volksversammlungen. Als ‚Lichtbringerin' war sie in Mysterien einbezogen, die, seit alters bestehend und unter orphischem Einfluß entwickelt, in dem attischen Phlya auch Apollon und Dionysos, den Nymphen und Ge, Kore und anderen Gottheiten galten. Als Selene, auf einem Hirsch durch die Luft reitend, die erhobene Fackel in der Rechten, von Sternen umgeben, schmückt sie einen goldenen Fingerring.* (Hoenn 98 f.)
Das erinnert an die entsprechenden, mittelalterlichen und neuzeitlichen Bilder des europäischen Volksglaubens. In der italienischen Folklore reitet Santa Lucia als blinde, alte,

schwarz gekleidete Frau am 13. Dezember auf einem schwarzen Gaul im Land umher, sinnbildliche Gestalt des herabgebrannten Lichtes vom vergangenen Jahr. Befania, die italienische Entsprechung der alpenländischen Percht, zieht am 5. Jänner von Haus zu Haus. Inhaltlich entspricht diesem Motiv von der verlöschenden und neu aufflammenden Zeit die Sage von der geraubten und wiedergeschenkten Gesundheit der Percht. Als Lutzel oder Luzia ist sie im burgenländischen Brauchtum zuhause, wo sie Funktionen erfüllt, die im alpinen Bereich an den Tag Maria Lichtmeß verlegt sind. Im Salzburgischen ist für das Lamprechtsloch in den Loferer Steinbergen eine Sage überliefert, derzufolge am Ostertag *ein schwarzes Hutzelweiblein mit einer Kerze in der Hand aus dem Berg treten soll, um an einen Vorübergehenden die Bitte zu richten, diese Kerze neu zu entzünden.* (Brettenthaler 302)

Bei eingehender Betrachtung legt das Motiv der Nachtfahrt, das oft mit Selene als einer Nebengestalt der umfassenden und bedeutsameren Artemis verknüpft ist, zweierlei nahe: Die Übereinstimmung mit Berichten über nächtliche Umzüge und wilde Fahrten, die das ganze Mittelalter hindurch kursieren: Häufig führten ihre Anführerinnen noch den lateinischen Namen: Dyana, Herodias, Satia, Habundia, Bensozia, Donna Oriente, bevor diese okkulte Gesellschaft der *Bonnes Dames* als wüste Schar besenreitender Hexen und Dämonen heruntergemacht war. Zum andern wird deutlich, daß es sich auch bei den vorhandenen antiken Quellen nicht nur um mythische Erzählungen handelt, sondern diesen Schilderungen Brauchtumsformen entsprochen haben, die im religiösen Leben jener Zeit einen festen Platz hatten.

Noch der Dichter Timotheos hat um das Jahr 400 v. Chr. Artemis wegen der zu ihren Ehren aufgeführten Tänze die Mänade und die Bakchantin genannt. Nicht weniger galt das von den bei Olympia zu Ehren der Artemis Kordáka aufgeführten Tänze, deren wilden und obszönen Charakter man sich in der späteren

Antike nur aus asiatischem Ursprung zu erklären vermochte: die lydischen Begleiter des Pelops sollen ihn nach seinem Sieg zum erstenmal getanzt haben.

Bei Elis kannte man ein Fest der dort Alpheaía genannten Göttin. Es war eine Nachtfeier, bei Fackelschein und Leuchtfeuern auf geheiligtem Festplatz begangen. Die Hauptfigur stellte die Göttin dar. Während die sie begleitenden Mädchen Spiele aufführten, trat ein wild aussehender Mann herzu, der vergeblich nach der Göttin suchte und, wenn er sie nicht fand, sich davonmachte. Es war also eine aus Tanz und Pantomime gemischte Veranstaltung, die so berühmt blieb, daß noch Lukian sie unter den Sagenstoffen aufführte, die zu pantomimischem Tanz geeignet seien. Worauf die Sage zurückzuführen war, erklärt Pausanias durch eine Sage: Alpheios, der Gott des gleichnamigen Flusses, liebte Artemis. Als er merkte, daß er durch Überredung und Bitten nicht weiterkam, beschloß er, der Göttin Gewalt anzutun. Er ging nach Letrinoi zu dem nächtlichen Fest, das von Artemis und den Nymphen gefeiert wurde, die sich scherzend und spielend um sie geschart hatten. Artemis merkte die Absicht und bestrich darum sich und ihren Begleiterinnen das Gesicht mit Lehm. So konnte Alpheios sie nicht mehr herausfinden. Der Mythos wurde weitergesponnen: Alpheios verfolgte Artemis Alphea, an deren Stelle auch die Quellnymphe Arethusa trat – durch das Ionische Meer bis nach Sizilien und auf die nach Artemis seitdem Ortygia genannte Insel. Dort erhielt die bei dem Heiligtum der Göttin, dem Artemision, gelegene Quelle an der Nordseite der Insel den Namen Arethusa, Alpheios aber wurde zum Fluß, der, unter dem ionischen Meere dahinströmend, sich mit der Quelle Arethusa vereint. (Hoenn 41 f.)

Die hier zusammengestellten Grundzüge der Artemismythe weisen im Vergleich mit Bildmustern der *Wilden-Jagd*-Thematik und der Wildgeistermythologie in den Alpen verblüffende Übereinstimmungen auf. Über die Möglichkeit einer lückenlosen historischen Entwicklung habe ich oben bereits angemerkt, daß die Artemismythe über ihre illyro-venetische

Überlieferung als Rethia-Orthia, die später zur Isis Noreia Noricums wurde, bis an den Alpenraum herangeführt worden ist. Noch nicht berücksichtigt wurde der an sich bedeutendere Weg der Vermittlung über die Gestalt Dianas, in der sich antike Religion, mittelalterlicher Volksglaube und neuzeitlich barocke Bildsprache vielgestaltig bündeln.

Die griechischen Siedlungen im Süden Italiens, die Illyrer im Nordosten und die ehemals etruskischen Niederlassungen haben das Fortleben Artemis insofern befördert, als ihnen mit ihr eine Gestalt eigenen Glaubens entgegenkam: die aus dem italischen Boden hervorgegangene Diviana, was die glänzende, leuchtende Göttin der Nacht bedeutet, und aus der sich Diana als die italische Herrin der Tiere und der wilden Natur ableitet. Auch hierin kann man eine Vorausdeutung auf jene *hell glänzende* (perahta) Gestalt der Percht erkennen. Die nachtleuchtende Erscheinung beider wurde mit dem Mondlicht in Verbindung gesetzt. Betrachten wir die Hauptorte ihrer Verehrung: In den Sümpfen der Lirismündung, wo A. Maiuris 1927 ihren Tempel freigelegt hat. Am Westabhang des Berges Tifata nahe Capua (Hoenn 134), wo heilkräftige Quellen entsprangen und ein See lag. Das zähe Fortleben des ihr geweihten Kultes spricht aus der Tatsache, daß die Trümmer des dortigen Dianatempels erst im 10. Jahrhundert in die Säulen und Kapitelle der Kirche St. Angelo in Formus verbaut wurden, und im Jahr 942 forderte Papst Marinus II. den Bischof von Capua mit scharfen Worten auf, dafür zu sorgen, daß das Jagdtreiben und die ausgelassenen Tänze beim Dianatempel am Tifata endlich eingestellt würden. (Hoenn 137)

Am Albaner Gebirge bei Aricia lag am Lago di Nemi Dianas größter und berühmtester heiliger Bezirk, bekannt, weil ihn Frazer an den Anfang seines umfangreichen Werks *Der Goldene Zweig* gestellt hatte. Etwas Fremdes, Barbarisches und Skythisches, das bereits Strabo an dem Nemeischen Hain der Diana leicht befremdet hatte, lag wohl weniger an der orientalischen Herkunft des damit verbundenen Priesteramtes als an der Struktur, die dem Kult dieser Stätte eignete. Konnte doch der zum Wächter bestellte *Heros* des Tempels – einem Sakralkönig matriarchaler Stammesgesellschaften vergleichbar – von jedem beliebigen Herausforderer getötet und in seinem Amt abgelöst werden.

In die Sphäre der aricinischen Diana gehörten aber auch die stillen Bitten der in Kindesnöten befindlichen Frauen. Zu ihren heiligen Stätten bewegte sich alljährlich die Prozession bekränzter, Fackeln tragender Frauen, die ihr zum Dank kleine Votivgaben brachten, Statuen von Müttern mit ihren Säuglingen und Bilder der Göttin. (Hoenn 139) In Rom selbst lag der Dianatempel auf dem Aventin, dem Berg der jungen Vögel, der bis zur Gründung des Tempels am Circus Flaminius der einzige Dianatempel Roms und in allen Zeiten sein berühmtester war. Sie war allmählich mit der Gestalt der griechischen Artemis verschmolzen, behielt aber dieser gegenüber doch eine gewisse Eigenständigkeit, indem sie ihrer italischen Prägung treu blieb: eine Göttin des Mondes und des Lichtes zu sein, von der Catull im Dianahymnus sagt, sie gliedere den Lauf des Jahres und fülle dem Bauern die Scheune:

Herrin bist du der Berge,
Herrin der grünenden Wälder,
Herrin verborgener Schluchten
und hell aufrauschender Flüsse.

Schmerzvoll kreißenden Frauen
heißest du Juno Lucina.
Mächtige Herrin am Kreuzweg,
bist du auch Göttin des Mondes.

Als Lucifera, die Lichtbringerin, erscheint sie, auf dem Rosse reitend, eine lodernde Fackel tragend, auf Münzen des 1. Jahrhunderts v. Chr. Cicero bestätigt, daß am Ausgang der Republik

Diana vornehmlich als Licht- und Mondgöttin galt. Wie der Name Apoll „Sonne" bedeute, sagt er, so halte man Diana und Luna für dieselbe. Luna habe den Namen von „lucere", sei also die Licht- bringende. Omnivaga, die überall Umherschweifende, heiße sie nicht von der Jagd, sondern, weil sie unter die sieben gleichsam umherschweifenden Planeten gerechnet werde. (Hoenn 144 f.)

Ihre Feste wurden von Tierhatzen abgeschlossen. Mit dem Ausklingen der Kaiserzeit wandelt sich die Gestalt Dianas allmählich zu jener der Isis. Eine Sonderentwicklung nimmt sie allerdings in den Donauprovinzen, wo sie noch einmal Erscheinung und Rollenbilder der Artemis annimmt: *der hochgeschürzten, mit Köcher und Bogen bewehrten Jägerin. Victrix genannt und Nike gleichgestellt, wird sie, die Rächerin, aber auch – mit ihren Symbolen der Elle und Waage, den Fuß auf dem Rad, den Greifen zu ihren Füßen dargestellt – Schützerin der Heere, besonders der Donauarmeen. Von den Balkanländern ging auch der neue Götterverein aus, in dem Diana auf In- schriften des römischen Heeres erscheint: des Silvanus, Apollos und der Diana.* (Hoenn 157)

In den von endlosen Wäldern geprägten transalpinen Pro- vinzen nahm sie wiederum stärker die Züge einer Jagdgöttin an, die auf italischem Boden nicht unbedingt charakteristisch für sie gewesen waren. Die Amphitheater, die nach römi- schem Vorbild in den von Soldaten und Händlern bewohn- ten Randregionen entstanden waren, hatten häufig Diana zur Schutzherrin der Jagdspiele und Tierhatzen, die darin abgehalten wurden. Im übrigen wiederholte sich, was schon für griechischen und italienischen Boden ausgeführt wurde: Haine und Wälder waren ihr geweiht, Inschriften berichten von Weihegaben an sie, und in Manufakturen, so in einer nahe Köln, wurde sie in Form von *Devotionalien* in Massen- produktion hergestellt: *Dianafiguren in kurz geschürztem Ge- wande, mit hochbeschuhten Füßen und einem neben ihr kauernden Hund.* (Hoenn 159)

205

Als Diana Adnoba war ihr der Schwarzwald zu eigen, als Diana Arduinna war sie die Heldin über das Waldgebiet der Ardennen, ihre Statue stand in dem keltischen Tempelbezirk von Trier. Eine Inschrift, die ihr zu Ehren bei Bollendorf nahe Trier in den Fels gehauen war, ist in napoleonischer Zeit von Versen auf die Geburt des Königs von Rom überdeckt worden. Im Zuge dieser massenhaften Verbreitung quer durch die barbarischen, in Waldesdunkel gehüllten Provinzen des römischen Imperiums hat sie auch Salzburg/Juvavum erreicht. Grabbeigaben und *Devotionalien* in der Ausfertigung typischer Manufakturtöpferware belegen die populäre Verbreitung. Aber der Ort, der für die Verbreitung des Dianakultes in den westlichen und nördlichen Provinzen des niedergehenden römischen Imperiums bis in mittelalterliche Zeit hauptsächlich wirksam blieb, war zweifellos Arles, das alte Arelate an der Rhonemündung, eine rhodisch-dorische Gründung, die noch im 1. vorchristlichen Jahrhundert Theline, die Sumpfstadt, hieß. Der ideale Standort eines der Artemis geweihten Tempelbezirks. Wie immer, konnte auch in Arles nur mit massiver und wiederholter Gewaltandrohung erreicht werden, daß die Bevölkerung allmählich von ihrem *heidnischen Götzendienst* abließ und sich den Gepflogenheiten eines christlich geordneten Kirchenjahres unterwarf, das freilich noch im allerersten Entwicklungsstand lag und folglich wie aller Anfang etwas ungeordnet und brüchig war. Um die Wende des 5. zum 6. Jahrhundert erzürnte sich der heilige Caesarius von Arles mit heftigen Worten über die südgallischen Maskenspiele, in denen die Geschichte des Actaeon fortlebte.

Was den tiefgreifenden Bewußtseinswandel anspricht, den der Übergang zum Christentum vollzogen hat. Diana *sank zur Hexe und zur dämonischen Hexenführerin herab, die zusammen mit Herodias und Bensozia, im deutschen Volksglauben als Führerin der wilden nächtlichen Jagd, von einer unzähligen Menge von Frauen gefolgt, durch die Luft reitet. Noch im 13. Jahrhundert muß ein Bischof öffentlich warnen: die Frauen sollten sich nicht zu den nächtlich reitenden Scharen der Heidengöttin Diana bekennen, es sei ein dämonisches Blendwerk. (…) Dianiticus hieß, wer sich dem Dianakult hingab. Er galt als gefährlicher Weissager und Zauberer wie der Opferschauer des Altertums und als schreckliches, jederzeit zum Kampf bereites, von Dämonen beherrschtes Wesen.* (Hoenn 161)

Damit verlegte sich ihr Fortwirken in den Untergrund des Volksglaubens. Eine italienische Volksüberlieferung, die Charles G. Leland im 19. Jahrhundert aufgezeichnet hat, gibt eine höchst anschauliche Vorstellung davon, wie jene abwertende Verdrängung in die Folklore zugleich die romantische Neuentdeckung und Neubestimmung dieser *verschütteten Wurzeln* vorbereitet hat. Der erwähnten Sage zufolge bewohnte in der Via Cittadella von Florenz eine adelige, jedoch verarmte Familie einen Palazzo, zu dem ein weitläufiger verwilderter Garten gehörte. Darin stand eine Marmorstatue, welche Diana im Laufschritt zeigte, einen Hund an ihrer Seite, den Bogen in der Hand. Die Stirn schmückte ein kleiner Mond, ein Attribut der Göttin noch aus antiker Zeit, da sie als *Diviana,* die Glänzende, Leuchtende der Nacht, verehrt worden war. Auch die Diana-Statue in jenem florentinischen Palastgarten an der Via Cittadella stand in dem geheimnisvollen Ruf, sie erwache nächtlich zum Leben und durchjage den weiten Raum der Wildnis, und erst wenn der Mond untergegangen sei, kehre sie auf ihr steinernes Podest im Garten zurück. (Leland 87)

Frau Holle und ihr Berg

Diese Sichtweise Dianas als geheimnisvolle nächtliche Jägerin, bot die Voraussetzung dafür, daß sie vom mittelalterlichen Volksglauben in den Stoffkreis der *Wilden Jagd* aufgenommen wurde. Der Großteil der überlieferten Berichte ist einem vergleichsweise geschlossenen Bildkreis zuordenbar, der das *wil-Heer*, in der Deutung Schölls die nächtlich umziehende Totenschar einer Mondgöttin, umfaßt. Ein gewichtiges Zeugnis dieser Vorstellung gibt Renward Cysat, Stadtschreiber von Luzern (1545–1614) in der von ihm angelegten Chronik, wo er von dem wilden Heer schreibt, es sei *ein gespenst, so by nacht gehuffeter oder scharenwyß durch die stett, dörffer ouch durch die Bärg, Allpen und einödien wandelt, von ettlichen ward es gehört, von ettlichen nitt. Das gemein volck und sonderlich die allten und das wyber volck hielltends für werd, namptends die sälige Lütt oder das Güttisheer. Und das wären die lieben seelen der Menschen, die durch unfäl, kriegs oder nachrichters gewallt sturbent vor jrem gesetzten zil, die mütend dann allso wandeln, bis sy daßselbige zil erreichtend, wärend ouch dem Menschen gar früdtlich und anmüttig, käment nachts in die hüser derer, die goutts von jnen redtend und uff jnen hielltend, füwretend, kochetend, ässent und fürend dann wider davon, one schaden; man spurte ouch nüt an der spys, das ettwas davon kommen. Vil begeertens zehören, ja ouch selbs jn jrer gemeinsame zesynd, und war die thorheit so groß, das sy gloubtend, das noch lebende Menschen, wyb und mann, ouch mitt jnen wandelten und gemeinsame hettend, davon sy desto glückhaffter wurdent.* (Zitiert nach Meisen 111 ff.)

Wer nach dem Bericht Cysats den Ruf hatte, mit diesem Guttisheer zu laufen, genoß ein besonderes, nahezu heiliges Ansehen. Diese Leute berichteten darüber: Der Zug werde von lieblicher Musik begleitet, einer ginge voraus, um zu warnen (Eckehard?). Sie achteten auf die Sauberkeit der Häuser, die sie besuchten. Bisweilen entführe das Guttis-Heer auch Wanderer mit sich in ferne Länder: *so bißwylen nachts die Lütt ab dem feld und straßen uffgehept und jn einer schnelle jn wytte land getragen, die dann ouch bekennt, wie sy beducht habe, es komme ein susender wind daher mit seltzamen wunder-*

barlichem getös, alls ob vilerley seittenspil vorhanden, wie dann sölliches jn nächst volgendem Cappitul von den verfahrnen Lütten ußgefürt würdt... (Meisen 111 ff.)

In derselben Überlieferung bewegen sich jene Berichte über *nachtfahrende Frauen,* die von Anfang an von Kirchenautoren als *heidnische Abgöttinnen* mißtrauisch beobachtet und bekämpft wurden. Ihr Bild zerstreut sich in der Wirrnis der Hexenverfolgung, hat aber im Perchten-, Hollen- und Wildfrauenstoff überlebt.

In Marie Andree-Eysns Untersuchung (1905, 5) zur Perchtengestalt in Rauris schwebt diese *als wunderschöne, holde Frau in hell leuchtendem glänzendem Gewand durch die Luft, oft in Mitte einer Schar kleiner, nur mit einem Hemdchen bekleideter Kinder, um die sie schützend ihren blauen Mantel hält.* Auch die von Cysat erwähnte Wilde Fahrt und die Umschau in den Häusern des Dorfes bildet einen festen Bestandteil im Pinzgauer Perchtenglauben. In den 12 Rauhnächten vom 24. Dezember bis zum 6. Jänner zieht sie, die von den Bauern erwartet wird – verheißt doch ihr Erscheinen ein gutes Jahr – um, ein *Bachlkoch* als ihr Speiseopfer entgegennehmend. Ganz ähnlich ist schon bei Burchard von Worms von den *Drei Schwestern* die Rede, über die er seinen Beichtkindern die Gewissensfrage stellt: *Fecisti quod quedam mulieres in quibusdam temporibus facere solunt, ut in domo tua mensam praepareres, et tuos cibos et potum cum tribus cultellis supra mensam poneres, ut si venissent tres ille sorores, quas antiqua poseritas et antiqua stultitia parcas nominavit. (Hast du es so gemacht wie jene einfältigen Frauen, die den drei Schwestern in ihrem Haus den Tisch mit Speisen und Getränken bereiten, und dazu drei Messer auf den Tisch legen?)*

In einer Handschrift des Minoritenklosters Freiburg/CH, die Schönbach angibt (21), heißt es ganz ähnlich II 96 a Sermo 178: *credent etiam femine stulte rurenses dominas noctis, nahtvaren venire ad eas id eis mensas et hujusmodi preparant. (Einige törichte*

Frauen glauben an die nahtvaren und bereiten ihnen einen ge-
deckten Tisch.)

Die möglicherweise älteste Aufzeichnung diesbezüglichen
Brauchtums steht in der *Legenda Aurea* des Jacobus de
Voragine, wo in der Vita des Heiligen Germanus, nachdem
ein Fall von Baumverehrung in Auxerre besprochen wurde,
folgendes aus dem Leben des Heiligen berichtet wird:

*Da er einst an einem Ort beherbergt war, sah er, wie man nach
der Mahlzeit den Tisch zum andern mal deckte. Er fragte voll Verwunderung, für wen man noch ein Mahl bereite. Da ward ihm gesagt, das sei für die guten Frauen, die des Nachts wandeln; also
beschloß Germanus, die Nacht zu wachen; da sah er eine große
Schar Geister zu Tische kommen in der Gestalt von Männern und
Frauen. Er gebot ihnen, daß sie nicht von der Stelle gingen, lief
hin und weckte die Leute in dem Haus und fragte sie, ob sie diese
Menschen kennten. Sie sprachen, das wären alles ihre Nachbarn
und Nachbarinnen; da sandte er zu den Häusern der Nachbarn und
gebot den Geistern, daß sie blieben; und siehe, man fand die Nachbarn alle ruhen in ihren Betten, da beschwor sie der Heilige, und
sie bekannten, daß sie Geister seien, die also die Menschen wollten
irren. (518 f.)*

In derselben Sache hat Vinzenz von Beauvais um 1250 in
seinem Speculum morale jenen *verblendeten Frauen ins Gewissen geredet, die von Diana und Herodias als von den guten Dingen* reden würden. Der *Roman de la Rose* spricht von den
bonnes dames im Gefolge der Frau Habonde, und die *Sermones*
des Dominikanerpaters Johannes Herolt (1418) berichten, viele
würden glauben, daß Diana, in der Volkssprache Unholde
oder die seligen Frauen genannt, in der Nacht mit ihrem
Heer umgehet, und sie große Entfernungen zurücklege. Die
späteren Editionen derselben Sammlung setzten der Liste der
Synonyme zuerst Fraw Berthe und dann Fraw Helt (anstelle
von Unholde) hinzu. Im Südtiroler Brixen, wo die Anklagen
wegen Zauberei aus dem Fassa- und Fleimsertal verhandelt

wurden, ist von jener nächtlichen Göttin, die die Frauen zu sich berief, gleichfalls als von der *guten Herrin* und *La donna del bon zogo* (vom guten Spiel) die Rede. (Ginzburg 1989, 100 f.)

Wenn die Percht kommt, so gibt's ein gutes Jahr, heißt es im Volksglauben des Pinzgaus übereinstimmend. Was das Aufheben rund um jene 12 heiligen Nächte rechtfertigt, die dem Umzug der Perchten in besonderer Weise eingeräumt waren. Ganz anders hören sich jene sagenhaften Berichte über Begegnungen mit dem *Wilden Gjaid* an, die noch im 19. Jahrhundert im Volksglauben des Alpenraums lebendig waren: *Auf der einsamen, von wilden Felshörnern umgebenen Dalfenalpe im Hintergrunde des Schidergrabens* (bei Lofer) *hörte man in früheren Zeiten häufig ein Lärmen in der Luft, wie von einer fernen Musik. Es waren dies die Jagdfanfaren des „wilden Gejaides" oder der wilden Jagd.* (Wagner 11)

In Zillners Sagensammlung von 1860 (*MGSL* I, 138 f.) heißt es: *Ein Weibsbild aus Liefering ging einmal gegen Mitternacht heimzu. Auf dem großen flachen Felde bei Siezenheim hörte sie plötzlich ein Geräusch wie Sturmwind. Als es sich umwandte um zu schauen, was es wäre, sah es einen Wagen pfeilschnell daher fahren, darauf saßen große, kohlschwarze Vögel, fast wie Geier, die mit den Flügeln gewaltig schlugen und einen ärgeren Lärm machten wie die Wagenräder. Im Augenblick war alles vorüber, dem Untersberg zu.*

Ein ähnliches Erlebnis beschreibt Zillner in einer zweiten Sage: *Ein Junggesell von Salzburghofen, an dem sich jedes Glied bewegte, sodaß er lieber über die Zäune sprang, als darüber stieg, ging einmal nach Mitternacht von Salzburg nach Hause. Während er noch Geigen und Klarinetten zu hören vermeinte, wie sie zum Tanze aufspielten, vernahm er plötzlich einen furchtbaren Lärm, der schnell wie der Wind näher rückte, und ihn aus seinen Träumereien weckte. „Holla, Bua!", dachte der Bursche bei sich, das geht nicht natürlich her; „das wilde Gjaid ist im Anzug." Damit streckte er*

211

sich flugs zu Boden und legte Hände und Füße kreuzweis über-
einander. Im Augenblicke fuhr es ganz knapp über ihm mit un-
sinnigem, verworrenem Geheul vorüber. Kindergeschrei, Hunde-
gebell, Rossegewieher, Raubvogelgekrächz mischten sich auf grau-
sigste Weise untereinander, und alles war im Nu in der Weite. Als
der Junggeselle wieder aufstand, hörte er in der Ferne aus den
Bergen noch schwachen Widerhall. (MGSL I, 138 f.)

In der Gegend von Wagrain sollte die Nachtfahrt auf kom-
mende Kriege, Seuchen, Katastrophen hindeuten. Schutz fand
man, schreibt Richard Wolfram, *wenn man sich unter einem*
Holunder, einer Esche oder einem Vogelbeerbaum bergen konnte.
Es half auch, wenn man sich mit dem Gesicht zur Erde nieder-
legte. (2)

Dieser Überlieferung wäre nun der entsprechende Formen-
reichtum der Perchtenläufe an die Seite zu stellen. Dabei
kommt es aber zu einer schlagartigen Umbesetzung der Akteure. Die Geschichte selbst ist – was ihre Verbreitung als Sage
und Volksglaube angeht, von Frauen bestimmt. Das trifft auf
jene sozialgeschichtlichen Zeugnisse aus mittelalterlicher Zeit
zu, wo ausschließlich von den *stultes feminae,* also von den
dummen Frauen die Rede ist, die im Zug der Diana oder Holle
mitlaufen. Erst dort, wo diese Vorstellungswelt im Masken-
brauchtum der Neuzeit, also in Rauhnachts- und Fastnachts-
riten aufgeht, kommt es zu einer männerbündischen Vereinnahmung. Wie dabei ein mythisches Weltbild durch die
Inquisition erfaßt und verfolgt wird, jedoch in Folklore und
Volkspoesie erhalten bleibt, kann am Beispiel der *Frau-Holle-*
Mythen ebenso gut veranschaulicht werden wie an dem heimischen Perchtenglauben. Hörselberg und Untersberg sind
nur zwei Beispiele dieser Entwicklung. Der Zauberprozeß gegen Martin Pegius und seine Frau hat in dem Gerichtsverfahren gegen Diel Breull ein nahezu spiegelbildliches
Gegenstück.

Vermeintlich Widersprüchliches fügt sich dann zu einem

sinnvollen Ganzen, wenn man eine weibliche Gottheit im – verschollenen – Mittelpunkt dieser Abläufe annimmt. Dies macht einen Jenseitsort unter Berg als paradiesischen Lustort ebenso stimmig wie als Unterwelt der Totenseelen, die an Wendepunkten der Zeit in brausender Fahrt daraus hervorbrechen. Der mythische Glaube daran steht neben Formen der Trancereise und schamanistischer Seelenfahrt.

Im untern Berge bei Hasloch am Main wohnt die Frau Hulda, die bei den Landleuten daselbst und in der nächsten Umgebung „frau Hulli" und in andern Dörfern mainaufwärts „Frau Holle" oder „Holla" heißt … Sie ist ein schönes, geisterhaftes, den Menschen geneigtes Wesen. … Am Fuße des unteren Berges nahe am Mainufer liegt ein flacher Fels, genannt der Frauhullistein. Bei diesem Steine ruhte Frau Hulda jedesmal aus, wovon sich eine Mulde im Stein abdrückte. (Fries, ZDM I 22–27)

Nahe dabei in dem mainarm zwischen dem ufer und dem flußwörth ist Frau Huldas badplatz. Sie badet meist allein, manchmal auch in gesellschaft von zwei anderen frauen, die ihr an schönheit gleich sind. (Fries, ZDM I 22–27)

Vorzeiten sah man Frau Hulda bei mondschein oft auf einem felsen sitzen, der oberhalb des Karthäuserweinbergs am waldrand lag. (ebendort)

Bei Hermeskeil sitzt Frau Holla im berge und spinnt. In Dillingen heißt es, Frau Holla wohne in neugebauten häusern, welche noch nicht gesegnet sind. Sie neckt gerne die kinder, wirft ihnen etwas nach, rupft sie an den kleidern und macht sie fallen. Sie heißt Frau Holl, sagen die leute, weil sie die kinder holt. (Hocker, ZDM I 195 f.)

Ein Mann aus Röttbach, der im Wirtshaus zu Hasloch sitzengeblieben war und sich betrunken auf den Heimweg machte, hatte eine Begegnung mit Frau Hulda, *die dicht vor dem betrunkenen herschritt, um mit dem licht, das von ihr ausströmt, seinen weg zu erhellen. dieser ist an einigen stellen so be-*

schaffen, daß man leicht über den rand gerathen und in den Main fallen kann. da war es auf einmal so taghell vor dem Röttbacher, daß er das kleinste steinchen auf der straße sehen konnte. Im übermut seines rausches nahm er es aber übel, daß jemand sich unterstehe, ihm zu leuchten. fort!, schrie er, du lumpenmensch, du hexe! hab ich dich gerufen, mir zu leuchten oder nicht? (ZDM I 22–27)

Im Oberinntal ist Hulda die Königin der Saligenfräulein. *Die Saligen oder wilden fräulein eignen sich ganz, das gefolge der schönen, holden göttin zu sein. denn das volk stellt sich diese fräulein als wunderschön und des gesanges kundig vor. sie lieben vorzüglich das spinnen, erscheinen in spinnstuben und sind in dieser kunst außerordentlich erfahren.* (Zingerle, ZDM II 344)

Bei Reith werden die noch ungeborenen Kinder aus dem Felkenloche geholt. *Wenn man dort horcht, so hört man sie im loche herumsummen.*

Auch im Zillertal fand sich eine spur von Holda. In Zell sagt man, die kinder werden aus der Mariarast Kapelle auf dem Hainzenberge geholt. hinter dieser kapelle findet sich ein brunnen. von der kapelle selbst wird folgende sage erzählt: ober dieser kapelle stand in grauer vorzeit ein uralter baum. als man ihn umhackte, hörte man aus ihm eine klägliche stimme. in dem baum soll die muttergottes gewesen sein. Ihr zur ehre wollte man eine kapelle bauen auf dem platz, wo der baum gestanden war. da kamen aber raben herbeigeflogen, trugen schindeln und schoten fort und zur stelle hin, wo jetzt die „Mariarast" steht. man folgte der weisung der vögel und erbaute am bezeichneten platze die kapelle: (Zingerle, ZDM II 344)

Die *Göttin im Bad* zeigt höchst unterschiedliche Erscheinungsweisen: Sie tritt als jagende Waldgöttin, Seelenführerin und Ärztin auf. Als Herrscherin der Unterwelt, jener Höhle im Berg, die auch als Venusgrotte erscheint, hat sie den *Verzuckten,* in einen Zauberschlaf entrückten König oder Helden an ihrer Seite, der zumindest nach keltischer Überlieferung seiner Wiederkehr ins Land der Lebenden entgegensah. Diese Göttin, Holle, Percht, Diana, Artemis, und was der Namen mehr sind, hat im Fluß der religiösen Vorstellungswelten soviel Stoff auf sich gezogen, daß sich natürlich die Frage nach ihrer Urform, also noch einmal die Frage nach den Ursprüngen stellt.

Diese Suche muß letztlich bei den Mutteridolen der Eiszeit enden, also auf die Höhlenkunst zurückkommen, die ab dem Magdalénien eine religiöse Auseinandersetzung erkennen läßt. Die Berghöhle als mythischer Ort der Geburt und des Todes, als ein Ort der Wiederkehr des Lebens, wo die Zeit und der Mondlauf nicht mehr im profanen Lauf des Alltags kreisten, sondern zu Zauberkräften wurden. Sie ließen die Herrin der Grotte auch als Herrin der Tiere in Erscheinung treten. Auf einem Wagen brach sie aus dem Berg hervor, oder reitend, mitten in der Schar ihrer Tiere, Anführerin im Zug der Totenseelen und Ungeborenen. Damit war jenes erste Bild der Welt angesprochen, das von den Menschen der Zwischeneiszeit an die Wände ihrer heiligen Grotten gemalt und in Tonfiguren modelliert worden war.

Herbert Kühn schildert die Entdeckung der Höhle von Tuc d'Audoubert, die das mehr oder weniger zufällige Werk Abenteuer spielender Kinder war, selbst noch einmal in der Art eines immer neu abrufbaren mythischen Ereignisses, mit dem sich die Urform des *Abstiegs zu den Müttern* als Weg in die Höhle und labyrinthische Suchefahrt herstellte. Kühn hat dieses Vordringen in die Tiefe des Berges so beschrieben: *Der Boden und die Decke glitzerten schneeweiß. Sie hatten Lampen mitgenommen und leuchteten die Wände ab, und plötzlich erkannten sie, ausgezeichnet erhalten, die Gravierung eines Pferdes. Immer mehr Felsbilder zeigten sich, (…) sie dringen vor und vor, auf- und abwärts, finden auf allen Wänden weitere Tierbilder, schließlich gelangen sie in einen Saal, und da sehen sie plötzlich die Fußspuren der eiszeitlichen Menschen. Der Boden der Höhle ist Lehm, und*

so haben sich die Spuren eingetieft, die Oberschicht ist fest gewor-
den, und die Fußspuren haben sich erhalten bis heute. (Mann 47)

Indem sich der Mensch der Magdalenienzeit dem Berginnern, das ihm identisch war mit der Berghöhe, in der Haltung des Suchenden, kultisch agierenden, Zauber treibenden
oder auch kontemplativ verinnerlichten Subjekts annäherte,
stellt er die Frage nach dem eigenen Woher und Wohin. Der
Weg in die Kulthöhle ist dieser Sichtweise zufolge der
Archetyp des Mysterienweges, *an dessen Ende ein Wandlungs-*
geschehen steht, das am heiligen Ort, im zentralen Raum, dem
Uterus der Großen Mutter, sich abspielt. (…) Der Frühmensch
folgte diesem Weg ins Dunkel, indem er ihn „außen in der Welt"
ging. (…) Höhle und Berginneres bedeuten auch uns noch ein
Innen, wieviel mehr gilt das für den Frühmenschen. (…) Die psy-
chische Situation der Gruppe in der unterirdischen Höhlenwelt des
Berges entspricht aber dem Erfaßtsein vom Archetyp der Großen
Erd- und Bergmutter (…), der unternommene Weg in die Höhle dem Tiefenweg, der den Nachtmeerfahrten der irischen
Mönche oder dem Heiligenleben in der Wüste vergleichbar,
den Weg des Bewußtseins ins Unbewußte abbildet, wodurch
eine Höchstleistung des Menschen provoziert wird. Am
bursting point aber, wo diese Anspannung in der Begegnung
mit dem Unbekannten seine Entladung erreicht, kommt es
nach Erich Neumann zur Herausbildung des Archetyps der
Großen Mutter. Das Durchbrechen des Archetyps bedeutet,
daß der Ort, – hier ist es der Felsendom im Inneren des Berges – als die Große Mutter oder als ihr zugehörig erfahren
wird. (Neumann, 1953, 9 ff.)

Dieser Ort der Ursprungserfahrung wird in zwingender
Folge zum Kultort, zur *heiligen Höhle* als einem Ort der Geburt, und der Weg dorthin zum wiederholbaren Mysterien-
und Labyrinthweg, der als Pfad der Einweihung zur Gottheit,
zum Heiligtum, aber eigentlich wohl zur Begegnung mit sich
selbst führt.

Bärengöttin. Kelto-römische Weihegabe aus Muri, Bern. 2. Jh. v. Chr.

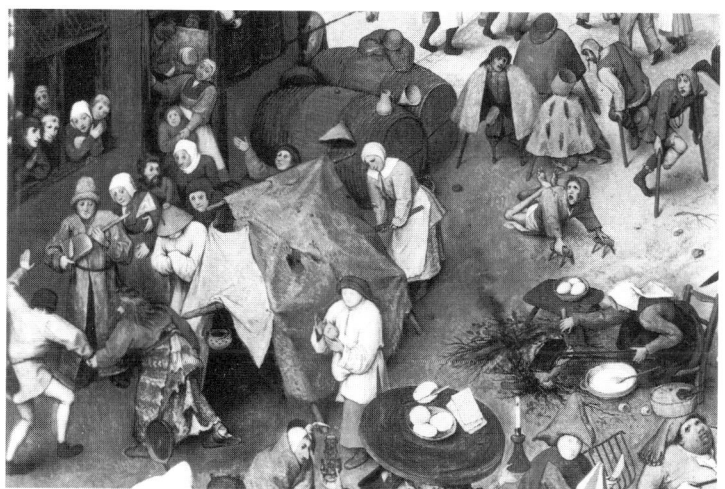

Pieter Breughel d. Ä. „Der Kampf zwischen Fasching und Fasten" (Ausschnitt).

X. Der verschlossene Garten

1. Die Renaissance der Mythen

Die heiligen Haine, Felsen und Quellen, wo die religiöse Kultur der alten Welt fortgelebt hatte und bis in den mittelalterlichen Volksglauben hinein nachwirkte, wurden von christlicher Landgewinnung an die unbebauten, öden Ränder verdrängt. Dort behielt jene illustre Gesellschaft der Bergfrauen, der Zwerge und Wichte ihren Platz, konnten Fraw Venus, Percht oder die Saligen erscheinen, hielten sich die *kleinen Leute* in Wald und Moos und Holz verborgen, für die die mittelalterlichen Mönche lateinische Begriffe neben diese merkwürdigen, volkssprachlichen Namen setzten: silvanus, faunus, lamia, parce, schrât, schraettel, alb, trût, nahtmâr, satyr…

Am Magdalensberg in Kärnten haben die Felsheiligtümer der Römerzeit zusammen mit den steinernen Thronen, Wasserbecken und heiligen Bergen der Kelten ein ungewöhnlich dichtes Geflecht über die Landschaft gezogen, das bis in den Volksglauben der Neuzeit intakt blieb. Dieser Zauber der *Elementischen* kam in einem paradoxen Zusammenspiel zwischen Inquisition und Aufklärung zum Erliegen. Dem großen Pan war ein neuerlicher Tod bestimmt, als Theologen die Natur für verhext und dem Teufel unterworfen erklärten, während sich die aufkommende Naturwissenschaft anschickte, ihre Kräfte zu verdinglichen und auf einen Begriffsapparat stofflicher Materie einzugrenzen. Verhext oder tot, diabolischer Gegner oder manipulierbarer Baukasten, wie er in Francis Bacons *Nova Atlantis* utopisch erträumt wird, – diese Alternativen im Naturbild der Kopernikanischen Wendezeit sind freilich erst aus der gewonnenen Distanz erkennbar geworden, wo der Wahn religiöser Dogmen und das *Licht der*

Vernunft aus ihrer Gegensätzlichkeit entkoppelt, sich zu zwei unterschiedlichen Strategien der Naturbeherrschung relativiert haben, die beide als ethisch verfehlt und in ihrer Funktionsweise als bedenklich abzulehnen sind.

Von Hans Dieter Bahr liegt mir ein Aufsatz zur Bestimmung des Heiligen vor, in dem er über den Begriff der Unversehrtheit und Unverletzlichkeit eine versuchsweise Eingrenzung unternimmt.

Das Phänomen des Heiligen manifestierte sich ursprünglich vorwiegend territorial, wo – in heiligem Land, in heiligen Bezirken und an heiligen Orten – der Raum um jene Dimension erweitert war, die ihn zum unverletzlichen Ort bestimmt. Profaner Nutzung entzogen, wurde er zum *Herzen*, zur heiligen Mitte oder einfach zum Kern des größeren Ganzen: Diese Auszeichnung als Schutzraum, wie sie Hans Dieter Bahr beschreibt, zeigt eine verdeckte Ökonomie der Kompensation. War ursprünglich der Erdboden in ungeteilter Ganzheit Gaia heilig gewesen, was den Menschen auf Schritt und Tritt mit diesem mütterlichen Ursprung in Verbindung hielt, und das schwingt noch im Naturbild der Bergleute mit, die ein ganzes System zur Beschwichtigung und wohlwollenden Umstimmung der von ihnen verletzten Terra mater entwickelt haben, so sind von diesem Goldenen Zeitalter der Naturherrschaft bald nur noch utopische Inseln erhalten. Jenes unberührte, weiße Land, das jenseits der menschlichen Nutzflächen und Beuteräume lag, wurde an einen Horizont hinausverschoben, wo es im Utopischen und Märchenhaften entschwand, oder es schmolz auf ein Weniges zusammen, fügte sich in die miniaturhafte Handlichkeit und penible Aufgeräumtheit der Kloster-, Burg- und Bürgergärten.

Die heilige Erde schmilzt zusammen auf das heilige Land, dieses auf wenige Haine, Gärten, Tempelbezirke, schließlich auf das Innere der Kirchen, auf die Zone des Altars und Allerheiligsten, setzt Hans Dieter Bahr (65) diesen Gedankengang fort. Dieser Prozeß vollzog sich nicht nur durch räumlichen Rückzug, Verdichtung und Abschließung, sondern dazu kommt eine Verflüchtigung ins Bildhafte und Allegorische.

Wieviel Kraft hatte das christliche Mittelalter darauf verwendet, jene heidnische Welt urbar zu machen, in deren wuchernde Waldzauberei es seine sakralen Steinbauten setzte! Das *Allerheiligste* verschwand hinter düsteren Mauern, im Dunkel der Kirchen, – doch waren ebendort, in Säulengängen eingeschlossen, die heiligen Haine und wunderbaren Paradiesgärten eines neuen Zeitalters entstanden: Verdichtet, streng geordnet, entstofflicht. Der Wald hatte sich in Kreuzgänge und gotische Pfeiler verwandelt, Rankenwerk und Schlinggewächse versteinerten, Rose und Rosengarten blühten in der Symbolik kostbarer Glasfenster auf, die mit ihrem geheimnisvollen Einfall des Sonnenlichtes auf die vorübergehende Existenz der Menschenseele hinwiesen, die es aus dem sinnlichen Irrgarten und der Wildnis ihrer triebhaften Natur zu erlösen galt. Der Kreuzgang ersetzte den Initiationsweg in den wilden Wald, der steingefaßte Brunnen in seiner Mitte die Quelle aus dem mütterlichen Berg oder Felsen, aus dem die Kinder kamen und wohin die Toten hinübergeholt wurden. Diese Verdinglichung der Natur hatte sich nur langsam gegen jenes heidnische Weltbild durchgesetzt, das weiter mit den *Elementischen* in Verbindung blieb, für die man Fetische in die Bäume hängte, Objekte aus Holz errichtete, Steine aufstellte und kleine Speiseopfer in den Wind streute *(Bam eßt's),* aufs Dach legte, über Nacht auf den Eßtisch stellte, hinaus ins Feld brachte, zu einem Felsen oder Hügel.

Das Wunderbare dieser paradiesgleichen Orte hatte sich auf kleine und kleiner werdende Objekte zurückgezogen, war hinter Mauern verschwunden, geschrumpft und auf winzigen Sonderstandorten gelandet, wo es in symbolreicher Anspielung auf den größeren Zusammenhang und das eigentlich Gemeinte verwies, das außerhalb davon, irgendwo dahinter

lag, nicht mehr unmittelbar anwesend. Versachlichung erstreckt sich auch darauf: Wo die mythische Natur nicht in
Wirtschaftszwängen verdinglicht wird, verflüchtigt sie sich in
der Anschauungswelt der Kunst.

Der Untersberg und sein landschaftliches Umfeld waren
vermutlich seit der keltischen Besiedlung des Dürrnbergs
mythisches Terrain gewesen, ein Jenseitsbezirk, wo nachts die
Totenseelen umzogen, wo Zwerge Hochzeitsgesellschaften ins
sagenhafte Berginnere entführten, aus dem Wilde Frauen her-
ausstiegen, die man bei Felsen oder Quellen erblicken konnte. Im näheren Umfeld waren Goiser und Hellbrunner Berg,
wie Grabungen dokumentieren, besiedelt gewesen. Ein sogenannter Pintaderas, ein Farbstempel, der auf letzterem
zutage gefördert wurde, deutet eine kultische Funktion im
religiösen Leben jener Siedlung an.

Dieser sakrosankte Naturraum sollte zu Beginn des 17.
Jahrhunderts aufgrund seiner landschaftlichen Reize entdeckt
und zum Schloß Hellbrunn werden. Hier und in Mirabell
entstanden damals prachtvolle Zeugnisse fürstlichen Lebensstils, wo die pittoreske Gesellschaft der Zwerge und keulenbewehrten Riesenkerle, wo die Faune, Nymphen und Satyrn,
wo die Naturgottheiten des Mondes und der Erde ihre
Renaissance erleben, indem ihr tellurisches, übersprudelndes,
ruheloses Naturell einer bezähmenden Formung durch die
Kunst überantwortet wird.

Apollo schindet den Faun Marsyas, Perseus enthauptet die
mit Schlangenköpfen bewehrte Medusa, Orpheus' Musik zau-
bert nicht nur die wilden Tiere der Grotte in Schlaf, sondern
auch den Wunsch nach Erfüllung in der Liebe.

Der paradiesische Garten der Natur, wie er in Mirabell,
aber vielmehr noch in Hellbrunn entsteht, wo der Reichtum
an Quellen der Anlage einen *aquatischen Akzent* setzt, ergänzt
die mythologischen Beigaben durch ein spielerisches Element,
das den Ernst des Gartens in heitere Umtriebigkeit und

feuchtfröhliches Treiben auflösen kann. In der Tiefe seiner Grotten liegt das Panoptikum jenes Naturbildes verborgen, das das Denken der Zeit bestimmte: *Die von den aufsteigenden Naturwissenschaften zertrümmerte und zu Kieselsteinchen und Schneckenhäusern atomisierte Natur sammelte sich wieder in der Grotte und bildete eine neue Einheit, die gleichsam aufgeblättert den Schöpfungsplan Gottes erkennen ließ.* (Euler-Rolle 33)

Aber waren diese Grotten Hellbrunns nicht auch eine mythologische Abwandlung und künstlerische Entmachtung jener größeren Grottenwelt, die man im Innern des Untersbergs vermutet hatte? Sie bilden zugleich Innenraum und Unterwelt der Natur und erfüllten so alle Voraussetzungen dafür, die klassischen Konflikte von Mensch und Natur, Geist und Materie, Natur und Eros wie in einem Brennspiegel aufzufangen und in theatralisches Spiel aufzulösen. In den Grotten Hellbrunns gelangte der Zauber der Naturwelt auf die Bühne und ringsum in der von Mauern umzogenen Anlage wird aus dem heiligen Hain (aus romano-keltischer Zeit?) ein labyrinthischer Lustgarten, der seiner archaischen Bestimmung treu bleibt, indem er Landesherrschaft verheißt und bestätigt. Vom Mysterium der Natur bleibt das Spiel und das Fest. Das Stück, das dabei zur Vorstellung kommt, ist der Triumph über die Natur, der mit der Feier ihrer Schönheit einhergeht.

Dieser *heilige Hain und eingeschlossene Paradiesgarten* neuzeitlichen Stils zeigt seinen Wilden Mann und Waldteufel nicht mehr als magischen Hüter der Elemente, sondern als monströse Beute, die zum Schaustück in einer Wunderkammer bestimmt scheint. Apollo schindet den faunischen Naturgeist Marsyas wie bei einem Gerichtsverfahren, das die analytisch kalte Vernunft gegen die Welt der Natur angestrengt hat. Die Orpheusgrotte *zeigt* die Überlegenheit der sich aus der Glaubenswelt der Religion befreienden Kunst. Denn der Verlust Eurydikes ist nicht mehr Opfer an die Mächte der Unterwelt, das im jahreszeitlichen Drama eingefordert würde, sondern das Opfer, das mit ihr gebracht wird, gehört der Schönheit der Kunst.

Überblickt man Themenstellung und Aufgaben des ausgewählten Gartendekors, so zeigt sich, daß sich diese frühbarocke Dramatisierung menschlicher Naturbeziehungen keineswegs in antikisierender Landschaftsgestaltung erschöpft, sondern bei der Gestaltung der Anlage die gesammelte Tradition zum *Hortus conclusus,* zum *Verschlossenen Garten jenes verlorenen Goldenen Zeitalters* Eingang gefunden hat und dazu eine nicht mehr ganz faßbare Vorgeschichte des Ortes selbst zur formgebenden Kraft geworden ist.

Inquisition, Hexenverfolgung und die Entstehung der neuzeitlichen Naturwissenschaften hatten das Naturbild der Zeit von seinen irrationalen Eigenheiten befreit. Nach Bahrs These vom Schwinden des Heiligen in der Verdichtung konnte die *heilige Natur* durch ihre Vergegenständlichung im Kunstwerk ihren Zauber, ihr Wesen als *natura naturans,* erhalten. In der Kunst bleibt sie, was im übrigen von ihr genommen ist – Mythos, der jenem der Zivilisation gegenübersteht.

Mirabell ist neben Hellbrunn der zweite Ort barocker Landschaftsgestaltung in Salzburg, wo jene neuzeitliche Naturauffassung manifest geworden ist, die den *Mythos Natur* in der spielerischen Vielfalt seiner Erscheinung aufgreift, um damit *Herrschaft über Natur* als die eigentliche Herausforderung in der landschaftlichen Formgebung vorzubringen. Mirabell fügt sich dabei vergleichsweise bruchlos in die Linie barocker Schloßgärten ein und ist hier von Interesse, weil seine Anlage für den Universalismus barocker Naturbeherrschung einsteht und wir in seiner Mitte wiederfinden, was soeben aus dem Götterhimmel ländlichen Volksglaubens exorziert worden war: Die Pygmäen, Mandeln, Zwergln.

Von den Bergmandeln, Nerggln, Venedigern, Kasmandeln und Untersbergern war zuletzt nur noch bei den *zurückgeblie-*

benen, unverbildeten Gemütern hinter Gebirge die Rede gewesen. Insgeheim. Wider besseren Wissen. Trotz aller Belehrung hatte man in diesen verwinkelten Gegenden nie ganz davon abgelassen, in eine Welt hinter und jenseits der rein dinglichen Natur zu blicken.

Die Hexenverfolgung war europaweit noch nicht ganz abgeklungen, die Lebenszeit der Naturgeister schien endgültig abgelaufen. Da waren Zwerge plötzlich wieder Mode bei Hof. Am Salzburger fürsterzbischöflichen Hof tritt Meichelböck ins erneuerte Amt eines Hofzwerges, der erstmals 1711 in Unterlagen zu Privatausgaben FEB Harrachs namentlich aufscheint. Möglicherweise eine nostalgische Rückkehr in mittelalterliches Hofleben. Im Bereich der bildenden Kunst war Italien das Ursprungsland für die barocke Zwergenmode. Von Anfang an ein Mittel der Karikatur und Satire, entstanden erste Darstellungen aus der Hand von Annibale Caracci noch vor 1600. Diese Zwergenpossen richteten sich in ihrer Rolle von Ständesatiren unterschiedslos gegen alle Schichten und Berufsgruppen, deren jeweilige Schwächen zur Zielscheibe des Spottes werden. Auf die Darstellung Carraccis folgten die *gobbi* des in Florenz tätigen Franzosen Jacques Callot, die sich rasch Popularität erwarben. Seine in einer Reihe von Kupferstichen über ganz Europa verbreiteten Zwergendarstellungen, die in Deutschland in Form von Monatsfiguren kopiert wurden, haben vermutlich den in Italien ausgebildeten und dann in Salzburg beschäftigten Johann Fischer von Erlach bei seiner Ausgestaltung des Mirabellgartens angeregt. Nach seinen Plänen entstand um 1689 jene Serie von Pygmäen oder Zwergln, die abzüglich einiger Verluste und an verändertem Standort heute im Zwerglgarten von Mirabell steht. Von Günther Bauer, dem ich hierin folge, wurde die Geschichte der Salzburger Barockzwerge aufgearbeitet, wobei aber Fragen nach den mythologischen Ursprüngen dieser Gnome so gut wie ausgeblieben sind. Die großen, weißen Marmorzwerge, für die vergleichsweise kostbares Material verwendet wurde, sind seiner Theorie zufolge Teil eines gestalterischen Gesamtkonzepts, dem der theatralische Leitgedanke zugrundelag, der monumentalen Götter- und Heldenwelt des Südeingangs die *burleske Commedia-dell-Arte-Welt der tanzenden und fechtenden Theaterzwerge* gegenüberzustellen. Im Sinne jenes barocken Anspruchs nach umfassender Abbildung einer hierarchisch geordneten Welt, waren sie auf die zentrale Herrscherfigur als den regulierenden Mittelpunkt bezogen.

Die Gegenwelt der Zwerge, ihre lachhaften Zerrbilder, bestätigen gerade durch ihre bizarre Erscheinung die gesetzte Ordnung und ergänzen als allegorische Vertreter der erdhaften, mißbildeten, unteren oder: um den alten Begriff zu gebrauchen, der *Verkehrten Welt,* den umfassenden Herrschaftsanspruch der Barockzeit. Zugleich war ihre Aufstellung im herrschaftlichen Garten, ihre monströse Abbildung in weißem Marmor, ihre groteske Mißratenheit, eine Bestätigung von Maß und Ordnung. Ihrer ursprünglichen Bedeutung beraubt, werden sie zu Schaubudenfiguren, die als monströse Zeugen einer überwundenen, untertan gemachten Welt der Natur für das Maß der Ordnung einstehen.

Zuvor in den Aberglauben der Landbevölkerung abgeschoben, drängen diese religiösen Unterströmungen in die Kultur der Zeit zurück, wo ihre naturhaft unförmigen Gestalten zum Moralspiegel barocker Lebenswelt werden. Dazu legen sie allerhand Geschäftigkeit an den Tag, – mähen, ernten, nehmen Hühner aus, fechten, graben, schleppen, kurieren, tanzen, musizieren.

Viele dieser Figuren haben diese Rückbindung an ihre dämonischen Ursprünge nicht wirklich abgestreift; in ihrer Anordnung zu Monatsfiguren, die den bäuerlichen Lauf der Jahreszeiten vorstellen, oder in Elementen aus der Wildgeistermythologie kommt noch viel alter Stoff zum Tragen. Jene *Zwergin mit dem ausgeschnittenen Mieder* etwa, die

Günther Bauer als Fastnachtstänzerin dem Monat Februar zugeordnet hat, ist unschwer als *Wilde Frau* erkennbar. Es stellen sich Verbindungen zu Wilder-Mann-, zu Fastnachts- und Rauhnachtsbrauchtum ein. Vielmehr als das äußere Erscheinungsbild unterliegen offensichtlich Aufgaben und Rollenbilder dem Fluß der Bedürfnisse und sozialen Leitbilder. Der Verbleib dieser *wilden Gestalten* in den nach wissenschaftlichen Maßstäben angelegten Gärten des Barock wird deutlich, wenn man jenen Prozeß darin erkennt, wonach die Zähmung der Natur in ihrer Mitte eingeschlossene Reste jener *erdhaften, undomestizierten, magischen Ursprünglichkeit* verwahrt, mit der diese *rohe, unbearbeitete Natur* zugleich im Zustand einer Vollkommenheit erscheint, der, irgendwann alle Anstrengungen des Weges dorthin lohnend, wieder erreicht werden soll. Der Zwerg im Garten – erst mit den Hausgärten des Bürgertums kann man von Gartenzwergen sprechen – vertritt jenen schöpferischen Aspekt der Natur, der nur solange das Füllhorn einer *natura naturans* ausschüttet und damit Wohlstand, Wachstum und reiche Ernten bringt, solange sein nicht domestiziertes, wildes Element nicht von der Ordnung des Gartens ausgelöscht wird. – Legt man den Zwergen der Sage menschliches Gewand hin, so verschwinden sie, und mit ihnen geht der Trieb, zu wachsen, zu blühen und sich zu vermehren. Was zum Ausdruck bringt, daß alle diese Zaubergärten, Paradieslandschaften, heiligen Haine, Natur- und Nationalparks mit den Zweck verfolgen, einen magischen Kern unverbrauchter Ursprünglichkeit zu hüten, ohne den der ganze *Zauber der Natur* endgültig verloren wäre.

Umfassender und eindrucksvoller wird diese barocke Umwandlung des Naturglaubens in die ästhetischen Bedürfnisse der Neuzeit zweifellos in Hellbrunn sichtbar. Mit seinen Quellen und Grotten könnte der Untersberg zudem schon damals gewesen sein, was mit der Anlegung eines Lustschlosses zu Anfang des 17. Jahrhunderts wahrgemacht wurde: Ein heiliger Hain, ein Labyrinth, ein Paradies- und Zaubergarten.

Diesbezügliche Spekulationen klangen da und dort auch durch, aber vor 1600 liegt Hellbrunn im bilderlosen Dunkel früher Geschichte. Doch ist ab 1421 aus schriftlichen Zeugnissen ein Tiergarten in Hellbrunn belegt, *eine Peunt pey dem Tirgarten, 1479 ein Neubruch* (?) *prope Tiergarten et fontem,* weshalb der Berg, dessen alter, romanischer Name verloren ist, der *Tiergartenberg* hieß. Eine Chronik des 16. Jahrhunderts schreibt von Erzbischof Ernst (1540–1554): *Im Thiergartten, ein halbe Meil ob Salzburg zunegst bey dem Meyer und Lusthäusl daselbsthin hat er ain schöne Behausung für ainen Gammer und Hüetter des Gartten erpaut.* Stainhauser sagt, daß *zuvor allda nichts anders als der Perg mit einer engen und nit so hochen Maurn umbfangen war, darinnen allain zwei Weyer mit Förchen und Salbmling, auch etliche Stuck Dändl, deren ein Jäger in einem schlechten Heisl wohnundt, gewardet, sich befunden. (Österreichische Kunsttopographie* XI, 163 f.)

Ob dieser von einer Mauer umzogene Garten auf einen heiligen Hain antiken Ursprungs zurückgeht, kann nicht belegt werden. Der kultische Ursprung des Tiergartens an sich ist hingegen kaum bestritten. Schon in der Odyssee ist von Hainen mit heiligen Tieren die Rede, die Gottheiten geweiht waren. Der Artemis/Orthia waren *paràdisoi* eingerichtet, wo wilde Bestien in friedlicher Gemeinschaft zusammenlebten. Schon sehr früh standen diese Gehege gezähmter Wildtiere mit Kultspielen in Verbindung, deren Ursprünge sich in der

Weiträumigkeit des Orients verlieren. Eine Wendung zum Unterhaltungsspektakel der breiten Massen, dem eine erhebliche politische Funktion zukam, ist im römischen Imperium der Kaiserzeit eingetreten. Gerade in den *barbarischen Randprovinzen,* wo sich die Legionen konzentrierten, wurden diese *circenses* mit ihren Tierhatzen und Gladiatorenkämpfen zu einem wichtigen Bestandteil des öffentlichen Lebens. Der Aufstieg Dianas zu einer der maßgeblichen Gottheiten in den nördlichen Randlagen des Römischen Reichs hat seinen Grund mit in ihrer Bestimmung zur Jagdgöttin, weshalb sie im Zusammenhang mit den Tierhatzen der Circenses häufig aufscheint. Inwiefern jenes bestialische Vergnügen, das noch in der Barockzeit eine unschätzbare Zahl an Tieropfern kostete, auf den Legionärsgeschmack der römischen Garnisonen zurückzuführen ist, kann ich nicht beantworten. Konkret faßbar ist, daß Hellbrunn auf Mythen der Tierwelt baut, indem Jagdszenen, Mensch-Tier-Verwandlung und die Überlegenheit des Menschen über die animalische Welt der Ungeheuer die Gartengestaltung mitbestimmt haben. Gesichert ist, daß Hellbrunn Schauplatz von derartigen Jagden, Hatzen, Circenses gewesen ist. Stainhauser erwähnt in seinen *Denkwürdigkeiten der Regierung Marx Sittich:*

Den 12. Juli 1618, auf welchen fallen thuet das Fest der hl. Jungfrau Margareth, ist nachmittag in dem hf. Lustort Hellprunn ein ansehnliches Gejagt gehalten worden, in welchem ein Beer, ein Stier und ein böses Pferdt aufgeführt und aneinandergehetzt worden; da der Stier dem Beern etliche guete Stöß geben, den auf die Hörner genommen und in die Höch geschutzt, doch hat sich das Pferd von ihnen zum bösten mit Schlagen gewehrt. Letztlich ist der Stier duch die Jäger mit Spiessen erlegt worden. (Österreichische Kunsttopographie XI, 168)

Einen kultischen Hintergrund, der in diesen trivialen Freuden barocker Vergnügungslust durchschimmert, bezeugen auch die Gemälde und Malereien, die im Schloß erhalten sind. Im Stiegenaufgang, vor den Fürstenzimmern des oberen Stockwerks hängt ein monumentales Bild, das mit der Kulisse des Untersbergs im Hintergrund jene ins Legendäre hinüberspielende Tierwelt zeigt, die das Gehege des Gartens belebt haben: Weiße Hirsche, weiße Rehe, ein geschecktes Wildschwein, ein schwarzer Wolf. Dazu kommt eine Reihe von Gemälden, die seltene Tiere als Jagdtrophäen abbilden, dazwischen Bilder phantastisch-mythologischen Inhalts: miteinander kämpfende Bären, Hunde, Löwen, Hirsche, ein Stier, Greifen, Drachen und eine Sphinx. *(Österreichische Kunsttopographie* XI, 216)

In der Tradition des Paradiesgartens steht dieser Lustort Hellbrunn noch in anderer Hinsicht. Da sind Übereinstimmungen in der Beschaffenheit des Ortes: Die Umschlossenheit, die Bedeutung des Wassers, die Verbindung von Garten und Tiergarten und die südliche Vegetation machen den Garten zum *seligen Ort.* Auch die Eremitorien, die die asketisch spirituelle Seite im Garten von Hellbrunn vertreten, sind in mittelalterlichen Schilderungen vorgeprägt, wo am Eingang in den Wundergarten fast nirgendwo die kleine Kapelle oder die Klause eines Einsiedels fehlt. *Was im Lustgarten scherzhaft-mythologisch dem höfischen Vergnügen diente,* führt Bernd Euler-Rolle dazu aus, *wandelte sich im ehemaligen Tiergarten von Hellbrunn zu tiefem Ernst, wo nämlich in der Wildnis der Natur Kapellen mit den Leidensstationen Christi und kleine Eremitagen einen sacro monte bildeten, der im Gegensatz zur heiteren Seite der Gartenstaffagen nicht mehr erhalten ist. In den Klausen der Einsiedler, die aus Kapelle, Wohnzelle, Schlafkammer und Küche bestanden, erweckte ein ähnlicher, roher Grottendekor das gegenteilige, kontemplative und asketische Ambiente einer Anachoretenhöhle, weit entfernt von der vergnüglichen Verzauberung in den Grotten des Lustgartens.* (Euler-Rolle 36)

Ein Gleichgewicht des Paradoxen verbindet diese Zaubergärten über alle Zeiten hinweg. In ihrem Innern haben alle gesellschaftlichen Verpflichtungen keine Gültigkeit mehr, was sie zum Lustort bestimmt, – doch mit der Bedürfnislosigkeit, die man sich von hier erwartet, tritt ein asketischer Zug ins Geschehen ein, mit dem dieser Garten zu einem Ort der Verinnerlichung und Entsagung wird. Wunscherfüllung und Wunschlosigkeit sind das doppelbödige Versprechen, das in diesen Wundergärten eingelöst werden soll.

Zwischen Wunscherfüllung und Wunschlosigkeit

Diana kommt ein besonderer Stellenwert zu, weil sich in ihrer Gestalt die unterschiedlichsten Elemente der Anlage verbinden lassen. Der Welt der Tiere und der Jagd verbunden, ist die Verwandlung zwischen animalischer und menschlicher Natur ihr zugeordnet. Ihre Beziehung zur freien Natur, zum Mond und zum Element des Wassers tun ein übriges.

> *Hier steht Actäon, den die eig'nen Hunde packen,*
> *Verwandelt halb schon von Diana in ein Hirschgebild,*
> *Mit stattlichem Geweih' gekrönt, aus dessen Zacken*
> *der Gargaphia heller Born in hohen Bögen quillt.*
> *Dort steht im aufgeschürzten Amazonen-Rocke*
> *Diana und bewaffnet zu der Jagd mit einem Speer,*
> *Und neben ihr sitzt eine große, schöne Dogge,*
> *Sie späht mit starrem Blick nach Beute ringsumher.*
>   *Carl Ritter von Schallhammer*

Wer würde bei dem Anblick Actäons mit dem Hirschkopf über dem menschlichen Körper nicht an den keltischen Cernunnos denken und damit an jene Maskenspiele, die noch in mittelalterlicher Zeit Gegenstand kirchlicher Verbote waren? Andererseits ist da die heroische Überwindung dieser Welt der Fabeltiere und schrecklichen Ungeheuer zum Thema des Gartens gemacht: Perseus erhebt das blutige Haupt der schlangenköpfigen Medusa, Perseus kämpft gegen den Meeresdrachen.

Bleibt die Heraldik des Steinbocks, mit der Hellbrunn ein Stempel besonderer Art aufgedrückt ist. Als Wappentier repräsentiert er den Erzbischof, und es tut sich damit ein Spielfeld der Bedeutungen auf. Treffen wir doch hinter diesem Bock, der die Idylle des Gartens beherrscht, noch auf ganz andere Bocksgestalten. Ich will hier keine christliche Symbolik bemühen, sondern jenen Faun oder Satyr ansprechen, dessen Martyrium gleich an zwei Orten Hellbrunns Gestalt angenommen hat. Die Häutung des Marsyas wird einmal in der prachtvoll ausgestatteten Abgottsgrotte gezeigt, zum zweiten Mal als halbautomatisches Wasserspiel.

Künstlerisch bedeutsamer ist zweifellos die Darstellung in der Grotte. Eine aus Konglomeratblöcken zusammengesetzte Grottenwand führt ins Innere der mit Tuffstein verkleideten Kaverne. In der Mitte am Boden als Postament eines Springbrunnens ein Felsen mit Schlange, Kröte und Schildkröte. Ein hufeisenförmiger Gang führt ins Grotteninnere, die an ihrer Nordseite eine Figurengruppe aus hellgelbem Untersberger Marmor enthält, die in einer Nische aufgestellte *Schindung des Marsyas (…). Links Apollo (in kurzer Tunika, Mantel, Stiefeln), der mit der rechten Hand das Messer hebt, mit der linken den Marsyas beim Arme packt. Rechts der Satyr Marsyas, mit Stricken und einem Riemen an einen Baumstamm gefesselt. In der herabhängenden rechten Hand hält er die Syrinx. Die Gruppe ist das Werk eines italienischen Bildhauers, von der gleichen Hand wie der Poseidon in der mittleren Schloßgrotte, um 1619. (Österreichische Kunsttopographie* XI, 244 f.)

Die antike Überlieferung berichtet über diesen phrygischen Faun Marsyas folgendes: Er fand eines Tages jene Doppelflöte, die sich Athene angefertigt hatte, um die Klagen der Gorgonen um ihre Schwester Medusa nachzuahmen. Weil aber das Spiel auf dem Instrument ihr Gesicht entstellte, warf sie es beiseite –, und Marsyas, der das Flötenspiel bald meisterhaft beherrschte, war von keinem Ehrgeiz behindert, was den Anblick seiner Kunstausübung betraf. Selbstbewußt forderte er Apollo selbst zu einem Wettstreit auf und ging dabei auf die Bedingung ein, daß der Sieger nach Belieben mit dem Unterlegenen verfahren dürfe. Die Musen nahmen die Rolle von Schiedsrichterinnen ein. Beim Flötenspiel war Marsyas nicht zu schlagen, als ihn aber Apollo aufforderte, sein Instrument verkehrt herum zu spielen – mit der Leier war dies möglich, nicht aber mit der Flöte – mußte sich der Satyr geschlagen geben, und Apollo bestrafte ihn so grausam dafür, daß es hieß, er habe später darüber Reue gespürt. Er hängte ihn an eine Pinie und zog ihm die Haut ab; und aus seinem Blut, oder aus den Tränen seiner Freunde, der Nymphen und Satyrn, entsprang der Fluß Marsyas.

An dieser Figurengruppe in der Abgottgrotte Hellbrunns wird einmal die Überlegenheit der nach Gesetzen geordneten Ästhetik Apollos gegenüber dem naturwüchsigen Wohllaut faunischer Flötentöne deutlich. Auf einer ersten Stufe läßt sich die Mythe als ein Beispiel für die Vorrangigkeit des Geistes gegenüber dem Körper auffassen. Aber da ist noch mehr zu sagen. Apollo, der hier dabei ist, einem schlitzohrigen Faun das Fell abzuziehen, ist eigentlich selbst ein *gehäuteter Gott.* Robert von Ranke Graves hat in seiner Darstellung der griechischen Mythologie darauf verwiesen, daß der spätere Lichtgott Apollo auf eine reichlich dunkle Vorgeschichte als Wolfsgott zurückblickt. Erst als er in Delphi den ursprünglichen Kult einer Erdgöttin, deren Macht sich in der Pythonschlange manifestierte, nach seinem neuen Bild umformte, nimmt er – auf Delos geborener Bruder der Göttin Artemis – die Züge eines Sonnengottes im gleißenden harten Licht fühlloser Erkenntnis an und trennt damit die Orakelstätte dieses delphischen Erdheiligtums von seinen eigentlichen

Wurzeln seherischen Erkennens ab, von seiner Erkenntnisgabe aus der Tiefe, dem Dunkel, eben aus dem Bauch der Erde heraus. Der Gott Apollo folgt also einem Drang, an einen anderen weiterzugeben, was er selbst erfahren hatte. Dabei zielt der Kern der Mythe auf ein Initiationsritual ab. Der Vorgang der Häutung, mit dem die Krisenhaftigkeit von Entwicklung zum Ausdruck kommt, würde die zwei vermeintlich gegensätzlichen Gestalten Apollos und Marsyas' miteinander verbinden. Der eine hat sein Wolfsfell schon verloren, noch ehe er aus dem hyperboräischen Norden nach Griechenland gelangte, während der phrygische Faun, der mit dem Zauber der Natur verbundene Quellgott Marsyas, nun an der Reihe damit zu sein scheint, eine äußerst schmerzhafte Verwandlung zu erleben, die nach modernen psychologischen Begriffen die Bändigung seiner *naturhaften Triebe* zu künstlerischer Produktivität darstellt. In diesem Sinne einer Initiation zum *In-die-Kunst-Eingeweihten* haben sich jedenfalls die Künstler der Renaissance und des Barock der Gestalt des Marsyas verbunden gefühlt. Der tragische Aspekt künstlerischer Arbeit, der Unterdrückung und Befreiung in eine rätselhafte Verschränkung einbindet, wird hier ins Bewußtsein gerufen.

Wir haben es auch hier mit einem Kräftespiel zwischen dem dionysischen und dem asketischen Wesen des Gartens, zwischen den animalischen und menschlichen Aspekten der Natur zu tun, in das über heraldische und mythologische Zitate auch die Gestalt des Erzbischofs einbezogen scheint. In engem thematischen Zusammenhang dazu steht die Orpheusgrotte.

Auch zwischen Orpheus und Apollo bestehen Verbindungen, da der eine den anderen als höchsten Gott gespriesen hat. Orpheus starb den dionysischen Zerstückelungstod durch die Hand der Mainaden. Ovids Metamorphosen geben das blutige Schauspiel folgendermaßen wieder: *Während der tracische Sänger mit solchem Gesang die Wälder, die Herzen der wilden Tiere und die Steine, die ihm folgen, in seinen Bann zieht – siehe, da erspähen junge ciconische Frauen, deren besessene Brust Tierfelle bedecken, von der Höhe eines Hügels Orpheus, wie er die Saiten schlägt und dazu singt. Da spricht eine von ihnen und schüttelt im leichten Lufthauch ihr Haar: „Seht, seht, da ist unser Verächter!" Und schon hat sie den Thyrsusstab gegen den stimmbegabten Mund des apollinischen Sängers geschleudert; aber die mit Blättern umwundene Spitze schlug nur ein unblutiges Mal.*

(…)

Dann wenden sie sich mit blutüberströmten Händen gegen Orpheus selbst und scharen sich zusammen wie Vögel, wenn sie einmal bei Tage eine Nachteule umherflattern sehen. Und wie im Amphitheater ein Hirsch, der im morgenkühlen Sande sterben muß, den Hunden zur Beute wird, so gehen sie auf den Sänger los und werfen alle zumal auf ihn ihre grün belaubten Thyrsusstäbe, …
(Ovid, *Metamorphosen XI*, 1–84; 249)

Diese *Wilde Jagd*, mit der Orpheus von der mainadischen Schar der Thrakerinnen zur Strecke gebracht wird, ist in Hellbrunn nur indirekt, vermittelt durch die Jagdmetaphorik Dianas, mit angesprochen. Aber die asketische Haltung, die Orpheus als Künstler gegenüber dem wilden Zauber der Natur einnimmt, ist als ein Leitgedanke des Gartens erkennbar.

Francis Bacon, englischer Lordkanzler und Philosoph, in dessen Lebenszeit (1561–1626) die Errichtung der barocken Schloßanlage in Hellbrunn fällt, hat sich einen Namen als Theoretiker des sich in den Grundlagen des Wissens und der Wissenschaft seiner Zeit abzeichnenden Umbruchs gemacht, und damit maßgeblichen Anteil daran, was Max Weber als die *Entzauberung der Welt* bezeichnete. Er verfaßte ein Bändchen über Mythologie, wo er Mythen dem Geschmack seiner Zeit entsprechend aktualisiert hat; zu Orpheus, den er als eine allegorische Figur der Philosophie bezeichnet, macht er, nachdem er die Macht seiner Musik hervorgehoben hat, die folgende Bemerkung: *Er (Orpheus) zog sich in die Einsamkeit zu-*

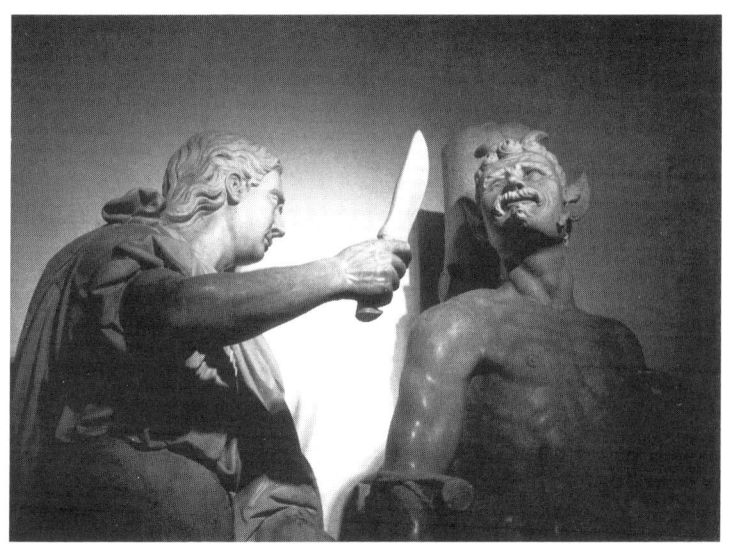

Der geschundene Faun Marsyas und Apollo. Wasserspiele Hellbrunn.

Diana. Göttin der Wälder und heiligen Haine. Hellbrunn.

rück und lockte durch die Lieblichkeit seines Gesangs und seines Spiels zunächst alle Arten wilder Tiere an, welche ihre jeweilige Natur ablegten, all ihren Zorn und ihre Wildheit vergaßen, nicht länger vom Stachel und der Raserei der Wollust getrieben wurden, sich nicht länger darum kümmerten, ihren Hunger zu stillen oder ihre Beute zu erjagen, sondern sich zahm und friedlich wie in einem Theater um ihn versammelten und den Klängen seiner Lyra lauschten. Und das war nicht alles: Die Macht seiner Musik war so groß, daß sie selbst die Bäume und sogar die Steine dazu bewegte, sich regelmäßig und geordnet um ihn herum aufzustellen. (Bacon 35)

Fügte sich so die Wildheit der Natur erstmals zur Ordnung des Gartens? Aber nicht einmal Bacon ist so naiv, an die Lauterkeit dieser körperlosen Kunstgesinnung zu glauben, denn er setzt dem die folgende Deutung hintennach: *Der Gesang des Orpheus ist von zweierlei Art. Zum einen besänftigt er die unterirdischen Mächte, zum anderen zieht er wilde Tiere und Bäume an.* Womit er die tiefe Gespaltenheit in der Gestalt Orpheus' anspricht –, der in sich tragen muß, was er überwindet und verwandelt. Seine Kunst ist stärker als seine Liebe, die als dem Bereich der affektbestimmten Triebe entstammend erkannt – und folglich zurückgelassen wird, wo ihr Platz ist – jenseits des Lichtes, im Reich des Unbewußten, im Bauch der Welt. Verliert der Künstler aber diese Verwurzelung im unterirdischen Reich der Schattenbilder, könnte er nicht fortbestehen. Eurydike ist der Preis für den Wohllaut der orphischen Leier.

Apollo überwindet im Schutz dieser neugeschaffenen Grotten barocken Kunstverstandes den *Geist der Natur,* indem er dessen faunischem *Naturgeist* das sprichwörtliche Fell abzieht. Doch gehört der Sieg über die Schaffenskraft der Natur nicht allein dem Licht der Vernunft. An seiner Seite steht mit Orpheus die Kunst – soweit diese Maß verspricht – als wichtiger Verbündeter. Dem dionysischen Bock als dem Sinnbild unbezähmter Naturkraft braucht deswegen dieser wunderbare Garten keineswegs verschlossen zu werden. Er macht sich vielmehr bestens als fürsterzbischöfliches Wappentier im Dienst der *höheren Sache*.

Setzt man dieses theatralische Geschehen in Beziehung zur Innenwelt des Untersbergs, wo sich die Sagengestalten des Landes zur Mythe verdichteten, die eine Urzeit der Riesen mit endzeitlichem Schlachtenlärm zur Weltgeschichte umspannte, so hallt vieles vom Zauber dieses Berges in der Formensprache der Hellbrunner Grotten nach, wo mittelbar nicht nur über Marsyas, sondern über allen Geist und alle Geister der Natur Gericht gehalten wurde: Doch blieb in den spiegelnden Wasserflächen und aufsprühenden Wasserfreuden dieses Gartens ein verlorenes, nachklingendes Ganzes im Rauschen und Plätschern der Quellen und Wasserbecken erinnert. Denn inmitten seiner kunstfertigen Anlage tritt erneut in Erscheinung, was aus der kollektiven Vorstellungswelt gerade erfolgreich verbannt worden war. – Venus, Diana, der Faun Marsyas, eine Moosgöttin und andere Gestalten der schöpferischen Natur kehrten in Hellbrunn von der Nachtseite der Geschichte ans Tageslicht eines theatralischen Geschehens zurück, bei dem der Zauber der Natur als Kunstwerk neue Weihen empfing.

Mit neuzeitlichem Selbstbewußtsein, zur Freude des Menschen geschaffen, stand Hellbrunn im Schatten des Untersbergs, wo nach altem Volksglauben ein älterer Garten, der grüne Grund der Welt, verborgen sein sollte. Doch blieb es diesem in unterirdischer Strömung aufs engste und elementarste verbunden. – Seine Quellen speisten die Wasserbecken Hellbrunns. Von seinen Wasseradern wurden die Spielereien unterhalten, die das fürstliche Publikum ergötzten. Sie belebten auch den mechanischen Baukasten der Hellbrunner Automaten, wo der Alltag der Menschen genauso wie die Scheinwelt der Mythen in physikalisch zerlegten, wissen-

schaftlich durchdachten und lenkbar gemachten Schritten zur
unterhaltsamen Darstellung kamen.

Die Wasserspiele

Der Entzauberung von Natur, die in ihrer Auflösung zum
Ornament, in ihrer Stilisierung zum mechanischen Spielzeug
ausgedrückt ist, steht eine ins Irrationale ausgreifende Verzauberung von Macht gegenüber, die jenem zukommt, der
den Mechanismus, die komplizierte Halbautomatik, eben den
Apparat dieses künstlichen, wasserbetriebenen Naturreichs
nach Belieben in Gang setzen kann und zu betreiben versteht.
Was immer hier geschieht, hat seinen Mittelpunkt in der Gestalt des Herrschers, dem diese *Weltmaschine* aus botanischen,
mechanischen, halbautomatisierten und bildenden Künsten
gehorcht und zu eigen ist. Der den Lauf des Wassers anhal-
ten und fließen lassen kann, in der Rolle des barocken Regen-
zauberers seine Landesherrschaft mythologisch überhöht und
in kosmologische Anspielungen hinein ausdehnt. Das Labyrinth der Natur ist zum Apparat geworden, der sich als
Maschine in Betrieb setzen läßt. Der Zauber der Natur löst
sich im Zauber des Apparats.

Wir haben es also mit einem doppelten Vorgang zu tun.
Indem Herrschaft ins Mythische überhöht wird, wird sie zugleich sakrosankt. Die Natur büßt im Gegenzug ihren Zauber einer animistischen Gegenwelt ein, indem sie zum mechanischen Spielwerk, zu einem Natur- und Zauber-Kunststück
absolutistischen Machtwillens und seiner launenhaften Freude am Schönen und Vergnüglichen bestimmt wird.

Der Ort dieses *fürstlichen Geschehens* ist in Rückbindung an
seine Ursprünge im Sakralkönigtum, da Herrschaft durch eine
metaphysische Instanz bestätigt war, als Kraftplatz und heiliger Hain zwischen Quellen und grottengewölbten Felsen

deutbar. Wenn die Architektur des Barock zwischen Herrschersitz und beherrschtem Territorium einen Energieumlauf pulsieren läßt, der dieses Anwesen zum Mittelpunkt und das Land zum Umland bestimmt, so ist dies weniger als eine Erfindung absolutistischer Herrschaftsform zu sehen, denn als Hinweis auf eine fortgesetzte Tradition geomantischen Denkens, die zwischen Herrschaft und Sitz noch das ursprüngliche Verhältnis erkennen läßt. In Hellbrunn finden wir *diesen ganzen Zauber* halb im Ernst und halb scherzhaft an einem Ort instandgesetzt, der aufgrund seiner Lage und Vorgeschichte dazu wie geschaffen war. Initiation wird dabei – im Orpheus-, Marsyas- und Aktaionsmythos – mehrmals zum Thema, doch stellen die allegorischen Mittel, die dazu benutzt werden, weniger einen *Eingang in Natur* vor, sondern vollführen dabei Befreiung und Überwindung von Natur, deren dunkle Aspekte in der Anlage des Gartens versammelt sind und solchermaßen eine imaginäre Naturgeschichte des Menschen vergegenwärtigen.

Der neuzeitliche Herrscher zeigt sich im Besitz dieser Geschichte, deren innere Gesetzmäßigkeit er in mechanistisches Spielwerk verwandelt hat, das ganz nach seinem Belieben funktioniert. Dem Garten, der als Welt- und Naturbild ein Ganzes darstellt, kommt weiterhin die Aufgabe zu, den Herrschaftssitz als mythischen Ort der Macht kenntlich zu machen. In dieser Hinsicht bleibt er seinem überkommenen Wesen treu, doch hat ihn die Formensprache des Barock mit einer neuen Botschaft besetzt: Das Spiel der Elemente, die Verknüpfung von wilder und zahmer Natur, von Oben und Unten, Heroen und Ungeheuern, Riesen und Zwergen, Einhörnern und Schlachtpferden, das den Garten belebt, stellt bei allen Anklängen an ein mythisches Zeitalter der Naturherrschaft doch klar: die Herrschaft des Rationalismus, der sich anschickt, die Naturkräfte zu instrumentalisieren. Das also der Kern dieses grünenden, wassermurmelnden Wunderwerks.

Das macht aber nur die halbe Wegstrecke dorthin aus, wo das eigentliche Ziel dieser barocken Bilderlust zu suchen ist. Denn dieses ist vielmehr dann und dort erreicht, wo der *Zauber der Natur* in Schönheit und allegorischer Sentenz aufgehoben wird. Was an sich tatsächlich die höhere, weil entwickeltere Form darstellt, würde sie sich nicht gleichzeitig mit der Bestimmung von Natur zur schweigenden, ausbeutbaren und verdinglichten Materie zum gültigen Kulturprinzip ergänzen. Denn dieser Verdinglichung von Natur in den Wissenschaften ging eine Dämonisierung ihrer magischen Kraft durch die Inquisition zur Seite und ist durch den Bereich der Kunst zu vervollständigen, wo die Mythen der Natur in Poesie, Magie in Ritual und Rituale in Theater verwandelt werden.

Aus dem Blickfeld der Kopernikanischen Wende übertragen auf den Fluß der Zeit durch die Regionalgeschichte des Landes Salzburg, bedeutet dies: Im selben Zeitraum, als die mythischen Gestalten des alten Naturglaubens, die Gottheiten aus Wald und Wasser, die Zwerge, wilden Leute und in der nächtlichen Wildnis umherschweifenden Schattenbilder Dianas in der anspielungsreichen Kunstwelt des Barock Aufstellung nehmen, erfolgte auch ihr mit den Mitteln der Inquisition und der Naturwissenschaft betriebener Auszug aus der wirklichen, der bäuerlichen, mittelalterlichen, häretischen, naturmagischen Wirklichkeit noch des 15. Jahrhunderts. Ihre Neubestimmung zur Scheinwelt ist nicht denkbar ohne ihre vorangegangene Entwertung und Vernichtung, die kirchlicherseits in den Hexenverfolgungen und Zauberprozessen einen maßgeblichen Schauplatz gehabt hat.

Während es zur Aushöhlung und Verödung des alten *Reichs der Natur* zur *materiellen Wirklichkeit* kommt, die menschlicher Nutzung uneingeschränkt zur Verfügung steht, beginnt sich der *Freiraum Kunst* mit diesem Zauber der Natur zu füllen, der seinen verschlossenen Garten bezieht, wo der Riß, der Mensch und Natur voneinander trennt, noch einmal aufgehoben ist.

Literaturverzeichnis

Achleitner Friedrich, *Ware Landschaft*. Salzburg 1977

Adrian Karl, *Alte Sagen aus dem Salzburger Land*. Wien – Zell a. S. – St. Gallen 1948

Ammann Adolf N., *Tannhäuser im Venusberg*. Zürich 1964

Andree-Eysn Marie, *Die Perchten im Salzburgischen*. Braunschweig 1905

– dies., *Volkskundliches. Aus dem bayrisch-österreichischen Alpengebiet*. Braunschweig 1910

Bachelard Gaston, *Poetik des Raumes*. Frankfurt a. M. – Berlin – Wien 1975

Bachofen Johann Jakob, *Mutterrecht und Urreligion*. Hg. v. Hans G. Kippenberg. Stuttgart 1984

Bacon Francis, *Neu-Atlantis*. Stuttgart 1982

– ders., *Weisheit der Alten*. Hg. v. Philipp Ripperl. Frankfurt a. M. 1990

Bahr Hans Dieter, *Das Heilige und das Entsetzen*. In: *Das Heilige. Seine Spuren in der Moderne*. Hg. v. Dietmar Kamper u. Christoph Wulf. Frankfurt a. M. 1987

Baltrušaitis Jurgis, *Das phantastische Mittelalter*. Antike und exotische Elemente der Kunst der Gotik. Frankfurt a. M. – Berlin – Wien 1985

Bauer Günther G., *Der hochfürstliche Salzburger Hof- und Kammerzwerg Johann Franz von Meichelböck (1695–1746)*. MGSL 129 (1989)

– ders., *Salzburger Barockzwerge. Das steinerne Zwergentheater des Fischer von Erlach im Mirabellgarten zu Salzburg*. Salzburg 1991

– ders., *Barocke Zwergenkarikaturen von Callot bis Chodowiecki*. Ausstellung in der Galerie der Stadt Salzburg 1. August bis 1. September 1991

Begg Ean, *Die unheilige Jungfrau. Das Rätsel der Schwarzen Madonna*. Bad Münstereifel u. Trilla 1989

Berman Morris, *Wiederverzauberung der Welt. Am Ende des Newtonschen Zeitalters*. Reinbek b. Hamburg 1985

Bernheimer Richard, *Wild Men in the Middle Ages. A Study in Art, Sentiment and Demonology*. Harvard University Press, Cambridge 1952

Blauert Andreas (Hg.), *Ketzer, Zauberer, Hexen. Die Anfänge der europäischen Hexenverfolgungen*. Frankfurt a. M. 1990

Boccaccio Giovanni, *Das Dekameron, Bd. I–II*. Übers. v. Albert Wesselski und hg. v. Andr. Jolles. Frankfurt a. M. 1991

Böhme Hartmut, *Kulturgeschichte des Wassers*. Frankfurt a. M. 1988

Bodin Jean, *Vom ausgelassenen wütigen Teuffelsheer, allerhand Hexen, Zauberern und Hexenmeistern*. Graz 1973 (Photomechanischer Nachdruck)

Boudriot Wilhelm, *Die altgermanische Religion in der amtlichen kirchlichen Literatur des Abendlandes vom 5. bis 11. Jahrhundert*. Bonn 1928

Brandstetter Renward, *Die Wuotansage im alten Luzern*. In: *Der Geschichtsfreund* 62 (1907)

Breitenstein Eugen, *Die Quellen der Geiler von Kaysersberg zugeschriebenen Emeis*. In: *Archiv für Elsäßische Kirchengeschichte*, 1938

Brettenthaler Josef und Matthias Laireiter, *Das Salzburger Sagenbuch*. Salzburg 1976³

Brosse Jacques, *Mythologie der Bäume*. Olten – Freiburg i. Br. 1990

Brunner Manfred, *Landschaft in der Erfahrung. Eine Ausstellung mit Werken des 19. und 20. Jahrhunderts*. Kölnischer Kunstverein 1989

Bulteau Michael, *Die Töchter der Wasser. Mythologische Gestaltungen des Unbewußten*. Bad Münstereifel und Trilla 1987

Burgstaller Ernst und Ludwig Lauth, *Felsgravierungen in den österreichischen Alpenländern*. In: *Jahrbuch des Oberösterreichischen Musealvereins* 110. Bd., Linz 1965

– ders., *Felsbilder in Österreich*. Linz 1972

Burkert Walter, *Wilder Ursprung. Opferritual und Mythos bei den Griechen*. Berlin 1990

Cäsar Gaius Julius, *Der Gallische Krieg I–II.* Lateinisch/deutsch. Hg. v. Otto Schön-
berger. München – Zürich 1990

Caillois Roger, *Der Mensch und das Heilige.* München 1988

Crecelius Walter, *Frau Holda und der Venusberg.* In: *ZDM* I. Göttingen 1853

Cutts Simon, David Reason u. a., *The unpainted Landscape.* London 1987

Das keltische Jahrtausend. Katalog der Ausstellung Rosenheim 1993. Hg. v. Hermann
Dannheimer

Daxelmüller Christoph, *Zauberpraktiken. Eine Ideengeschichte der Magie.* Zürich 1993

Delumeau Jean, *Angst im Abendland. Die Geschichte kollektiver Ängste im Europa des 14.
bis 18. Jahrhunderts,* Bd. I–II. Reinbek b. Hamburg 1985

Dengg Michael, *Lungauer Volkssagen.* Neu bearbeitet von Josef Brettenthaler. Salzburg o. J.

Die wilden Leute des Mittelalters. Katalog der Ausstellung im Museum Kunst und Gewerbe.
Hamburg 1962

Dienst Heide, *Magische Vorstellungen und Hexenverfolgungen in den österreichischen
Ländern (15. bis 18. Jahrhundert).* In: Erich Zöllner (Hg.), *Wellen der Verfolgung in der
österreichischen Geschichte.* Wien 1986

Dreyer Alois, *Geschichte der alpinen Literatur.* München 1938

Driesen Otto, *Der Ursprung des Harlekin. Ein kulturgeschichtliches Problem.* Berlin 1904

Drinkuth Rudolf, *Die drei Frauen in Deutschland.* In: *Hessische Blätter für Volkskunde* 32
(1932)

Duby Georges, *Der heilige Bernhard und die Kunst der Zisterzienser.* Frankfurt a. M. 1972

Dürlinger Josef, *Von Pinzgau.* Bd. I: *Geschichtliche Übersichten.* Bd. II: *Orte- und
Kirchenmatrikel.* Salzburg 1866

Dürr Hans Peter, *Traumzeit. Über die Grenzen zwischen Wildnis und Zivilisation.* Frankfurt
a. M. 1978

– ders., *Sedna oder die Liebe zum Leben.* Frankfurt a. M. 1990

Ebers Edith und Franz Wollenik, *Felsbilder der Alpen.* Hallein 1982

Eckenlied Das. Hg. v. Francis B. Brévart. Stuttgart 1986

Ecker Stephan, *Sagen aus der Almgegend von Lofer.* In: *MGSL* 37 (1897)

Eco Umberto, *Kunst und Schönheit im Mittelalter.* München – Wien 1991

Edda Die, Götterdichtung, Spruchweisheit und Heldengesänge der Germanen. Hg. v.
Felix Genzmer. Darmstadt 1981

Egger Anton, *Die Glocknerfahrten seit dem Ende des vorigen Jahrhunderts.* In: *Mitteilungen
der Geographischen Gesellschaft Wien* IV (1860)

Egger Rudolf u. a., *Führer durch die Ausgrabungen und das Museum auf dem Magdalensberg.*
Klagenfurt 1967

Egli Hans, *Das Schlangensymbol. Geschichte. Märchen. Mythos.* Freiburg i. Br. 1982

Eliade Mircea, *Das Mysterium der Wiedergeburt. Versuch über einige Initiationstypen.*
Frankfurt a. M. 1942

Euler-Rolle Bernd, *Grotten zwischen Kunst und Natur.* In: *Barocke Natur.* Wien 1989

Fink Hans, *Verzaubertes Land. Volkskult und Ahnenbrauch in Südtirol.* Innsbruck 1973

Fischer Hans, *Der Großglockner.* München 1929

Floeck Oswald, *Die Elementargeister bei Fouqué u. a. Dichtern der romantischen und
nachromantischen Zeit.* Heidelberg 1909

Frank Emma, *Der Schlangenkuß. Die Geschichte eines Erlösungsmotivs in deutscher Volksdichtung.* (Diss.) Leipzig 1928

Frazer James George, *Der goldene Zweig. Eine Studie über Magie und Religion.* Darmstadt
1968

Freisauff Rudolf von, *Salzburger Volkssagen.* Wien – Pest – Leipzig 1880

Funcke Eberhard W., *Morgain und ihre Schwestern. Zur Herkunft und Verwendung der
Feenmotivik in der mittelhochdeutschen Epik.* In: *Acta Germanica* 18 (1985)

Gerndt Helge, *Vierbergelauf. Gegenwart und Geschichte eines Kärntner Brauchs*. Klagenfurt 1973

Gesemann Gerhard, *Regenzauber in Deutschland*. (Diss.) Braunschweig 1913

Giebel Marion, *Das Geheimnis der Mysterien. Antike Kulte in Griechenland, Rom und Ägypten*. München – Zürich 1990

Gimbutas Marija, *The Language of Goddess*. New York 1989

Ginzburg Carlo, *Die Benandanti. Feldkulte und Hexenwesen im 16. und 17. Jahrhundert*. Frankfurt a. M. 1980

– ders., *Hexensabbat. Entzifferung einer nächtlichen Geschichte*. Berlin 1989

Göttling Hans, *Die wilden Leute und ihre Verwandten im altdeutschen Schrifttum*. (Diss.) Erlangen 1924

Göttner-Abendroth Heide, *Die Göttin und ihr Heros. Die matriarchalen Religionen in Mythos, Märchen und Dichtung*. München 1977

– dies., *Die tanzende Göttin. Prinzipien einer matriarchalen Ästhetik*. München 1982[4]

– dies., *Das Matriarchat*. Bd. I: Die Geschichte seiner Erforschung. Stuttgart 1988

Goff Jacques le, *Phantasie und Realität des Mittelalters*. Stuttgart 1990

– ders., *Melusine – Mutter und Urbarmacherin*. In: *Für ein anderes Mittelalter. Zeit, Arbeit und Kultur im Europa des 5.–15. Jahrhunderts*. Frankfurt a. M. – Berlin – Wien 1984

Gottfried von Straßburg, *Tristan Bd. I-II*. Hg. v. Rüdiger Krohn. Stuttgart 1981[2]

Graber Georg, *Die Vierberger. Beitrag zur Religions- und Kulturgeschichte Kärntens*. In: *Carinthia* I (1912)

– ders., *Volksleben in Kärnten*. Graz 1934

– ders., *Sagen und Märchen aus Kärnten*. Graz 1935

Graefe Rainer, *Geleitete Linden*. In: *Daidalos* 23 (1987)

Greinwald Hermann, *Die drei Waller in Bad Gastein*. In: *MGSL* 118 (1978)

Grewenig Meinrad Maria, *Die Villa suburbana*. In: *MGSL* 124 (1984)

Grimm Jakob, *Deutsche Mythologie I–III*. Berlin 1876 ff. (Frankfurt/Berlin 1981 ff)

Groh Ruth und Dieter, *Weltbild und Naturaneignung. Zur Kulturgeschichte der Natur*. Frankfurt a. M. 1991

Hagen Friedrich Heinrich von der (Hg.), *Heldenbuch. Altdeutsche Heldenlieder aus dem Sagenkreis Dietrichs von Bern und der Nibelungen*. Bd. I–II. Leipzig 1855

Haid Hans, *Mythos und Kult in den Alpen. Ältestes, Altes und Aktuelles über Kultstätten und Bergheiligtümer im Alpenraum*. Mattersburg 1990

Harmening Dieter, *Superstitio. Überlieferungs- und theoriegeschichtliche Untersuchungen zur kirchlich-theologischen Aberglaubensliteratur des Mittelalters*. Berlin 1979

Hartmann von Aue, *Iwein*. Hg. v. G. F. Benecke und K. Lachmann. Berlin 1964

Harrison Robert Pogue, *Wälder. Ursprung und Spiegel der Kultur*. München 1992

Hartlaub G. F., *Der Gartenzwerg und seine Ahnen*. Heidelberg 1962

Heine Heinrich, *Die Götter im Exil*. In: *Schriften 1851–1855*. Frankfurt a. M. – Berlin – Wien 1981

– ders., *Elementargeister*. In: *Heinrich Heines Sämtliche Werke VII*. Leipzig 1910

Heinrich von dem Türlin, *Der âventiure Crône*. Hg. v. G. H. F. Scholl. 1852 (Nachdruck 1966)

Heiligendorff Wolfgang, *Der keltische Matronenkultus und seine Fortentwicklung im deutschen Mythos*. Leipzig 1934

Heinisch Klaus J., *Der Wassermensch. Entwicklungsgeschichte eines Sagenmotivs*. Stuttgart 1981

Heisig Karl, *Über den Ursprung der Melusinensage*. In: *Fabula* 3 (1960)

Herbig Reinhard, *Pan. Der griechische Bocksgott. Versuch einer Monographie*. Frankfurt a. M. 1949

Heyl Johann A., *Volkssagen. Meinungen und Bräuche aus Tirol*. Brixen 1897

Hoenn Karl, *Artemis. Gestaltwandel einer Göttin*. Zürich 1946

Homer, *Odyssee*. In der Übersetzung von Anton Weiher. München – Zürich 1990[9]

Hope Nicoloson Marjorie, *Mountain gloom and mountain glory. The developement of the aesthetics of the infinite*. Ithaca – New York 1959

Huber Nikolaus, *Fromme Sagen und Legenden aus Salzburg*. Salzburg 1880

Hübner Lorenz, *Beschreibung der hochfürstlich-erzbischöflichen Haupt- und Residenzstadt Salzburg und ihrer Gegenden, verbunden mit ihrer ältesten Geschichte*. Bd. I–II. Salzburg 1793

Hutmacher Rahel, *Wildleute*. Darmstadt und Neuwied 1986

Hutter Clemens M., Peter Schreiner, *Österreichs Nationalpark Hohe Tauern. Kärnten – Salzburg – Tirol*. Salzburg 1990

Innerhofer Franz, *Schöne Tage*. Salzburg 1974

– ders., *Schattseite*. Salzburg 1975

Insam Bernd-Dieter, *Der Ork. Studie zu einer alpinen Wort- und Erzählgestalt*. In: *Freiburger Folkloristische Forschungen* Bd. V, München 1975

Jakob Georg, *Belsazar Hacquer, Der Erschließer der Ostalpen*. In: *Festschrift der Sektion des Deutschen und Österreichischen Alpenvereins*, o. O. 1928

Johnson Buffie, *Lady of the Beasts. Ancient Images of the Goddess and her Sacred Animals*. San Francisco 1981

Jusselin Maurice, *Les traditions de l'eglise de Chartres*. 1914

Kammerhofer-Aggermann Ulrike (Hg.), *Sagenhafter Untersberg. Die Untersbergsage in Entwicklung und Rezeption*. Salzburg 1991/92

Kamper Dietmar, *Das gefangene Einhorn. Texte aus der Zeit des Wartens*. München 1983

– ders., *Zur Geschichte der Einbildungskraft*. München 1982

– ders., *Soziologie der Imagination*. München 1986

Karlinger Felix, *Jenseitswanderungen in der Volkserzählung. Zur Funktion von Initiations- und Visionsberichten in Mythos, Märchen und Legende*. In: *Schamanentum und Zaubermärchen*. Hg. v. Heino Gehrts und Gabriele Lademann-Priemer. Kassel 1986

Kalweit Holger, *Traumzeit und innerer Raum*. Bern 1984

Das keltische Jahrtausend. Ausstellungskatalog Rosenheim. Hg. von Hermann Dannheimer und Rupert Gebhard. Mainz 1993

Keith Thomas, *Man and Natural World. A History of the Modern Sensibility*. New York 1983

Kern Peter, *Die Artusromane des Pleier*. Berlin 1981

Klein Hans, *Die älteren Hexenprozesse im Lande Salzburg*. In: *MGSL* 97 (1957)

Koch-Sternfeld J. E. Ritter von, *Beyträge zur teutschen Länder-, Völker-, Sitten- und Staaten-Kunde*. Bd. I. Paßau 1825, Bd. III München 1833

König Marie, *Am Anfang der Kultur. Die Zeichensprache des frühen Menschen*. Berlin 1973

Kohl Richard, *Das Melusinenmotiv*. In: *Blätter für niedersächsische Heimatpflege XI* (1933)

Kühn Herbert, *Überall ist Sinai. Die heiligen Berge der Menschheit*. Freiburg i. Br. 1988

Kürsinger Ignaz von, F. Spitaler, *Der Großvenediger in der norischen Zentralalpenkette, seine 1. Besteigung am 3. September 1841 und sein Gletscher in seiner gegenwärtigen und ehemaligen Ausdehnung*. Mit einem Anhang: Die 2. Besteigung am 6. September 1842. Innsbruck 1843

Lahnsteiner Josef, *Oberpinzgau. Von Krimml bis Kaprun*. Hollersbach 1956

– ders., *Mitterpinzgau Saalbach, Saalfelden, Salzburgisches Saaletal*. Hollersbach 1962

– ders., *Unterpinzgau. Zell am See, Taxenbach, Rauris*. Hollersbach 1960

Laistner Ludwig, *Das Rätsel der Sphinx. Grundzüge einer Mythengeschichte I*. Berlin 1889

Lamb H. H., *Klima und Kulturgeschichte. Der Einfluß des Wetters auf den Gang der Geschichte*. Reinbek b. Hamburg 1989

Latte Kurt, *Römische Religionsgeschichte*. München 1960

Legenda Aurea. In der Übersetzung von Richard Benz. Heidelberg 1984

Leland Charles G., *Aradia. Die Lehren der Hexen*. München 1988

Lengyel Lancelot, *Das geheime Wissen der Kelten. Enträtselt aus druidisch-keltischer Mythik und Symbolik.* Freiburg i. Br. 1976

Leyen Friedrich von der, *Deutsches Mittelalter.* Mit einer Einleitung von Peter Wapnewski. Frankfurt a. M. 1962

Liebrecht Felix, *Des Gervasius von Tilbury otia imperialia.* Hannover 1856

Lippe Rudolf zur, *Vom Leib zum Körper. Naturbeherrschung am Menschen in der Renaissance.* Reinbek b. Hamburg 1988

Liungmann Waldemar, *Traditionswanderungen Euphrat – Rhein.* Helsinki 1938

Livius, *Römische Geschichte. Zweiter punischer Krieg I.* In der Übersetzung von Walther Sontheimer. Stuttgart 1986

Locher Emmer, *Die Venedigersagen.* (Diss.) Tübingen 1922

Löhmann Otto, *Die Entstehung der Tannhäusersage.* In: *Fabula III* (1960)

Long Richard, *Piedras. Eine Ausstellung im Palacio de Cristal.* Madrid 1986

Lorenz Emil, *Chaos und Ritus. Über die Herkunft der Vegetationskulte.* Wien 1932 (= Sonderdruck aus: *Imago.* Zeitschrift für die Anwendung der Psychoanalyse auf die Natur- und Geisteswissenschaften)

– ders., *Lebendige Landschaft.* Klagenfurt 1948

Maffesoli Michael, *Der Schatten des Dionysos. Zu einer Soziologie des Orgiasmus.* Frankfurt a. M. 1986

Mann Ulrich, *Überall ist Sinai. Die heiligen Berge der Menschheit.* Freiburg i. Br. 1988

Mannhardt Wilhelm, *Wald- und Feldkulte*, Bd. I–II. Berlin 1905

Maringer Johannes, *Die Schlange in Kunst und Kult des vorgeschichtlichen Menschen.* In: *Anthropos 72* (1977)

Markale Jean, *Die keltische Frau. Mythos, Geschichte, soziale Stellung.* München 1984

Meisen Karl, *Die Sagen vom wütenden Heer und Wilden Jäger.* Münster 1935

Merchant Carolyn, *Der Tod der Natur. Ökologie, Frauen und neuzeitliche Naturwissenschaft.* München 1987

Mitteilungen der Gesellschaft für Salzburger Landeskunde. Bd. I (1860) ff. (= MGSL)

Moriz von Crâun. Hg. v. Ulrich Pretzel. Tübingen 1966

Mode Heinz, *Fabeltiere und Dämonen in der Kunst. Die fantastische Welt der Mischwesen.* Stuttgart 1974

Moosleitner Friedrich, *Das hallstattzeitliche Gräberfeld von Uttendorf im Pinzgau.* Katalog zur Ausstellung. Salzburg 1992

Mulertt Werner, *Der Wilde Mann in Frankreich.* In: *Zeitschrift für französische Sprache und Literatur* 56 (1932)

Muraro Luisa, *La Signora del Gioco.* Mailand 1976

Nagele Anton, *Der Schlangen-Cultus. Zeitschrift für Völkerpsychologie und Sprachwissenschaft 17*, 4. H. Leipzig 1887

Neuhardt Johannes, *Wallfahrten im Erzbistum Salzburg.* München – Zürich 1982

– ders., *Salzburgs Wallfahrten in Kult und Brauch.* Katalog der XI. Sonderschau des Dommuseums zu Salzburg 1986

Neumann Carl Woldemar, *Zwei unglückliche Verehrer der Berggeister. Ein Beitrag zur Untersbergsage.* Regensburg o. J.

Neumann Erich, *Kulturentwicklung und Religion.* Zürich 1953

– ders., *Die große Mutter. Eine Phänomenologie der weiblichen Gestaltungen des Unbewußten.* Olten – Freiburg i. Br. 1974

Niavis (Schneevogel) Paulus, *Iudicium Iovis oder Das Gericht der Götter über den Bergbau. Ein literarisches Dokument aus der Frühzeit des deutschen Bergbaus.* Berlin (Ost) 1953

Oppenheim Roy, *Die Entdeckung der Alpen.* Stuttgart 1974

Ovid, *Metamorphosen.* In der Übersetzung von Michael von Albrecht. München 1981

Österreichische Kunsttopographie. Hg. v. Kunsthistorischen Institute der k. k. Zentralkommission für Denkmalpflege. Red. v. Max Dvořák. Bd. XI, XIII. Wien 1916 ff. (=ÖK)

Pachmann Ernst von, *Aus dem Pinzgau. Historische Wanderung vom Zeller See nach Krimml*. Zell am See 1925

Panzer Friedrich, *Beitrag zur deutschen Mythologie*. München 1855

Paracelsus, *De nymphis, sylphis, pygmaeis et salamandris*, in: *Gesamtausgabe der Paracelsus Schriften durch Karl Sudhoff*, Bd. XIV. München 1923–1933

Pauli Ludwig, *Keltischer Volksglaube. Amulette und Sonderbestattungen am Dürrnberg bei Hallein und im eisenzeitlichen Mitteleuropa*. München 1975

Peter von Staufenberg, in: *Zwei altdeutsche Rittermaeren*, neu hg. v. Edward Schröder. Berlin 1920

Petronius, *Satyrikon*. In der Übersetzung von Carl Fischer. München 1983

Petzoldt Leander, *Kleines Lexikon der Dämonen und Elementargeister*. München 1990

– ders., *Historische Sagen*, Bd. II. München 1977

Pillwein Benedikt, *Erzählungen und Volkssagen aus den Tagen der Vorzeit von dem Herzogthume Oesterreich ob der Enns und dem Herzogthume Salzburg*. Linz 1834

Pleier Der, *Tandareis und Flordibel*. Hg. v. Ferdinand Khull. Graz 1885

Plessen Marie-Louise und Daniel Spoerri, *Heilrituale an bretonischen Quellen*. Privatdruck von Paul Gredinger, 7431 Casti, Schweiz

Praetorius Johannes, *Blockes – Berges Verrichtung*. Leipzig 1669

Priuli Ausilio, *Felszeichnungen in den Alpen*. Zürich – Köln 1984

Prodinger Friederike, *Beiträge zur Perchtenforschung*. MGSL 100 (1960)

Ranke-Graves Robert von, *Griechische Mythologie. Quellen und Deutungen*, Bd. I–II. Reinbek b. Hamburg 1960

Reisigl Franz Anton, *Topographisch-historische Beschreibung des Oberpinzgaus im Erzstifte Salzburg*. Salzburg 1786

Reitinger Josef, *Das goldene Miniaturschiffchen vom Dürrnberg bei Hallein*. In: *MGSL* 115 (1975)

Resch-Rauter Inge, *Unser keltisches Erbe. Flurnamen, Sagen, Märchen und Brauchtum als Brücken in die Vergangenheit*. Wien 1992

Riedl-Dorn Christa, *Wissenschaft und Fabelwesen. Ein kritischer Versuch über Conrad Gessner und Ulisse Aldrovandi*. Wien – Köln 1989

Ritter Joachim, *Landschaft. Zur Funktion des Ästhetischen in der modernen Gesellschaft*. Münster 1978

Röhrich Lutz (Hg.), *Erzählungen des späten Mittelalters und ihr Weiterleben in Literatur und Volksdichtung bis zur Gegenwart*, Bd. II. Bern – München 1967

– ders., *Sage und Märchen. Erzählforschung heute*. Freiburg i. Br. – Basel – Wien 1976

Sachs Hans, *Werke Bd. III (561–564)*. Hg. v. H. v. Keller u. E. Goetze. Tübingen 1870–1908

Sartori Paul, *Schuh und Fuß im Volksglauben*. In: *Zeitschrift des Vereins für Volkskunde IV*. Berlin 1894

Schade Sigrid, *Schadenzauber und die Magie des Körpers*. Worms 1983

Schindler Norbert, *Die Entstehung der Unbarmherzigkeit. Zur Kultur und Lebensweise der Salzburger Bettler am Ende des 17. Jahrhunderts*. In: *Bayerisches Jahrbuch für Volkskunde* 1988

Schmerber Hugo, *Die Schlange des Paradieses*. Straßburg 1905

Schöll Hans Christoph, *Die Drei Ewigen. Eine Untersuchung über germanischen Bauernglauben*. Jena 1936

Schönbach A. E., *Studien zur Geschichte der altdeutschen Predigt*, Bd. II: Zeugnisse – Berthold von Regensburg. Wiener Sitzungsberichte der Akademie der Wissenschaften. Phil. hist. Klasse Bd. 142, VII. Wien 1990

Schreiber Heinrich, *Feen in Europa. Historisch-archäologische Monographie*. Freiburg i. Br. 1842

Schultes Johann A., *Reise auf den Großglockner* Bd. II, *an Kärnthens, Salzburgs und Tyrols Grenze*. Wien 1804. Darin abgedruckt: „Tagebuch des Herrn Sigmund von Hohenwart, geschrieben auf seiner Reise nach dem Glockner im Jahre 1800."

Schwerhoff Gerd, *Rationalität im Wahn. Zum gelehrten Diskurs über die Hexen in der frühen Neuzeit*. In: *Saeculum 17* (1986)

Semmler Josef (Hg.), *Der Wald in Mittelalter und Renaissance*. Düsseldorf 1991

Sieber Friedrich, *Dietrich von Bern als Anführer der Wilden Jagd*. In: *Mitteilungen der Schlesischen Gesellschaft für Volkskunde 31* (1931)

Steinmayer Elias, Eduard Sievers, *Die althochdeutschen Glossen*. Berlin 1879–1898. Nachdruck Dublin – Zürich 1968

Stricker Der, *Daniel von dem Blühenden Tal*. Herausgegeben, übersetzt und eingeleitet von Helmut Birkhan. Kettwig 1992

Tacitus, *Germania*. Herausgegeben und übersetzt von Manfred Fuhrmann. Stuttgart 1972

Theweleit Klaus, *Buch der Könige I: Orpheus und Eurydike*. Basel – Frankfurt a. M. 1988

Thomann Günther, *Weibliche Heilige und Schicksalsgöttinnen*. In: *Volkskultur und Heimat*. Hg. v. Dieter Harmening u. Erich Wimmer. Königshausen und Neumann 1986

Thüring von Ringoltingen, *Melusine*. Hg. v. Karin Schneider. Berlin 1958

Tost Adalbert, *Der Badeort Gastein*. In: *Mitteilungen der Gesellschaft für Salzburger Landeskunde* 118

Treusch-Dieter Gerburg, *Wie den Frauen der Faden aus der Hand genommen wurde. Die Spindel der Notwendigkeit*. Berlin 1983

Ulrich von Zazikhoven, *Lanzelet*. Hg. v. K. A. Hahn. 1845

Vergil, *Aeneis*. Lat./dt. Hg. u. übers. v. Johannes Götte. München – Zürich 1988[7]

Vernaleken Theodor, *Mythen und Bräuche des Volkes in Österreich*. Wien 1859

Vernant Jean-Pierre, *Tod in den Augen. Figuren des Anderen im griechischen Altertum: Artemis und Gorgo*. Frankfurt a. M. 1988

Vielhauer Inge, *Das Leben des Zauberers Merlin*. Geoffrey von Monmouth's Vita Merlini erstmalig in deutscher Übertragung. Amsterdam 1964

Vierthaler Franz M., *Meine Wanderungen durch Salzburg, Berchtesgaden und Österreich I–II*. Wien 1816

Vries Jan de, *Keltische Religion*. Stuttgart 1961

Wagner Karl O., *Pinzgauer Sagen*. Wien 1925

Warner Marina, *Maria. Geburt, Triumph, Niedergang – Rückkehr eines Mythos?* München 1982

Waschnitius Viktor, *Perht, Holda und verwandte Gestalten. Ein Beitrag zur deutschen Religionsgeschichte*. In: *Sitzungsberichte der kaiserlichen Akademie der Wissenschaften*. Phil. hist. Kl., 174. Bd., 2. Abh. Wien 1914

Wasserschleben Friedrich Wilhelm H., *Die Bußordnungen der abendländischen Kirche*. Halle 1851 (Photomechan. Nachdruck Graz 1958)

Weber Hans-Dieter (Hg.), *Vom Wandel des neuzeitlichen Naturbegriffs*. Konstanz 1989

Weiss Richard, *Die Entdeckung der Alpen. Schweizer und deutsche Alpenliteratur bis 1800*

Weitnauer Alfred, *Keltisches Erbe in Schwaben und Bayern*. Kempten 1961

Weninger Gernot, *Die Hochwässer im Pinzgau und ihre Auswirkungen auf die Kultur-landschaft und den Menschen*. Salzburg 1972

Weyergraf Bernd (Hg.), *Waldungen. Die Deutschen und ihr Wald*. Eine Ausstellung der Akademie der Künste in Berlin 1987

Widlak Franz, *Die abergläubischen und heidnischen Gebräuche der alten Deutschen nach dem Zeugnisse der Synode von Liftinae im Jahr 743*. In: *Jahresbericht des k. k. Gymnasiums in Znaim für das Schuljahr 1903/04*

Wilckens Leonie von, *Die Bildteppiche im Museum der Stadt Regensburg*. Regensburg 1980

Williams Charles, *The German Legends of the Hairy Anchorite*. University of Illinois 1935

Wind Edgar, *Heidnische Mysterien in der Renaissance*. Frankfurt a. M. 1981

Wissowa Georg, *Religion und Kultur der Römer*. München 1902

Wolfram Richard, *Unheimliche Geschichten aus der Wagrainer Gegend*. o. O., o. J.

Woźniakowski Jacek, *Die Wildnis. Zur Deutungsgeschichte des Berges in der europäischen Neuzeit.* Frankfurt a. M. 1987
Wyss Beat, *Klage um Marsyas. Der Mythos vom Grund künstlerischer Tätigkeit.* In: *LOG.* Zeitschrift für internationale Literatur. Traum und moderne Kunst in ihrem Wechselspiel. Drosendorfer Herbstsymposion 1987
Zauner Judas Thaddäus, *Chronik von Salzburg,* Teil VIII–XI. Salzburg 1816
Zaunert Paul (Hg.), *Deutsche Natursagen,* 1. Reihe: *Von Holden und Unholden.* Jena 1921
Zebhauser Helmuth, *Frühe Zeugnisse: Die Alpenbegeisterung.* München 1986
Zeitschrift für deutsche Mythologie und Sittenkunde I–IV. Göttingen 1853–1859 (= *ZDM*)
Zillner Franz V., *Die Untersbergsagen und Salzburger Sagen.* In: *Mitteilungen der Gesellschaft für Salzburger Landeskunde* (= *MGSL*) *I* (1860). *MGSL II* (1861/62). *MGSL III* (1863)
– ders., *Ein Salzburgischer Dichter des 13. Jahrhunderts.* In: *MGSL* (1893/33)
Zimburg, Heinrich und Herbert Klein, *Gasteinerische Chronica.* 1540. In: *MGSL* (1941/81)
Zimmermann Jörg, *Das Naturbild des Menschen.* München 1982
Zingerle Ignaz von, *Spuren des Holdadienstes in Tirol.* In: *ZDM II* (1854)
Zinnburg Karl, *Salzburger Volksbräuche.* Salzburg 1977
Zwicker J., *Fontes historiae religionis celticae,* Band II, Bonn 1935

Bildnachweis

Seite 19: Fotos: Walter Schönbrod.
Seite 21: Abbildung aus Johannes Neuhardt, *Wallfahrten im Erzbistum Salzburg,* München/Zürich: Schnell & Steiner 1982.
Seite 59: Portal Nonnberg, Foto: Fritz Lorber; Gnadenaltar St. Leonhard, Foto: Kunstverlag Hofstetter, 4910 Ried i. I.
Seite 69: A. Dürer, Hamburger Kunsthalle, Foto: Elke Walford; Dietrich von Bern, Foto: Egger Verlag, Brixen.
Seite 83: Schembartblatt, Ö. Museum f. Volkskunde, Foto: Meyer; Teppich der Wilden Leute, Museen der Stadt Regensburg, Foto: Spitta.
Seite 101: Schalensteine bei Altenburg, Kaltern, Foto: Erika Pircher; Schalensteine Millstatt, Foto: Gertraud Steiner.
Seite 105: Römische Venus, Bürglstein, Salzburger Museum C. A.; Schutzmantelmadonna Mariapfarr, Foto: Verlag St. Peter.
Seite 115: Salzburger Museum C. A.
Seite 121: Hans Multscher, Skulpturengalerie Berlin; Die hl. drei Frauen, Abbildung aus Marie-Andree-Eysn, *Volkskundliches,* Braunschweig 1910.
Seite 131, 132, 133: Fotos: Walter Schönbrod.
Seite 134, 135: Fotos: Fritz Lorber.
Seite 149: Abbildung aus Sigrid Schade, *Schadenzauber und Magie des Körpers,* Worms: Wernersche Verlagsanstalt, 1983.
Seite 151: Segantini, Foto: Galerie Welz; Maria auf dem Eis, Bruck, Foto: Salzburger Museum C. A.
Seite 159: Silberkessel von Gundestrup, Abbildung aus: Rudolf Grosse, *Der Silberkessel von Gundestrup,* Dornach: Verlag am Goetheanum, 1983; Schlangenstein Rauris, Foto: Walter Schönbrod.
Seite 165: Felsbild, Foto: Gertraud Steiner; Römisches Kultgefäß, Foto: Prähistorische Staatssammlung München.
Seite 193: Keltischer Steinfries, Foto: Gertraud Steiner; Wassergefäß, Historisches Museum Bern.
Seite 217: Bärengöttin, Historisches Museum Bern; Pieter Breughel, Kunsthistorisches Museum Wien.
Seite 235: Fotos: Fritz Lorber.

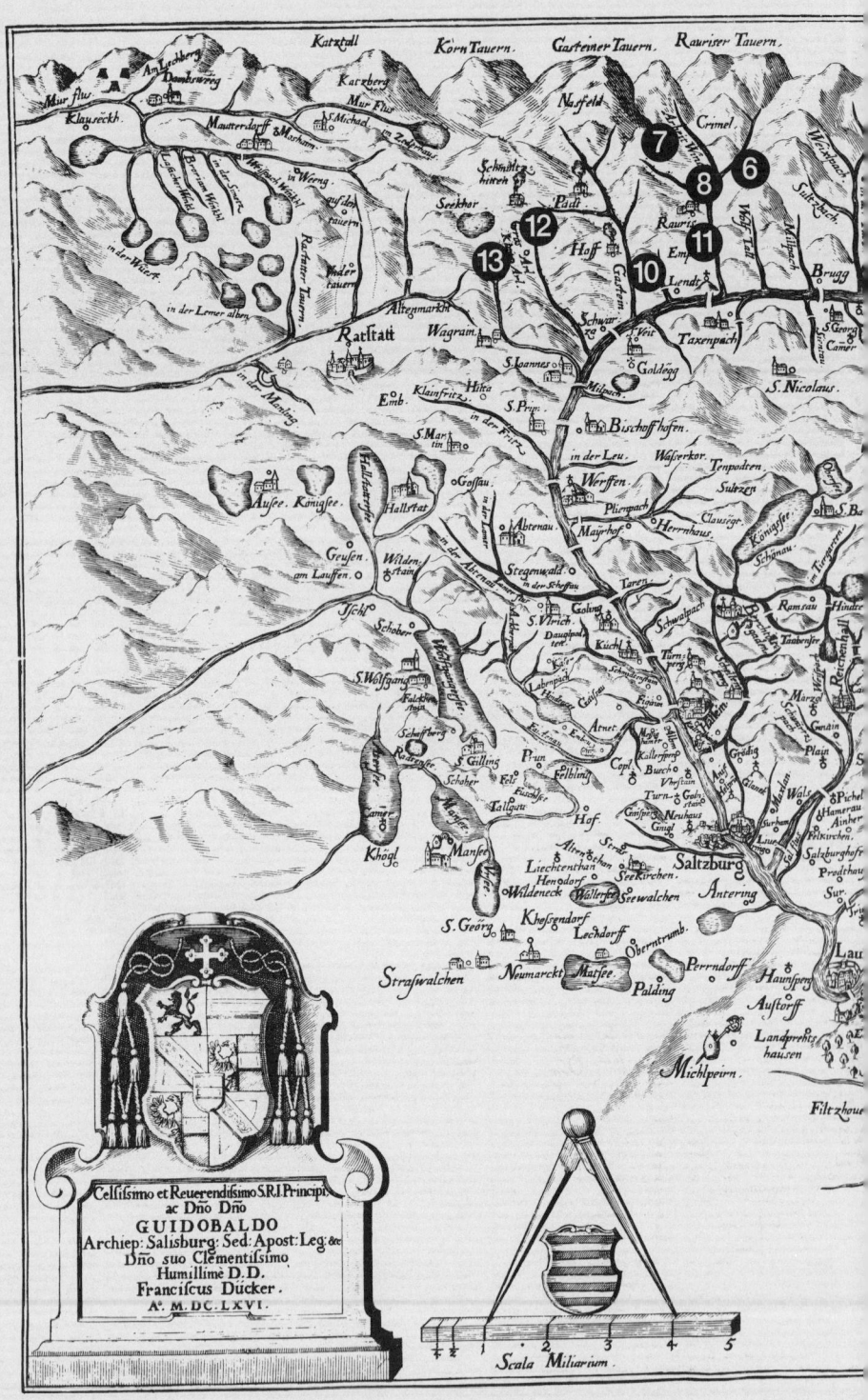